Was ist deutsch?

Anne Leblans
St. Mary's College of Maryland

Deborah McGee Mifflin
Johns Hopkins University

Margaret E. Mullens
Gallaudet University

Jacqueline Paskow
St. Mary's College of Maryland

Yvonne Poser
Howard University

Gabriele L. Strauch
University of Maryland

Houghton Mifflin Company
Boston   New York

This book is dedicated to Fred, Kelly Anne, Patrick, Kevin,
Tom, Gladys, Alan, Linnea, and Ines.

Director of Modern Language Programs: *E. Kristina Baer*
Development Manager: *Beth Kramer*
Assistant Editor: *Angela Schoenherr*
Project Editor: *Tracy Patruno*
Senior Manufacturing Coordinator: *Marie Barnes*
Marketing Manager: *Jay Hu*

Cover Design: *Minko T. Dimov, MinkoImages*
Cover Image: *Roy Ooms/Masterfile*

Text Credits
Page 4 7.3 "Millionen Ausländer in Deutschland," **Deutschland-Nachrichten**, January 9, 1998. Reprinted by permission of the German Information Center, New York. *10* Martin Schneider, "Ausländer raus!" aus Silvia Bartholl (Hrsg.), **Texte dagegen**, 1993 Beltz Verlag. Weinheim und Basel, Programm Beltz & Gelberg, Weinheim. *14* J. Bauer/BRIGITTE/Picture Press. *19* Aus Eleni Torossi: "Deutsche und Nicht-Deutsche," aus Reiner Engelmann (Hrsg.): **Morgen kann es zu spat sein.** © by Arena Verlag GmbH, Würzburg 1993. *29* Dzevad Karahasan, "Heimat: Tiefer, größer, weiter als wir selbst . . .," übernommen vom SZ-Magazin 22.12.95. *44* Kurt Tucholsky, "Worauf man in Europa ist," Feuilletondienst im Rowohlt Verlag. *49* Yüksel Pazarkaya, "Rosskastanien," from **Heimat in der Fremde?** © 1981 Ararat-Verlag Berlin, with permission of the author. *60* SetsukoMatsui, "Ich wünsche den Deutschen mehr Lächeln," aus **Fremd unter Seutschen.** Hrsg. von Edith Zeile. © Fischer Taschenbuch Verlag GmbH, Frankfurt am Main 1991. *73* "Regina: Wir sind bis heute ein glückliches Paar," taken from Dietrich Gronau / Anita Jagota—**Über all Grenzen verliebt,** © 1991 Fischer Taschentbuch Verlag GmbH, Frankfurt am Main. *83* "Ehen mit Ausländern—Türken und Polinnen am beliebtesten," **Deutschland-Nachrichten,** January 29, 1993, reprinted by permission of the German Information Center, New York. *87* Claus Leggewie: **Multi Kulti: Spielregeln für die Vielvölkerrepublik,** Rotbuch Verlag Hamburg 1993 (3. Auflage). *99, 101–102, 103–104* Ulrich Schröder, **Terra Sonderheft. Deutschland in den neuen Grenzen.** Ernst Klett Schulbuchverlag GmbH, Stuttgart 1991. *107* "Die Grenze ist offen," aus **Ich weiß nicht, ob ich froh sein soll. Kinder erleben die Wende.** J. B. Metzler Verlag, Stuttgart 1991. *111* Cornelia Nawroth, "Minenfelder und Wachtürme," **Plötzlich ist alles ganz anders. Kinder schreiben über unser Land,** ed. by Regina Rusch, Verlag Vito von Eichborn, Frankfurt am Main 1992. *116* Sandra Daßler, "Von Deutschland nach Deutschland: Endstation Eisenach," **PZ-Extra, Wir in Europa,** Nr. 16, Okt. 1992. *124* Renate Böning, "Die Wende," in **Erinnerung. Literaturwettbewerb für Senioren 1993.** Hrsg.: Sächsisches Staatsministerium für Soziales, Gesundheit und Familie, Dresden 1993. *130* "Für unser Land," **Neues Deutschland,** 29, November 1989. *137* "'Ich war stolz auf dieses Land'—SPIEGEL- Interview mit Leipziger Abiturienten über ihr Leben in Ostdeutschland vor und nach der Wende," **Der Spiegel,** 46/1991, 11 November 1991. *(continued on p. 308)*

Printed in the U.S.A.

Library of Congress Catalog Card Number: 99-71943

ISBN: 0-395-88534-5

456789-CS-08

Inhalt

Key to level of difficulty of readings:
★   Least difficult
★★   More difficult
★★★   Most difficult

Preface

To the Instructor

Was ist deutsch? is a cultural reader that explores contemporary German identity and asks the question: Who or what is German today? This reader attempts to counterbalance the one-sided images of Germans and Germany often presented in more traditional textbooks and readers and to reflect the cultural, ethnic, and racial diversity in Germany today, which is influencing how Germans see themselves and others.

Many of the topics we have included—foreigners and their experiences in Germany, the personal adjustments made by East and West Germans before and after the Wall fell, religious education and religious tolerance, the growing pains of young people today and their coming to terms with changes around them, and the effect of the new Europe on German identity—are rarely discussed in any depth, or they are relegated to special "minority" chapters, in more traditional textbooks and readers. A textbook that presents a picture of Germany as a multicultural society could be criticized for going to the opposite extreme. Yet we feel justified in our emphasis, because, by providing a multitude of perspectives, we are attempting to complete the mosaic of German culture.

This reader will:

- Confront students with new ways of seeing German identity;
- Give students a vehicle to reflect on their own experiences with diverse cultures;
- Encourage them to be aware of, sensitive to, and appreciative of other cultures.

Was ist deutsch? is written for students who have attained at least the mid-intermediate course level (in most cases the fourth to sixth semester or beyond) and who are making the transition from foundation courses in language instruction to upper-level courses that focus on reading, writing, and discussion. We recognize that the varying abilities and motivations of students at this level make selecting an intermediate textbook a challenge. In addition, German programs at different institutions vary widely with respect to class size, the pacing and sequencing of material, and overall curricular goals. We have therefore included a broad range of topics, writing styles, and reading levels. The authentic texts span many genres including fiction, magazine articles, poetry, songs, newspaper articles, and Internet texts.

The material in *Was ist deutsch?* ranges from easily accessible pieces suitable for fourth-semester students to advanced intermediate texts. The open-ended exercises and partner-oriented activities allow students at different levels to learn from one another. Each text is fully didacticized (see Chapter Organization on the next page) so that teachers can help students access and manipulate the content in a meaningful way. To assist you in identifying the relative difficulties of the texts, we have assigned one to three stars to each text in the table of contents. One star indicates that the text is appropriate for fourth-semester students. Good examples are *Die Grenze ist offen, Besuch eines Mittagsgebets in einer Moschee*, and *Love Parade '96*, which were written by or for children and young adults. Texts with two stars are more difficult because they require additional background knowledge (*Endstation Eisenach*) or because they contain more sophisticated literary devices (such as a daydream in *Die Sehnsucht fährt Schwarz*). Three stars signal that the text is suitable for sixth-semester courses and beyond. *Bürger Erdem, Die Wende*, and *Rede von Bundespräsident Roman Herzog* are all texts that deal with complex topics in an abstract way, use a fairly specialized vocabulary, or have a complex style. We have included a few of these challenging texts to help prepare students for the kind of assignments they will encounter in upper-level literature or civilization classes.

Through pair, small group, and class discussion we provide a vehicle for students to further develop their communicative abilities. We realize that students at this level commonly are at varying stages in their vocabulary development. A large portion of our exercises provides opportunities for vocabulary expansion and practice. We encourage students to develop their own personalized vocabulary lists for each reading. Glosses are kept to a minimum and are limited to cultural and historical terms. Students are encouraged to use the dictionary prudently and to make intelligent guesses about meaning as they read.

Grammar review at this stage is also a tricky matter. Rather than design our exercises around the acquisition and review of particular grammar points, we have opted to recommend that instructors evaluate the individual needs of their students as problems arise and use in tandem with our reader one of the excellent review grammars available for this level.

The rules of the spelling reform (*Rechtschreibreform*) approved in 1996 by Austria, Germany, Liechtenstein, and Switzerland are implemented in the pedagogical apparatus of the reader, but readings and other authentic materials retain the original spelling of the source material. Implementation of the rules started in 1998; however, because there is a period of transition when both old and new rules can be used, the students' attention can be drawn to this to help them recognize alternative spellings they will no doubt encounter during their independent reading.

By concentrating on the incorporation of reading strategies, vocabulary expansion, and oral and written analysis, we provide students a means to increase their language proficiency, broaden their knowledge about contemporary German society, and intensify their engagement with cultural difference.

The reader can be used in either a semester or quarter system. Teachers can assign fewer texts to allow time for other activities such as grammar review or supplemental video and computer work. Although the readings have been sequenced to provide thematic linkage among texts and across chapters, each text can stand alone. This means that teachers can easily adapt the order and number of the texts to the skill levels of their students.

Chapter Organization

Each chapter is introduced by two sections that help to set the stage and to introduce the main topic before students encounter any of the readings:

1. *Hinführung zum Thema*—Through a variety of visual and textual clues, students speculate and share expectations about the chapter theme. When a chapter theme requires the introduction of specific cultural background information, this information is provided and explored through activities.

2. *Zum Überlegen*—At this step in the learning process, students are asked to draw from their personal life experiences so that their own self-reflections serve as a basis from which to approach and analyze the new cultural material in the reader. Thus, the students are invited to move from the known to the unknown, from the familiarity of their own cultural and social environment to the unfamiliar aspects of German culture.

Each chapter contains three to five reading selections. Preceding each reading are prereading activities, designed to provide students with important vocabulary and background information:

1. *Vor dem Lesen*—Here students work collaboratively to activate expectations, background information, and vocabulary relevant to the reading. When appropriate, students are required to take the initiative and find out more about a new subject area and to identify key elements of the genre represented by the text.

2. *An den Text heran*—This section accompanies longer, more complex readings. Guided exercises focus attention on the text type, reader expectations, and linguistic structures that help students to access key concepts and recognize the organizational structure of the text.

3. *Information zum Text*—This component provides necessary background on the readings, the author, source, and/or subject matter of the text.

4. *Meine neuen Vokabeln*—This section provides space for students to list lexical items from the readings to add to their own personalized vocabulary list.

Each chapter contains a variety of genres—poetry, songs, short stories, essays, cartoons, posters, newspaper articles, and Internet texts. The texts have been selected for their applicability to the theme, unique character, timeliness, and appropriate reading level. Glosses have been provided only for vocabulary items that reflect cultural or historical terms not listed in a student dictionary.

Each text is followed by postreading activities under the heading *Zum Verständnis und zur Diskussion:*

1. *Zum Wortschatz*—Broadens students' vocabulary through a variety of exercises that require them to establish relationships among words, work with word families, paraphrase words, match words with meanings, and use new vocabulary in context.

2. *Fragen zum Text*—Checks for global understanding of the text through general informational questions.

3. *Zur Diskussion*—Requires students to make thematic connections between the text and their personal knowledge in the form of interactive, communicative exercises to be conducted as a whole group, in small groups, and/or in pairs. Students are asked to exchange cultural information and to form personal opinions on questions related to the main topic.

Each chapter ends with a section of culminating activities, *Weiterführung des Themas*. Students can further apply what they have learned about the chapter theme to their own realm of experience in a creative way. These culminating activities include writing assignments, group projects, research projects, and/or exploration of short supplementary texts that further develop an aspect of the chapter theme. The variety allows students and instructors to match activities with a particular class make-up and curricular emphasis.

To the Student

We, the authors of *Was ist deutsch?*, would like to give you some background information and useful tips for approaching this book. The title of the book should give you a clue as to the overall purpose: We question the notion of German identity as an absolute and a Germany that is homogeneous in cultural, linguistic, social, ethnic, and racial terms. In this book we present Germany as the multicultural society that it has become and on some level has always been. Traditionally, the spotlight of most textbooks has been on the majority culture. In our book, women, ethnic minorities, and other social "outsiders" have been given center stage to speak for themselves and to present their unique perspective on German society. *Was ist deutsch?* is a cultural reader that offers you an up-to-date picture of contemporary Germany through a constellation of texts presenting different voices and perspectives on Germany.

The book is entirely in German with only a few English glosses in the margin to help you with the understanding of culture-specific terms not usually found in dictionaries. But don't let this discourage you! We have carefully constructed the book in such a way that the pre- and postreading exercises will help you access each text. This does not preclude your using a dictionary, preferably a German-German dictionary such as *Duden* or *Wahrig*.

The eight chapters in *Was ist deutsch?* explore specific themes and cover a broad range of contemporary issues that Germans are faced with: a Black German attempts to assert her place in German society; children experience the changing political scene in the aftermath of unification; a Jew answers the question why stay in Germany; a Turkish man confronts Germany's bureaucratic system in his attempt to gain citizenship; a German-American couple faces the challenges of living in Berlin; the annual "Love Parade" attracts millions of young people to Berlin and stirs controversy; the Swiss deaf community participates in a dialog on educational reform. The texts have been selected to provide you with a broad perspective of modern life in Germany. All readings are authentic documents: newspaper and magazine articles, cartoons, contemporary short stories, songs, government publications, texts pulled from the Internet, poems, advertisement, statistics and charts, speeches, and more.

Throughout the book, in pre- and postreading activities, you are asked to share your knowledge—*Auf Deutsch, natürlich!*—with your classmates in pair, small, or large group interaction. We ask you to participate, to play-act, to get involved. Take advantage of the communicative exercises provided in this book to improve your speaking skills!

Each chapter follows the same general structure:

- *Hinführung zum Thema* is an introduction to the thematic content of the chapter. It acts as a lens that allows you to zoom in on the main issue(s) explored in each chapter.

- *Zum Überlegen* asks you to draw on your own experience and knowledge about a given topic. For example, what is your experience with deaf people? Do you have friends or colleagues who come from a cultural background different from yours? What do you know about the unification of the two Germanys or the European Union? What are the major political or social concerns of young people today?

Immediately preceding each chapter reading are several prereading exercises:

- *Vor dem Lesen* attempts to relate the content of the reading to your own experience. For example, Chapter 7 features singers of the German rap scene. There you'll be asked about your taste in music, what you know about rap music, and whether you like it.

- *An den Text heran* gives you reading strategies designed to help you identify key concepts and the organizational structure of longer or more complicated readings. Typical activities involve scanning the text for recurring vocabulary or phrases, identifying structural patterns, or identifying the narrative voice and speech patterns.

- *Information zum Text* briefly introduces the main text. It provides background information about author, source, content, and context of the reading. Sometimes we provide an address or a Web site so you can look for additional information.

- *Meine neuen Vokabeln* provides space for you to create your own personalized vocabulary list. This list may include words or expressions that you find particularly interesting or challenging and that will contribute to your understanding of the German language.

After completing the prereading activities you should be ready to approach the main texts or at least have a sense of what to expect. The readings are the heart of your book, and, as the title *Was ist deutsch?* suggests, explore contemporary German identity—that is, "Who and what is German today?" A series of postreading activities follow each reading. They are meant to build your vocabulary, enhance your overall comprehension of the reading, and push your thinking beyond the parameters of the readings themselves.

- *Zum Wortschatz* familiarizes you with vocabulary essential to your comprehension of the readings. Exercises include matching words with meanings, paraphrasing and defining vocabulary items and expressions, developing associograms or dreaming up a story line with key words. The goal here is for you to gain confidence in the use of unfamiliar vocabulary and incorporate new words and expressions into your active vocabulary.

- *Fragen zum Text* assesses your comprehension of the readings. We are not interested in a simple recall or reciting of the text. Rather the questions require you to reformulate the content in your own words, using, of course, the newly acquired vocabulary.

- The exercises under the heading *Zur Diskussion* ask you to further delve into the readings. You may be asked to analyze certain key phrases, take a position or give an opinion, propose a different ending to a short story, or engage in a debate. The focus here is on digesting the readings, rethinking them from a different angle, and in the process expanding your knowledge about contemporary German society.

- Each chapter ends with *Weiterführung des Themas*. Here we want you to move to another level of comprehension and analysis. The main objective is to synthesize the newly acquired information and make thematic connections among the chapter readings and between the readings and your own personal experiences. You may be asked to write a research report linked to the chapter theme, prepare a group analysis of a controversial topic, create a poster, or gather information on a follow-up topic on the Internet for a class presentation describing how your understanding of "Who and what is German?" has changed.

We wish you a successful journey through the contemporary social, cultural, and ethnic landscape of Germany. *Viel Spaß*!!

Acknowledgments

We would like to express our deep gratitude to the following individuals for their assistance: Donalda Ammons, Martin Klingmueller, Rosemarie Renz, Alfred and Anneliese Strauch, and Gereon Wolters and Gabriele Schmidt Wolters for providing materials and information; Melvin Schlein for his consultation on the development of the European Union; Heidi Byrnes for support and inspiration; Anne Thiel and Peter Weise for feedback on the development of materials; Rebecca Anderson for help with glossing; Natalia Seiden for assistance with computer-related issues; and Dean James Harris and the College of Arts and Humanities at the University of Maryland, College Park for the provision of meeting facilities. We would also like to recognize the following people who were instrumental at the very beginning of this project, helping to get it launched: Gladys Brown, Ulrich Levi-Goerlich and Janice Mitchell.

We and the publisher thank the following professors for their thoughtful reviews of the manuscript at various stages. Their comments and suggestions were invaluable during the development of *Was ist deutsch?*

Regina Braker, Eastern Oregon University, La Grande, OR
Joan Keck Campbell, Dartmouth College, Hanover, NH
David Dollenmayer, Worcester Polytechnic Institute, Worchester, MA
Eston E. Evans, Tennessee Technological University, Cookeville, TN
Helen Frink, Keene State College, Keene, NH
Andrea Golato, University of Oregon, Eugene, OR
Norbert Hedderich, University of Rhode Island, Kingston, RI
Charles J. James, University of Wisconsin, Madison, WI
Brigitte Rossbacher, Washington University, St. Louis, MO
Rebecca S. Thomas, Wake Forest University, Winston-Salem, NC
Istvan Varkonyi, Temple University, Philadelphia, PA

We would like to thank our editorial and production teams at Houghton Mifflin Company for their encouragement, support, and steadfast guidance.

1

Was ist deutsch?

HINFÜHRUNG ZUM THEMA

Aufgabe: Betrachten Sie die Liste mit den folgenden Texten. Können Sie anhand der Autorennamen und Überschriften erraten, was der Schwerpunkt dieses Kapitels ist? Was meinen Sie, worum es wohl in diesem Kapitel geht? Arbeiten Sie in Kleingruppen und schreiben Sie mindestens drei Vorschläge auf.

- *Dein Nachbar nur ein Ausländer?*
- Martin Schneider, *Ausländer raus!*
- Jutta Bauer, *Kulturschock*
- Eleni Torossi, *Deutsche und Nicht-Deutsche auf der Suche nach einem Heimatgefühl*

REDEMITTEL:

1. Das Kapitel beschäftigt sich mit . . .
2. In diesem Kapitel geht es um . . .
3. Dieses Kapitel handelt von . . .

Das erste Kapitel beschäftigt sich mit der Bedeutung und dem Sinn des Wortes *deutsch*. Was beinhaltet dieses Wort? Was und wer verbirgt sich dahinter? Wer kann dieses Adjektiv in Anspruch nehmen? Wem gehört dieses Wort? Auf was und wen bezieht es sich? Welche Assoziationen ruft es hervor?

Tannenbäume? Reiseträume? Kühler Verstand? Kaltes Herz? Tiefsinn? Ausländerhaß? Offenheit? Betroffenheit? Baseballschläger? Schinkenhäger? Minderwertigkeitskomplexe? Minderheitenschutz? Geltungssucht? Entwicklungshilfe? Nächstenliebe? Seitenhiebe? Hungerkur? Sauftour? Rostock? Solingen? Vergeßlichkeit? Perfektionismus? Rechthaberei? Luftbrücke? Brathähnchen? Hilfsbereitschaft? Tagesschau? Fahrradklau? Stahlhelm? Sozialhilfe? Wirtschaftswunder? Glücksspirale? Berlinale? Milchzentrale? Tierliebe? Menschlichkeit? Sentimentalität? Reizbarkeit? Autonome? Volkswagen? Volxküche? Doitschland den Doitschen? Eitelkeit? Kinderliebe? Kuhglocken? Tütensuppe? Kampfsportgruppe? Erster Weltkrieg? Zweiter Weltkrieg? Die Mauer? Beifallklatschende Zuschauer? Demokratie? Gleiche Rechte nur für mich? Gleiche Pflichten nur für dich? Faulenzen? Saubermachen? Magersucht? Fußball ist unser Leben? Dichter und Denker? Richter und Henker? Gastfreundschaft? Die Grenzen dicht machen? Sich schlechter machen, als man ist? Sich immer schuldig fühlen? Sich Mut ansaufen? Den Verstand unterlaufen? Familienbande? Bandenkriege? Arbeitswut? Steuerbetrug? Liebesentzug? Muskelkraft? Erfindergeist? Möchtegern? Hitlergruß? Sündenbocksuchen? Unsicherheit? Visionen haben? Dauerfrost? Moralprediger? Großzügig zu eigenen Fehlern stehen? Bei anderen nie die Vorzüge sehen? Fremdes nur mit Vorsicht genießen? Beim Nachbarn mal die Blumen gießen? Miteinander leben in Berlin. Die Ausländerbeauftragte des Senats, Senatsverwaltung für Soziales, Potsdamer Straße 65, 10785 Berlin, Telefon 26 54 23 57, Fax 262 54 07.

Der Bierdeckel „Was ist deutsch?" fasst zusammen, was die Berliner auf diese Frage geantwortet haben.

In den folgenden Texten kommen eine Reihe von Autorinnen/Autoren zur Sprache, die das Thema *Was ist deutsch?* aus mehreren Perspektiven behandeln. Zur Auswahl stehen verschiedene Textsorten: ein Plakattext, ein Cartoon, ein Gedicht und ein Essay. Die unterschiedlichen Textsorten und Textstimmen reflektieren die Komplexität dieses Themas.

Zum Überlegen

Aufgabe 1: Was fällt Ihnen zu dem Wort *deutsch* ein? Arbeiten Sie in Kleingruppen. Schreiben Sie Ihre Assoziationen (Verben, Substantive, Namen, Adjektive) auf.

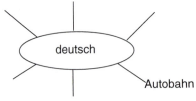

Aufgabe 2: Geben Sie Beispiele für Industrieprodukte, die aus deutschsprachigen Ländern kommen oder dort hergestellt werden. Welche dieser Produkte sind in Nordamerika populär?

a.   Betrachten Sie die Landkarte von Europa. Wo liegt Deutschland? Welches
     sind die Nachbarländer von Deutschland?

b. Lesen Sie den kurzen Zeitungsartikel aus den *Deutschland Nachrichten*. Aus welchen Ländern kommen die ausländischen Mitbürger? Ist Deutschland das größte Einwanderungsland in Europa? Sind alle Ausländer in Deutschland außerhalb von Deutschland geboren? Notieren Sie, wie viele Ausländer aus den jeweiligen Ländern kommen.

7,3 Millionen Ausländer in Deutschland

Ende 1996 lebten in Deutschland, wie die Bundesregierung am 7. Januar mitteilte, 7,31 Millionen Ausländer, was einem Anteil von etwa neun Prozent der Gesamtbevölkerung entspricht. Deutschland liegt damit in der Europäischen Union an dritter Stelle hinter Luxemburg und Belgien. 20,5 Prozent der Ausländer sind in Deutschland geboren.

Die größte Ausländergruppe sind mit 2,05 Millionen oder 28 Prozent die Türken, gefolgt von 754.000 Serben, knapp 600.000 Italienern, 363.000 Griechen, 342.000 Bosniern, 283.000 Polen, 202.000 Kroaten und 185.000 Österreichern.

TEXT 1: Dein Nachbar nur ein Ausländer?

Vor dem Lesen

Aufgabe 1: Text 1 ist ein Plakat (Seite 6). Diskutieren Sie die Textsorte „Plakat". Wo sieht man Plakate? Wozu werden sie benutzt? Welche Vokabeln passen zur Textsorte „Plakat".

Aufgabe 2: Diskutieren Sie mit Ihrem Partner / Ihrer Partnerin und teilen Sie der Gruppe Ihre Meinung mit. Was bedeuten die folgenden Wörter für Sie?

Ausländer/Ausländerin
Einwohner/Einwohnerin
Außenseiter/Außenseiterin
Fremde

Nachbar/Nachbarin
ausländischer Mitbürger /
    ausländische Mitbürgerin

Bürger/Bürgerin
Asylbewerber/
    Asylbewerberin

Was für Veranstaltungen kündigen die Plakate an der Litfaßsäule an?

Information zum Text

Im Kampf gegen den Ausländerhass in Deutschland war dieses Plakat in vielen Städten der alten und neuen Bundesländer zu sehen. Es zeigt, was die westliche Kultur und Zivilisation ausländischen Einflüssen verdankt.

Dein Nachbar nur ein Ausländer?

Meine neuen Vokabeln

Hier können Sie alle Vokabeln
auflisten, die Sie lernen wollen.

_____

_____

_____

_____

_____

_____

_____

_____

_____

_____

_____

Zum Verständnis und zur Diskussion

Zum Wortschatz

Aufgabe: Schauen Sie sich den Text noch einmal an und ergänzen Sie das Schema. Benutzen Sie, wenn nötig, Ihr Wörterbuch.

MENSCHEN	ADJEKTIV	LAND	ASSOZIATIONEN
der Deutsch / *der Christ* / *die Christin* / *die Christen* *die Deutsche*	christlich	*Deutschland*	*die Religion*
die Jüdin / der Jude *die Juden*	*jüdisch*	*Israel*	*der Christus*
der Italiener / die Italienerin *die Italiener*	italienisch	*Italien*	*die Pizza*
			die Demokratie
der Grieche *die Griechin* *die Griechen*	griechisch	*Griechenland*	*"*
			Kaffeebohnen

MENSCHEN	ADJEKTIV	LAND	ASSOZIATIONEN
der Brasilianer / die Brasilianerin	brasilianisch	Brasilien	*die Kaffeebohnen*
der Türke/die Türkin *die Türken*	*türkisch*	die Türkei	*der Urlaub*
die Araberin / der Araber	*arabisch*	*Saudi Arabien*	*die Zahlen*
die Römerin / der Römer	*lateinisch* *römisch*	*Römische Reich* *Rom*	*der Kaiser*
die Ausländer *der Nachbar* *die Nachbarin* *die Nachbarn*	nachbarlich / *ausländisch*	*Keine? Deutschland*	*das Ausland* das Ausland

Fragen zum Text

1. Wo verbringen viele Deutsche ihren Urlaub?
2. Wer war der Begründer des Christentums? des Islams? des Judentums?
3. Was für Zahlensysteme gibt es?
4. Was für Schriftsysteme gibt es?
5. Welche Kontinente sind auf dem Plakat repräsentiert?

Zur Diskussion

Aufgabe 1: Was wissen Sie über die einzelnen Länder, die auf dem Plakat genannt werden? Arbeiten Sie in Kleingruppen zusammmen, und tragen Sie Ihr Wissen über Japan, Italien, Griechenland, Brasilien, die Türkei und Israel zusammen. Woher kommt dieses Wissen (z.B. vom Fernsehen, von Freunden, aus eigener Erfahrung . . .)? Stellen Sie den anderen Gruppen ein Land vor.

Aufgabe 2: Was wissen Sie über Ihre Kommilitoninnen und Kommilitonen? Arbeiten Sie in Kleingruppen zusammmen. Interviewen Sie sich gegenseitig und stellen Sie den anderen Gruppen das Resultat Ihrer Interviews vor.

a. Wo kommen Sie her?
b. Seit wann lebt Ihre Familie dort?
c. Haben Sie Verwandte im Ausland?
d. Haben Sie Kontakte zu Familienangehörigen oder Bekannten außerhalb der USA?

Vor dem Lesen

Aufgabe 1: Arbeiten Sie zu zweit und schreiben Sie einen kurzen Dialog (zwischen Vater und Kind, Professorin und Studenten, zwei Freunden oder Freundinnen, . . .), der mit dem Wort „raus!" endet. Spielen Sie der Gruppe den Dialog vor.

Aufgabe 2: Lesen Sie den Titel des Gedichts. Spekulieren Sie, worum es im Gedicht geht. Schreiben Sie dann Ihre Ideen auf.

Aufgabe 3: Arbeiten Sie zu zweit und diskutieren Sie, wo und wann Sie in Ihrem Alltag ausländischen Einflüssen begegnen.

Einflüsse aus dem Ausland in meinem Land:

Beispiel: *Tortillas—eine Spezialität aus Mexiko*

An den Text heran

Aufgabe: „Ausländer raus!" ist ein von einem Deutschen in deutscher Sprache geschriebenes Gedicht. Überfliegen Sie das Gedicht. Was ist an dem Wortschatz ungewöhnlich?

Information zum Text

In den letzten Jahren ist die Zahl der Ausländer in der Bundesrepublik Deutschland gestiegen. Manche Deutsche fürchten, dass die Menschen aus anderen Ländern die „deutsche" Kultur und den hohen Lebensstandard der Deutschen bedrohen könnten. Diese Angst wurde nach der Vereinigung der zwei deutschen Staaten im Jahre 1990 noch intensiver. Autoren wie Martin Schneider versuchen, durch Literatur Fremdenfeindlichkeit abzubauen.

Ausländer raus!

Martin Schneider

keine Pizza
keinen Rock 'n' Roll
kein Ikea-Regal
nicht einmal mehr Asterix,
statt dessen nur noch Fix und Foxi°

keinen Döner Kebab
keinen Mitsubishi
keine feurige Pußtamusik°
und Jogging?
heißt jetzt Dauerlauf

kein Cevapčiči
keinen Dostojewski
kein Queenbesuch
und ein Big Mac?
ist ein großer Fleischklops

keine Frühlingsrolle
keinen Michael Jackson
keinen Urlaub auf Mallorca
und ein T-Shirt?
nennt man wieder Unterhemd

keinen Donkosakenchor°
keinen Gameboy
keine Lipizzaner
nie wieder „okay" sagen,
denn das heißt jetzt „Jawoll!"

°long-running comic strip by
Rolf Kauka, synonym for fix
und fertig, as in "completely
exhausted"

°Hungarian music

°Cossack choir from the Don
river in central Russia

Meine neuen Vokabeln

Hier können Sie alle Vokabeln
auflisten, die Sie lernen wollen.

_____   _____
_____   _____
_____   _____
_____   _____
_____   _____
_____   _____
_____   _____
_____   _____
_____   _____
_____   _____
_____   _____

Zum Verständnis und zur Diskussion

Zum Wortschatz

Aufgabe 1:

a.   Mit welchem Land assoziieren Sie die folgenden Begriffe? (Lösung siehe
unten.)

1. Pizza	11. die Queen
2. Rock 'n' Roll	12. Big Mac
3. Ikea	13. Frühlingsrolle
4. Asterix	14. Michael Jackson
5. Döner Kebab	15. Mallorca
6. Mitsubishi	16. T-Shirt
7. Pußtamusik	17. Donkosakenchor
8. Jogging	18. Gameboy
9. Cevapčiči	19. Lipizzaner
10. Dostojewski	20. „okay"

Lösung: 1. Italien; 2. die USA; 3. Schweden; 4. Belgien; 5. die Türkei; 6. Japan; 7. Ungarn; 8. die
USA; 9. Serbokroatien; 10. Russland; 11. Großbritannien; 12. die USA; 13. China; 14. die USA;
15. Spanien; 16. die USA; 17. Russland; 18. Japan; die USA; 19. Spanien; 20. die USA

b. Welche Länder sind im Gedicht am stärksten repräsentiert? Was für ein Deutschlandbild projeziert das Gedicht?

Aufgabe 2: Suchen Sie alle Wortpaare (z.B. *Jogging—Dauerlauf*) und schreiben Sie sie auf. Warum sind diese Wörter gepaart? Ist *Jogging* z.B. dasselbe wie *Dauerlauf*? Wie unterscheiden sich die einzelnen Wörter im Wortpaar sprachlich und inhaltlich? Was wollte der Autor mit diesen Wortpaaren bewirken?

Fragen zum Text

1. Wie haben Ausländer die deutschsprachigen Länder beeinflusst? Geben Sie konkrete Beispiele aus dem Gedicht.
2. Beschreiben Sie die Einstellung des Autors zu den ausländischen Beiträgen, die im Gedicht genannt werden. Was hält der Autor von einem Deutschland ohne Ausländer? Wie bringt er seine Einstellung sprachlich zum Ausdruck?
3. Vergleichen Sie den Titel mit dem Inhalt des Gedichts.

Zur Diskussion

Aufgabe 1: Vergleichen Sie die Texte „Dein Nachbar nur ein Ausländer?" und „Ausländer raus!".

Aufgabe 2: Diskutieren Sie die Bedeutung und den Sinn des Wortes *deutsch*, nachdem Sie die beiden Texte gelesen haben.

Aufgabe 3: Betrachten Sie das Plakat. Zu welchem Zweck dient es? Welche Assoziationen ruft es hervor? Wie finden Sie das Plakat—effektiv, humorvoll, geschmacklos, traurig? Begründen Sie Ihre Meinung!

TEXT 3: Kulturschock

Vor dem Lesen

Aufgabe: Diskutieren Sie die Textsorte „Cartoon". Welche Cartoons lesen Sie gern? Warum? Was erwarten Sie von Cartoons? Wo werden Cartoons veröffentlicht?

Information zum Text

Jutta Bauers Cartoon „Kulturschock" erschien 1989 im Oktoberheft von *Brigitte,* einer beliebten deutschen Frauenzeitschrift, die monatlich über Mode, Wohnen, Kochen, Künstlerinnen/Künstler und andere aktuelle Themen informiert.

Kulturschock

Jutta Bauer

Meine neuen Vokabeln

Hier können Sie alle Vokabeln
auflisten, die Sie lernen wollen.

_____

_____

_____

_____

_____

_____

_____

_____

_____

_____

_____

_____

_____

_____

_____

_____

_____

_____

_____

Zum Verständnis und zur Diskussion

Zum Wortschatz

Aufgabe 1: Vervollständigen Sie die Sätze mit den passenden Wörtern.

humorvoll   übertrieben   ironisch   Karikaturen   Sprechblasen

a.   Viele Cartoons sind _____ von Politikern.

b.   Der Titel ist _____ gemeint.

c.   Dieser Cartoon ist _____ .

d.   Die Bilder von Jutta Bauer sind etwas _____ .

e.   Die _____ drücken die Gedanken der Figuren aus.

Aufgabe 2:

a.   Suchen Sie die folgenden Ausdrücke in den Sprechblasen und erklären Sie,
     was sie bedeuten.

     womöglich   doch nicht etwa   auf keinen Fall

b.   Wie wirken diese Ausdrücke? Sind sie humorvoll, ironisch oder kritisch
     gemeint?

Fragen zum Text

1. Aus welchen Ländern kommen die Personen auf den Bildern? Was machen sie in Deutschland?

WOHER		ARBEIT IN DEUTSCHLAND?	
a.	aus Ghana	a.	Putzfrau
b.		b.	
c.		c.	
d.		d.	
e.		e.	

2. Was ist das für eine Zeitung, die die Frau liest? Gibt es ähnliche Zeitungen in Ihrem Heimatland?

3. Werden die Ausländer im Cartoon positiv, negativ oder neutral dargestellt?

4. Wieso kennt die Zeitungsleserin viele Ausländer?

5. Denken Sie, dass sich die Zeitungsleserin von Ausländern bedroht fühlt?

Zur Diskussion

Aufgabe 1: Welcher Kontrast besteht zwischen den Informationen in den Sprechblasen und dem letzten Bild im Cartoon? Was für ein Amerikabild wird hier gezeichnet?

Aufgabe 2: Vergleichen Sie die drei Texte, *Dein Nachbar nur ein Ausländer?*, *Ausländer raus!* und *Kulturschock* miteinander. Was haben sie gemeinsam? Worin unterscheiden sie sich?

TEXT 4: Deutsche und Nicht-Deutsche auf der Suche nach einem Heimatgefühl

Vor dem Lesen

Aufgabe 1: Heimat bedeutet (a) das Land oder der Ort, wo jemand geboren und aufgewachsen ist und (b) das Land oder der Ort, wo jemand eine sehr lange Zeit gelebt hat und sich zu Hause fühlt. Beschreiben Sie Ihre Heimat. Welche Gefühle verbinden Sie damit? Fühlt man sich immer an dem Ort zu Hause, wo man geboren ist? Erklären Sie Ihre Antwort.

Aufgabe 2: Betrachten Sie die vier Hauptwörter im Titel: *Deutsche, Nicht-Deutsche, Suche* und *Heimatgefühl*.

a. Warum wohl könnten Deutsche in Deutschland auf der Suche nach Heimat sein? Warum könnten Nicht-Deutsche in Deutschland auf der Suche nach Heimat sein?

b. Was könnten Deutsche und Nicht-Deutsche gemeinsam haben, wenn sie nach einem Heimatgefühl suchen? Was könnte bei ihnen unterschiedlich sein?

Aufgabe 3: Die folgenden Schlüsselwörter geben wichtige Hintergrund-informationen zu dem Text. Sie reflektieren wichtige Ereignisse aus der jüngsten deutschen Vergangenheit. Suchen Sie die passende Beschreibung zu jedem Wort. (Lösung siehe unten.)

1. _____ Die Deutschen setzen sich mit dem Zweiten Weltkrieg und ihrer Verantwortung dafür auseinander.

2. _____ In dieser Hafenstadt im östlichen Teil Deutschlands setzten 1992 Brandstifter ein Wohnhaus für Asylbewerber in Brand. Die Brandstifter waren vermutlich Rechtsradikale.

3. _____ Akronym für den ehemaligen kommunistischen deutschen Staat. Dieser Staat hörte im Oktober 1990 auf zu existieren.

4. _____ Im November 1992 wurden drei Türken in dieser Stadt von zwei Brandstiftern ermordet. Die Täter wurden nach einem stark publizierten Gerichtsfall zu Gefängnisstrafen verurteilt.

5. _____ Dieser historische Moment fand im November 1989 statt und führte ein Jahr später zu der politischen Vereinigung der zwei deutschen Staaten.

6. _____ Dieses Schlagwort hörte man oft, als nach 1990 viele Ausländer aus den ehemaligen Ost-Block Ländern in Deutschland Asyl suchten.

7. _____ Die Zeit um den November 1989, als die Mauer fiel.

a. Mölln
b. Vergangenheitsbewältigung
c. Rostock
d. Fall der Mauer
e. Asylantenproblematik
f. DDR
g. Wende

Lösung: 1. b; 2. c; 3. f; 4. a; 5. d; 6. e; 7. g

An den Text heran

Aufgabe 1: Suchen Sie die Hauptthemen in dem Text. Die folgende Lesestrategie soll Ihnen dabei helfen: Gehen Sie den Text abschnittsweise durch. Lesen Sie nur den ersten Satz der ersten sechs Abschnitte. Schreiben Sie die Wörter bzw. Ausdrücke oder Satzteile auf, die die zentrale Bedeutung des Satzes (und des Abschnitts) wiedergeben. Wenn nötig, ändern Sie die Wortstellung und Verbkonjugation.

Beispiele: *Abschnitt 1.*

> Ich als Ausländerin . . . über Ausländerfeindlichkeit zu schreiben.
> Neuformulierung: *Sie schreibt als Ausländerin über Ausländerfeindlichkeit.*

> *Abschnitt 2.*
> 25 Jahre in Deutschland; mitgefeiert und mitgeweint hat.
> Neuformulierung: *Sie ist 25 Jahre in Deutschland; sie hat mitgefeiert und mitgeweint.*

Aufgabe 2: Arbeiten Sie zu zweit. Sammeln Sie alle Fakten über den Computerfachmann und seinen deutschen Nachbarn aus Abschnitt sieben. Schreiben Sie dann auf ein Blatt Papier eine kurze Biografie für beide Personen.

COMPUTERFACHMANN	DEUTSCHER NACHBAR
■ Libanese	■ älterer Versicherungsangestellter
■ seit über 20 Jahren in Frankfurt	■
■	■
■	■
■	■

Biografie: Biografie:

Der Libanese wohnt . . .   Der deutsche Nachbar ist . . .

Information zum Text

Eleni Torossi ist 1947 in Athen, Griechenland geboren. Seit 1968 lebt sie als Journalistin in München. Ihr Essay erschien 1993 in der Anthologie *Morgen kann es zu spät sein.* Diese Anthologie präsentiert Texte gegen Fremdenhass.

Deutsche und Nicht-Deutsche auf der Suche nach einem Heimatgefühl

Eleni Torossi

Jedesmal wenn ich als Ausländerin gebeten werde, etwas über die Ausländerfeindlichkeit zu schreiben, an einer öffentlichen Veranstaltung teilzunehmen oder eine Rede zu halten, werde ich von Selbstzweifeln geplagt.

Bin ich wirklich nach 25 Jahren in Deutschland eine Ausländerin, ich, die bei dem Fall der Mauer mitgefeiert und mitgeweint hat, die bei den schlimmen Ereignissen von Mölln vor Schmerz geschrien hat? Ich, die sich stets für die Verhältnisse und Ereignisse in diesem Land interessierte, wurde seit eh und je daran erinnert, daß ich ein Fremdkörper in meinem Deutschland bin. Sosehr ich mich bemühte, mich in diesem Land heimatlich zu fühlen, so wurde ich doch immer wieder daran erinnert—und das leider nicht nur in letzter Zeit—daß ich eine Ausländerin bin.

Immer wieder ist in diesem Land vom „Ausländerproblem" die Rede. Politiker und Meinungsmacher, ja auch ein Teil der Medien, sorgen seit mindestens zwei Jahrzehnten dafür, daß alle paar Jahre dieses Problem einen anderen Namen bekommt . . .

Das Schlagwort der letzten Zeit ist die „Asylanten-problematik". . .

Nicht der Ausländer-Haß ist groß, sondern die Ausländer-Angst. Und diese Angst vor den Ausländern wurde und wird immer wieder geschürt. Ich denke nicht, daß die Deutschen ausländerfeindlicher sind als die Bürger anderer Nationen. Hier jedoch wurde den Menschen immer wieder gesagt, wovor sie Angst haben sollen. Es sollten Schuldige ausfindig gemacht werden, um so von der eigenen Schuld abzulenken, um von der Angst vor sich selbst befreit zu werden.

Ich meine, daß dies in Deutschland geschieht, damit die Menschen die Angst vor ihrer Vergangenheit vergessen. In keinem anderen europäischen Land werden nämlich die Menschen so von ihrer geschichtlichen Vergangenheit geplagt, nirgends wird so intensiv über die Vergangenheitsbewältigung gesprochen. Doch Vergangenheit läßt sich nicht bewältigen oder auf einmal lösen und vergessen. Man lebt mit ihr und versucht gleichzeitig sinnvoll die Gegenwart zu gestalten. Eigentlich sieht die Vergangenheit anderer Völker nicht minder düster aus. Doch niemand sieht zum Beispiel in den Engländern noch die abscheulichen und bestialischen Kolonialherren oder würde von den Spaniern erwarten, daß sie eines Tages die Inquisition wieder einführen würden. Diese Länder durften ihre Vergangenheit ablegen, ohne in Verdacht zu geraten, sich geschichtlich zu wiederholen, rückfällig zu werden. Die Menschen in Deutschland haben permanent diese Angst und schämen sich sogar, wenn man sie als Deutsche identifiziert und ihre deutschen Tugenden lobt. . . .

Mir scheint, daß die Bürger dieses Landes sich eigentlich danach sehnen, ohne Angst aufeinander zuzugehen, um das menschliche Gespräch, um Geborgenheit und um Sympathie zu finden. Sich dieser menschlichen Bedürfnisse bewußt zu werden wurde stets vermieden. Sie dulden keinen anderen neben sich und meinen, ihre eigene Insel der Rechtschaffenheit und Strebsamkeit verteidigen zu müssen.

Die Geschichte eines libanesischen Freundes soll verdeutlichen, wie sehr die Deutschen in ihren Angststrukturen verwurzelt sind:

Er ist Computerfachmann, lebt seit über zwanzig Jahren in Frankfurt und seit über fünf Jahren in einem gutbürgerlichen Wohnviertel der Stadt. Als er dort einzog, setzte sein deutscher Nachbar alles in Bewegung, um ihn dort wieder herauszubekommen. Er protestierte heftig, versuchte Unterschriften zu sammeln, korrespondierte lange mit der Verwaltung und hatte sogar einen Rechtsanwalt eingeschaltet, damit der Libanese wieder auszog. Er behauptete, das Haus sei seit eh und je nur von deutschen Familien bewohnt gewesen . . . Er ist ein älterer Versicherungsangestellter, lebt auch allein und war sonst bei den Begegnungen im Treppenhaus ausgesprochen höflich. Eines

Abends, als mein Freund nach Hause kam, lag sein deutscher Nachbar im Treppenhaus und wimmerte vor Schmerzen. Er war gefallen, aber niemand im Haus hatte seine Hilferufe gehört. Der Libanese brachte ihn zum nächsten Krankenhaus, und es wurde festgestellt, daß er sich zwei Rippen gebrochen hatte. Der ehemals unerwünschte Nachbar besuchte den mürrischen Alten öfter im Krankenhaus und brachte ihm Blumen und Obst. Mit der Zeit entwickelte sich zwischen den beiden eine seltsame Freundschaft. Immer wenn der Alte krank war, klingelte er bei meinem Freund. Oft saßen sie abends zusammen und tranken einen Schnaps, doch der Alte hörte nie auf, über die Ausländer zu meckern. Sein libanesischer Freund sei die Ausnahme von der Regel, während alle anderen Ausländer in ihr Heimatland zurückgeschickt werden sollten, denn sie seien für jedes Unheil im Lande verantwortlich.

Welche Ironie! Ich meine, daß die Deutschen, genauso wie die entwurzelten Nicht-Deutschen in diesem Land, nach einem Heimatgefühl suchen.

Deutsche und Nicht-Deutsche, wir alle sind auf der Suche nach einer Identität. Und wenn wir einen Weg zueinander finden würden, wäre die Angst vor dem Fremden überflüssig. Und diesen Weg finden wir, wenn jede Seite auf die andere hört, wenn wir miteinander sprechen und uns unsere gegenseitigen Ängste eingestehen. Für die Zukunft würde ich mir wünschen, daß wir alle aufmerksam und empfindlich auf Angstmache reagieren und uns dagegen wehren. Politiker und Medien sollten verantwortungs-bewußter mit dieser Thematik umgehen, denn durch ihre bewußte und unbewußte Manipulation der Menschen in diesem Land sind sie mitverantwortlich für die Ausschreitungen in Rostock, die Morde in Mölln und die kleinen alltäglichen Übergriffe in unserer Nachbarschaft.

Meine neuen Vokabeln
Hier können Sie alle Vokabeln
auflisten, die Sie lernen wollen.

_____

_____

_____

_____

_____

_____

_____

Zum Verständnis und zur Diskussion

Zum Wortschatz

Aufgabe 1: Lesen Sie die beiden ersten Abschnitte und suchen Sie im Text die entsprechenden Antonyme. Arbeiten Sie in einer Kleingruppe.

a. _____ Inländerin

b. _____ Freundlichkeit

c. _____ privat

d. _____ schweigen

e. _____ etwas ganz genau wissen

f. _____ Errichtung der Mauer

g. _____ nie

h. _____ integriert sein

i. _____ nichts tun

j. _____ fremd

k. _____ vergessen

Aufgabe 2: Arbeiten Sie zu zweit und suchen Sie die sechs Satzteile in Abschnitt 6, die das Wort *Vergangenheit* enthalten. Stellen Sie eine Liste auf.

Beispiel: 1. die Vergangenheit vergessen

Aufgabe 3: Arbeiten Sie zu zweit. Suchen Sie in Abschnitt 7 die entsprechenden Adjektive, Substantive oder Verben. Bilden Sie Sätze mit den Adjektiven.

ADJEKTIVE	SUBSTANTIVE	VERBEN
bürgerlich		
	die Sehnsucht	
ängstlich		
geborgen		
sympathisch		
vermeidbar		
duldsam		
	die Meinung	
rechtschaffen		
	die Verteidigung	

Fragen zum Text

1. Warum wird die Autorin von Selbstzweifeln geplagt, wenn sie über Ausländer schreibt?
2. Warum ist der Autorin nach die Ausländerangst so groß?
3. Welche Verbindung sieht die Autorin zwischen Vergangenheitsbewältigung und Fremdenangst bei den Deutschen?

4. Der Autorin nach, welche menschlichen Bedürfnisse verdrängen die Deutschen? Warum?

5. Auf welche Weise wurde der Libanese von seinem Nachbarn schlecht behandelt? Warum hat sich der Nachbar so verhalten? Wie erwiderte der Libanese dieses Verhalten?

6. Inwiefern ist die Freundschaft zwischen dem Libanesen und seinem Nachbarn seltsam?

7. Wonach suchen Deutsche und Nicht-Deutsche?

Zur Diskussion

Aufgabe 1:

a. Im letzten Abschnitt spricht die Autorin darüber, dass Deutsche und Nicht-Deutsche einen Weg zueinander finden müssen. Wie kann dies geschehen? Arbeiten Sie zu zweit. Geben Sie konkrete Beispiele aus dem Text.

    Beispiel: Den Weg zueinander finden bedeutet: *jede Seite hört auf die andere.*

b. Gibt es in Ihrem Land ähnliche Konfliktsituationen zwischen Ausländern und Einheimischen? Beschreiben Sie sie. Wie könnten diese Konflikte gelöst werden?

Aufgabe 2: Die Autorin betont, dass die Medien die Beziehungen zwischen Deutschen und Nicht-Deutschen manipulieren. Wie vergrößern die Medien die Angst vor den Ausländern? Gibt es Beispiele dafür in Ihrem Heimatland?

Aufgabe 3: Mit welchen geschichtlichen Perioden oder Minoritäten in Ihrem Heimatland könnte man den Begriff *Vergangenheitsbewältigung* verbinden? Geben Sie konkrete Beispiele.

WEITERFÜHRUNG DES THEMAS

Gruppenprojekt: Schauen Sie sich Text 1 noch einmal an. Erarbeiten Sie mit Ihrer Gruppe ein ähnliches Plakat für Ihr Heimatland oder ein anderes Land Ihrer Wahl.

Forschungsprojekt:

1. Sehen Sie sich die Liste mit den Namen von einigen berühmten deutschen Immigranten nach Nordamerika an. Suchen Sie die passende Beschreibung dafür, was diese Einwanderer zum Leben in Amerika beigetragen haben. (Lösung siehe unten.)

1. Lotte Lehmann	a.	Erster Bürgermeister von Germantown, Pennsylvania. Er gründete die erste deutsche Schule in Amerika im Jahre 1706.
2. Adolphus Busch		
3. Franz Pastorius		
4. Friedrich von Steuben	b.	General aus Preußen. Er war für die Ausbildung amerikanischer Truppen im Unabhängigkeitskrieg verantwortlich.
5. Margarethe Meyer-Schurz		

c. Eine deutsche Pädagogin, die den ersten Kindergarten in Wisconsin gründete.

d. Erfolgreicher Bierhersteller aus Mainz, der das „Lagerbier" in Amerika einführte.

e. Berühmte Opernsängerin, die vor der Nazi-Diktatur floh und Karriere an der Metropolitan Opera in New York machte.

2. Suchen Sie in der Bibliothek ein Buch über deutsche Einwanderer in die Vereinigten Staaten. Wählen Sie einen der Namen (Lehmann, Busch, Pastorius, von Steuben, Meyer-Schurz) oder suchen Sie eine Einwanderin / einen Einwanderer aus, die/den Sie besonders interessant finden. Fassen Sie das Wesentliche über diese Person und deren Beitrag in einem kurzen Absatz zusammen und stellen Sie der Gruppe diese Person vor.

Reportage: Denken Sie an Ihren Tagesablauf. Wer arbeitet in der Mensa? Wer macht im Wohnheim und in den Universitätsräumen sauber? Wer bedient Sie im Buchladen? im Lebensmittelgeschäft? an der Tankstelle? Schreiben Sie eine Reportage für Ihre Studentenzeitung auf dem Campus.

Buchbesprechung: Stellen Sie eine Liste von Schriftstellern und Schriftstellerinnen aus Ihrem Land auf, die zu Minderheitsgruppen gehören. Haben Sie Bücher von diesen Autorinnen/Autoren gelesen? Schreiben Sie eine Buchbesprechung über ein Buch, das Sie Ihren Kommilitoninnen und Kommilitonen empfehlen würden. Warum finden Sie dieses Buch besonders interessant?

Lösung: 1. e; 2. d; 3. a; 4. b; 5. c

2

Identität: Heimat und Nation

HINFÜHRUNG ZUM THEMA

Betrachten Sie die Liste mit den folgenden Texten. Versuchen Sie anhand der Titel zu erschließen, was das Thema dieses Kapitels ist. Was sagen uns die Namen der Autoren über deren Nationalität / das Land, aus dem sie kommen? Arbeiten Sie in Kleingruppen und schreiben Sie Ihre Ergebnisse auf. (Lösung siehe unten.)

- Dževad Karahasan, *Heimat: Tiefer, größer, weiter als wir selbst . . .*
- August Heinrich Hoffmann von Fallersleben, *Das Deutschlandlied*
- Kurt Tucholsky, *Worauf man in Deutschland stolz ist*
- Yüksel Pazarkaya, *Rosskastanien*

Kapitel 2 analysiert die Themen *Heimat* und *Nation*. Das sind zwei wichtige Teilaspekte von Identität. Was ist *Heimat*? Was ist *Nation*? Wie unterscheiden sich die beiden Begriffe?

Die folgenden Texte repräsentieren verschiedene Definitionen des Begriffes *Identität*. Die Texte repräsentieren auch unterschiedliche Textsorten: Der erste

Lösung: Karahasan = Bosnien; von Fallersleben = Deutschland; Tucholsky = Deutschland; Pazarkaya = die Türkei

Text ist ein autobiographischer Aufsatz, der Zweite eine utopische Nationalhymne, der Dritte ein satirisches Gedicht und der Vierte eine Kurzgeschichte.

Zum Überlegen

Aufgabe: Womit identifizieren Sie sich? Stufen Sie sich auf der Skala von 1 bis 10 ein. Vergleichen Sie Ihre Ergebnisse dann mit denen Ihrer Partnerin / Ihres Partners.

Ich identifiziere mich mehr mit:

10	5	1
meinem Freundeskreis		meiner Familie

10	5	1
meiner Familie		meiner Heimatstadt

10	5	1
meiner Heimatstadt		meinem Heimatstaat

10	5	1
meinem Heimatstaat		meinem Heimatland

10	5	1
meinem Heimatland		der ganzen Welt

TEXT 1: Heimat: Tiefer, größer, weiter als wir selbst . . .

Vor dem Lesen

Aufgabe 1: Benutzen Sie drei Adjektive, um den Ort oder die Orte zu charakterisieren, wo Sie aufgewachsen sind.

Beispiel: *Der Ort, wo ich aufgewachsen bin, war ländlich, friedlich und ruhig.*

Aufgabe 2: In dem Wort *Heimat* erkennen Sie das Wort *Heim*. Welche Assoziationen verbinden Sie mit diesem Wort? Schreiben Sie Ihre Assoziationen auf.

Aufgabe 3: Die Heimatstadt von Dževad Karahasan ist Sarajevo. Lesen Sie das folgende Vorwort zu dem Buch *Liebe Tante Vesna. Marta schreibt aus Sarajevo* von Margaret Klare (Weinheim und Basel: Beltz Verlag, 1994). Was lernen Sie über Sarajevo, Jugoslawien und die Menschen, die dort leben?

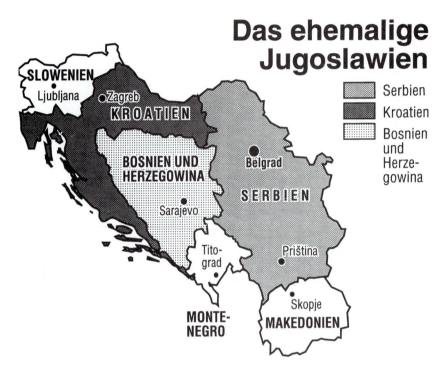

Das ehemalige Jugoslawien

"Sarajevo [ist] die Stadt, wo am 28sten Juni 1914 der österreichische Thronfolger Franz Ferdinand ermordet wurde. Dieses Attentat führte kurz darauf zum Anfang des ersten Weltkrieges.

Sarajevo liegt in Bosnien und Bosnien ist ein Teil des früheren Staates Jugoslawien—wie Serbien, Kroatien, Slowenien und noch andere kleinere Staaten. In Serbien leben fast nur Serben, in Kroatien sind die meisten Bewohner Kroaten und in Slowenien Slowenen. Aber in Bosnien-Herzogewina gibt es sehr viele Moslems, viele Serben, viele Kroaten und einige nationale Minderheiten. Bis vor einigen Jahren lebten sie friedlich zusammen, waren Nachbarn oder sogar miteinander verwandt. Es war gar nichts Besonderes, wenn zum Beispiel ein Serbe eine Kroatin oder eine Serbin einen Moslem heiratete. Aber dann wurde alles anders. Viele glaubten, sie konnten nicht mehr miteinander leben. Und jeder wollte stärker sein als der andere. Erst gingen zwei gegen einen, dann jeder gegen jeden. Es kam zum Bürgerkrieg."°

°*here, the civil war in former Yugoslavia that began in 1991*

An den Text heran

Aufgabe: Gehen Sie den Text abschnittsweise durch. Lesen Sie den ersten Satz von jedem Abschnitt. Spekulieren Sie, worum es in dem Abschnitt geht. Schreiben Sie Ihre Antworten auf.

Beispiel: Abschnitt 1: „Jeder von uns hat einen Schicksalsort.“—*In Abschnitt 1 geht es um Schicksal. Alle Menschen haben ein Schicksal. Das Schicksal ist vorbestimmt . . .*

Information zum Text

Dževad Karahasan ist Philosoph, Dramaturg und preisgekrönter Schriftsteller. Er musste 1993 Sarajevo verlassen und lebt heute in Deutschland, wo er viele Vorträge hält. Er schreibt Bücher und Essays, die in Zeitungen und Zeitschriften erscheinen.

Heimat: Tiefer, größer, weiter als wir selbst . . .

Dževad Karahasan

Jeder von uns hat einen Schicksalsort. An diesem Ort versteht sich vieles von selbst, wir können mit ein paar Worten sehr lange Überlegungen mitteilen. Wir haben Freunde an diesem Ort. Unser Leben und unsere Zeit besitzen dort eine klare Form— durch Rituale und Gewohnheiten. Mein Leben hat eine klare Form in Sarajevo. Nirgendwo anders.

Da ich Schriftsteller bin, spüre ich meine Heimat vor allem durch Sprache. Hinter vielen Worten stecken innere Bilder, die ich aus meiner Kindheit in mir trage. Ich bin in einem alten Haus aufgewachsen, das mit viel Holz gebaut war. Direkt unter meinem Zimmerfenster stand ein Apfelbaum, dessen Blätter immerzu rauschten. Wenn ich heute das Wort „Baum" höre, erinnere ich mich an genau diesen Apfelbaum. Ich höre ihn noch immer sprechen. Dreihundert Meter von unserem Haus entfernt floß—und fließt hoffentlich noch immer—ein Bach. Wenn heute jemand „Wasser" sagt, denke ich an ihn. „Bach" hat für mich eine viel konkretere Bedeutung als etwa „Meer" oder „See". Ich finde den Starnberger See wunderschön. Aber für mich ist das Urelement Wasser verbunden mit meinem Bach daheim. Wie „Bach" und „Baum" haben fast alle wesentlichen Wörter meiner Sprache durch meine Heimat eine konkrete, eine emotionale Bedeutung bekommen. Heimatgefühl ist wichtig. Es gibt uns Bilder, die die Sprache konkret und lebendig machen. Ohne diese Bilder wäre unsere menschliche Sprache ein bloßes Informationsmittel. So weit darf es nicht kommen.

Zum ersten Mal wurde ich mir meiner Heimat mit sechs Jahren bewußt. Wir besuchten Freunde in Split.° Die Freunde haben Brot mit Schinken gegessen. Ich mußte ihnen erklären, daß ich Moslem bin und kein Schweinefleisch esse. Das hat mich sehr überrascht—in Bosnien versteht es sich von selbst. „Auch Juden essen kein Schweinefleisch", sagte ich zu den Freunden in Split. Aber nun mußte ich ihnen erklären, was ein Jude sei. So erlebte ich zum ersten Mal, was Heimat ist. Ich erlebte es erst, als ich draußen war.

Solange wir in unserer gewohnten Umgebung leben, verstehen wir nicht, was wir durch Heimat bekommen. Es ist wie mit unserem Körper: Auch unsere Nieren bemerken wir erst, wenn uns Nierensteine quälen. Das heißt allerdings nicht, daß wir Heimat nur verstehen können, wenn sie verlorengegangen ist. Aber wir müssen sie einmal verlassen, wir müssen nach draußen gehen. Am besten läßt sich Heimat erleben in der Begegnung mit einer anderen Heimat.

Mein Vater war Kommunist und damit auch Atheist. Bei uns im Haus gab es keinen religiösen Ritus. „Wir sind einfach Jugoslawen, Arbeiterklasse", sagte mein Vater. Meine Mutter dagegen war sehr religiös, eine Moslime. Beide hätten nun versuchen können, eine Einheit zu schaffen: „Du bist scheinbar anders, du mußt aber ich werden." Sie haben aber gesagt: „Du bist wirklich anders. Wir ergänzen uns." Es kam ihnen nicht auf die Einheit an, sondern auf Ganzheit. Ganzheit setzt Dialog voraus. Es entsteht eine Spannung, die zu Konflikten führen, aber auch sehr fruchtbar werden kann: Ich kann mich selber erkennen, ein Selbst-Bewußtsein entwickeln. Ganzheit muß nicht einheitlich sein. Ein

°*seaport in former Yugoslavia*

Mosaik oder eine Symphonie sind nicht einheitlich. Sie sind ganz. Wir können uns nur ergänzen, wenn wir uns voneinander unterscheiden. Auch das ist Heimat.

In mir stecken noch tief die Bilder der unterschiedlichen Begräbnisriten in Bosnien. Der moslemische Ritus ist sehr leise. Man darf nicht weinen. Der Tod ist einfach eine Reise zu einer anderen Art der Existenz. Deshalb darf man nicht besonders traurig sein. Alles ist langsam, diskret, ruhig. Bei den Orthodoxen geht es viel lauter zu, spektakulär und pathetisch. Bei den Katholiken entsinne ich mich vor allem der Kleidung des Priesters, die sehr schön aussieht, sehr luxuriös. Und an das Kreuz, das ein Kind vorneweg trägt. Eines Tages starb die Oma meines besten Freundes, der katholisch erzogen wurde. Stipe war sieben Jahre alt. Er wollte mir gestatten, das Kruzifix gemeinsam mit ihm zu tragen. Der Priester, Fra Clemens, sah mich an. Dann meinte er: „Na ja, es geht schon." Nie in meiner Kindheit war ich so stolz wie in diesem Moment. Alle Erwachsenen gingen hinter uns, sogar der Priester.

Ich könnte mich an einem monokulturellen Ort niemals heimisch fühlen. Meine Heimat ist nun einmal Bosnien, Sarajevo, eben eine, entschuldigen Sie bitte, multikulturelle Umgebung. Mostar° und Sarajevo waren die einzigen Städte in Europa, in denen vier monotheistische Religionen zusammengelebt haben. Ich bin mir meiner moslemischen Zugehörigkeit ganz bewußt geworden, eben weil ich jeden Tag so vielen Katholiken, Juden und Orthodoxen begegnete. Das war für mich völlig normal. Wenn meine Mutter einen schlechten Traum hatte, ging sie anschließend spenden, um zu verhindern, daß er Wirklichkeit wurde. Sie ging zur Kirche des heiligen Antonius, danach zur Synagoge, danach zur Moschee, danach zur kleinen orthodoxen Kirche. Sie meinte: „Es gibt einen Gott, der aber alle Sprachen spricht und in allen Kirchen wohnt."

Bevor Bosnien von der jugoslawischen Volksarmee, von Serbien und später von Kroatien angegriffen wurde, wußte ich gar nicht, daß ich ein Bosnier bin. Bevor die kulturelle Gemeinschaft in Sarajevo von den Chauvinisten angegriffen wurde, wußte ich gar nicht, daß Sarajevo multikulturell ist—und daß genau darin die Ursache der Angriffe liegt. Der Krieg konnte die multikulturelle Gemeinschaft nicht zerstören. Noch heute leben in Sarajevo rund 17 000 Kroaten, fast zweitausend Juden, 50 000 Serben und 200 000 Bosnier oder Moslems zusammen. So gesehen, habe ich

°capital of Herzogovina, bridge destroyed in 1993 by Bosnian Croat forces

nichts von meiner Heimat verloren. Aber ich habe vieles verloren, was mir emotional sehr viel bedeutet hat.

Die Alte Brücke in Mostar. Sie war so tief in unser Leben integriert. Einmal im Leben muß ein Junge von der Alten Brücke in den Fluß springen, in die Neretva. Ungefähr zwanzig Meter tief. Eine Initiation. Als ich 17 war, fuhren wir mit dem Zug nach Mostar, fünf meiner Freunde und sieben Mitschülerinnen. Es sagt viel, ob man einen Kopfsprung macht oder mit den Füßen voraus springt. Ich bin kopfüber gesprungen und war sehr stolz darauf. Ohne die Alte Brücke hätten wir nicht erwachsen werden können. Heute gibt es die Alte Brücke nicht mehr.

Ich kann nicht erklären, was es heißt, einen Teil der Heimat zu verlieren, der so tief mit Gefühlen verbunden ist. Ich müßte weinen. Ich müßte schreien. Und das geht nicht. Ich bin doch erwachsen. Was wir in Bosnien verloren haben, kann man vielleicht durch Literatur ausdrücken, am besten wahrscheinlich durch ein Gedicht. Man kann vielleicht darüber tanzen, es durch Schauspiel mitteilen, man kann es malen—vor allem aber kann man weinen.

Im August 1992 verbrannten die Tschetniks° die National- und Universitätsbibliothek Bosniens und der Herzegowina. Sie befand sich im Rathaus von Sarajevo. Man kann das Rathaus vielleicht wieder aufbauen. Aber es wird nicht mehr dasselbe Gebäude sein. In der Bibliothek gab es 700 000 arabische und hebräische Handschriften. Alte Manuskripte über Alchimie und Astrologie. Die kann man nicht neu schreiben. Im Rathaus habe ich als Student viel gelesen und gearbeitet. Ich habe dort auch ein Mädchen kennengelernt, meine erste richtige Liebe. Sie ist für mich untrennbar mit der Bibliothek verbunden. Vor zwei Jahren sah ich das Rathaus als Ruine. Danach konnte ich wochenlang nicht mehr schlafen.

°Chetniks, Serbian national guerilla forces in WWII; fought civil war against communists in Yugoslavia

Es gibt Bücher, die ich mein ganzes Leben lang immer wieder gelesen habe. Eines davon hat mir ein Freund geschenkt, ein Franziskaner: *Die Bekenntnisse des heiligen Augustinus.*° Ich habe das Buch im Laufe der Zeit mindestens 15mal gelesen. Jedesmal machte ich Notizen an den Rand, setzte Fragezeichen, unterstrich Sätze. So wurde das Buch zu einer intimen Geschichte meines Lesens. Es existiert für mich in diesem und nur in diesem Exemplar. Nachdem ich aus Sarajevo fortmußte, haben andere Leute meine Bibliothek zum Heizen verwendet. Heute kann ich den *Heiligen Augustinus* nicht mehr lesen. Es ist mit meiner Bibliothek für immer verlorengegangen.

°Confessions of St. Augustine, leading Christian theologian of antiquity (396–430)

Meine Bibliothek existiert nicht mehr, das Rathaus, die Moschee, das orientalische Institut. Dort habe ich meinen Roman *Der östliche Divan* vorbereitet. Heute empfinde ich dieses Buch nicht mehr so sehr als ein Produkt meines Tuns, sondern eher als Mittel, durch das ich meine Erinnerungen lebendig halten kann. Ich schreibe jetzt ein neues Buch: *Lobgesang an die Ruinen*. Darin versuche ich, meine materiell zerstörte Heimat auf einer anderen Ebene zu bewahren und bewußtzumachen.

Ich wollte lange Zeit nicht weg aus Sarajevo. Man darf nicht flüchten von seinem Ort. Ich wollte mich nützlich machen, und eine Weile ist mir das auch gelungen. An der Akademie für szenische Künste habe ich mit meinen Studenten an Theateraufführungen gearbeitet. Ich half im Krankenhaus, bis sie sich dort so gut organisiert hatten, daß sie mich nicht mehr brauchten. Die Studenten des letzten Jahrgangs absolvierten ihre Prüfungen. Neue Kurse konnte ich nicht planen. Meine Freunde überzeugten mich schließlich, daß ich woanders nützlicher sein könnte als in Sarajevo.

Also bin ich am 27. Februar 1993 gegangen. Ich hatte eine Reisetasche dabei. Sie enthielt ein Romanmanuskript, ein paar Kleidungsstücke, die Zahnbürste und einen Füllfederhalter. Ein Montblanc-Meisterstück 149,° das mir meine Frau geschenkt hat. Ich denke mit der Hand. Mit diesem Federhalter schreibe ich meine Prosa. Mehr als die Reisetasche konnte ich nicht mitnehmen. Auch meine Frau durfte nicht mit. Ein Ehepaar durfte Sarajevo nicht gemeinsam verlassen. Meine Frau floh zwei Monate später.

°*brand of high-quality fountain pen made in Germany*

Manchmal spüre ich Heimweh. Mir fehlt vor allem mein Haus, mein Arbeitszimmer, meine Bibliothek. Noch heute greife ich mit der Hand instinktiv nach rechts ins Regal, wenn ich in einem Buch etwas nachschlagen will—aber das Regal und das Buch sind nicht da. Mir fehlen auch viele Orte. Vor allem der Stadtpark in Sarajevo. Er besteht aus zwei Teilen, die klar voneinander getrennt sind: Ein Teil wurde als normaler Park angelegt mit Springbrunnen, Bänken, Blumenbeeten. Der andere ist Natur pur. Dieser Teil ist ursprünglich ein moslemischer Friedhof. Ich bin sehr oft in dem Park spazierengegangen. Nirgendwo auf der Welt kann ich so sehr, so tief allein sein. Ich spüre dort den Tod, auch andere Menschen, die durch die Grabsteine mittelbar gegenwärtig sind. Und zugleich bin ich wirklich allein.

Ich spüre Heimweh, aber es ist erträglich. Ich kann es ertragen, weil ich neugierig bin und in Deutschland viele Menschen kennenlerne, auch viele neue Seiten einer riesigen Kultur. Außerdem sind die deutsche Romantik und auch die deutsche Mystik schon immer meine literarische Heimat gewesen: Novalis, Kleist, E. T. A. Hoffmann, Jean Paul,° Meister Eckart.° Das ist eine verinnerlichte Heimat. Sie ist keine Erinnerung, sondern steht für eine Möglichkeit, anders zu existieren. Heimat ist kompliziert: Es gibt sie materiell und geistig. Zu ihr gehören Erinnerung, Sprache, aber auch eine kulturelle Umgebung. Sie ist zugleich innerlich und äußerlich, allgemein und individuell, sehr intim und sehr objektiv. Vor allem aber ist sie tiefer, größer, weiter als wir selbst. Deswegen kann man sie auch ideologisieren—und deswegen dürfen wir genau das nicht tun.

Es wäre für mich nicht auszuhalten, ohne seelische Vorbereitung nach Sarajevo zurückzukehren und neue Ruinen zu finden. Ich schreibe den *Lobgesang an die Ruinen*, um mich innerlich auf meine Heimkehr vorzubereiten. In den Essays versuche ich, meine Ängste und Erwartungen auszudrücken; mir klarzumachen, daß zwar das Rathaus zerstört ist, aber nicht das Schöne, was ich darin erlebt habe. Ich weiß, daß ich zurückkehren will und muß. Vielleicht ist es einfach meine Pflicht, diesen Ort wieder mit aufzubauen. Vielleicht hat es ganz andere Gründe. Ich weiß nur, daß es schwierig für mich wird heimzukehren. Ich hoffe, es wird eines Tages gehen.

°*famous authors of German Romantic period (18th–19th centuries)*   °*founder of German mysticism*

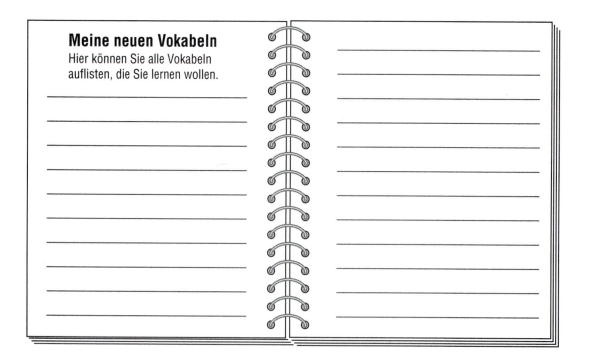

Meine neuen Vokabeln
Hier können Sie alle Vokabeln auflisten, die Sie lernen wollen.

Zum Verständnis und zur Diskussion

Zum Wortschatz

Aufgabe: Suchen Sie im Text alle Wortbildungen mit *Heim* und stellen Sie eine Liste auf. Bilden Sie mit jedem Wort einen Satz.

Beispiel: Heimat   *Ich denke an meine Heimat und habe ein gutes Gefühl dabei.*

Fragen zum Text

1. Was erfahren Sie aus dem Essay über den Autor?

2. Welche Bedeutung hat Sarajevo für Karahasan?

3. Karahasan spürt Heimat vor allem durch Sprache und durch Worte. Welche Worte haben eine besondere Bedeutung für ihn? Welche Assoziationen oder inneren Bilder stecken dahinter?

4. Welches Erlebnis hatte Karahasan, als er sechs Jahre alt war? Beschreiben Sie dieses Erlebnis.

5. Karahasan beschreibt seine Heimat als *multikulturell*. Erklären Sie, was er damit meint.

6. Wer ist nach Karahasans Meinung verantwortlich für den Bürgerkrieg in Bosnien? Hat der Bürgerkrieg die multikulturelle Gemeinschaft zerstört? Erklären Sie.

7. Welche Rolle spielen Bücher für Karahasan? Geben Sie konkrete Beispiele.

8. Wie definiert Karahasan *Heimat*? Als Ort? Erinnerung? Existenz? Ideologie? Erklären Sie.

Zur Diskussion

Aufgabe 1: Für Karahasan ist die Heimat ein Ort, wo sich vieles von selbst versteht und man mit ein paar Worten komplexe Gedanken und Gefühle mitteilen kann.

a. Nennen Sie Orte in Ihrem Leben, wo sich vieles von selbst versteht.

b. Nennen Sie Orte in Ihrem Leben, wo Sie vieles erklären müssen.

c. Arbeiten Sie in Kleingruppen und vergleichen Sie Ihre Antworten. Möchten Sie Ihr ganzes Leben an einem Ort verbringen, wo sich vieles von selbst versteht? Warum? Warum nicht? Welche positiven und negativen Assoziationen verbinden Sie mit Orten, wo man vieles erklären muss?

Aufgabe 2: Bestimmte Worte rufen für Karahasan bestimmte Assoziationen oder innere Bilder hervor. Gibt es für Sie Wörter in Ihrer Sprache, die bestimmte Assoziationen hervorrufen? Geben Sie drei Beispiele und beschreiben Sie diese inneren Bilder so genau wie möglich.

Aufgabe 3: Deutsch ist für *Sie* eine Fremdsprache. Gibt es für *Sie* deutsche Wörter, die eine emotionale Bedeutung haben? Stellen Sie mit der Gruppe eine Liste auf. Diskutieren Sie, woher die emotionale Bedeutung dieser Wörter kommt.

TEXT 2: **Das Deutschlandlied**

Vor dem Lesen

Das Konzept der *Nation* ist ein Produkt des neunzehnten Jahrhunderts. Bis zur deutschen Vereinigung im Jahre 1871 war Deutschland keine Nation, sondern ein feudales Land. Deutschland bestand aus fünfundfünfzig souveränen Fürstenstaaten und vier freien Städten. Es gab kein politisches Zentrum wie zum Beispiel Paris in Frankreich.

    „Das Deutschlandlied" ist ein Relikt dieser noch feudalen Zeit. Hoffmann von Fallersleben schrieb dieses Lied 1841 im Exil. Er wünschte sich ein vereintes Deutschland, eine souveräne Nation, in der alle fünfundfünfzig souveränen Fürstenstaaten vereint würden. Fallersleben gehörte zu den Romantikern, die versuchten, eine politische Identität der Deutschen zu kreieren, indem sie sich auf die gemeinsame sprachliche und kulturelle Vergangenheit aller Deutschen beriefen. Dieses Suchen nach gemeinsamen Wurzeln rief ein Interesse an Folklore, an uralten regionalen Bräuchen, an Volksliedern und Märchen wach. *Heimat* und *Natur* wurden sentimentalisiert, d.h. auch ideologisiert.

Aufgabe 1: Wählen Sie die richtige(n) Antwort(en).

1. Deutschland als eine politisch vereinigte Nation existiert (a) länger als Frankreich, (b) genauso lange wie Frankreich, (c) nicht so lange wie Frankreich.

2. Deutschland wurde (a) 1973, (b) 1841, (c) 1871 als Nation vereinigt.

3. „Das Deutschlandlied" wurde geschrieben (a) bevor, (b) nachdem, (c) als die fünfundfünfzig souveränen deutschsprachigen Staaten zur Nation wurden.

4. Die Romantik brachte mit sich (a) folkloristische Literatur, wie Märchen und Volkslieder, (b) eine klare politische Identität, (c) Ideale der klassischen Kunst.

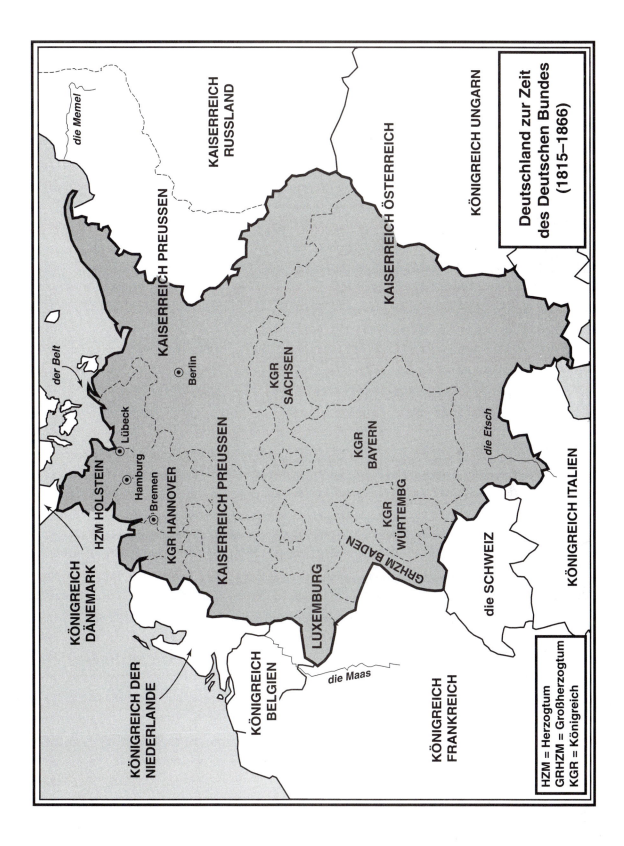

Deutschland zur Zeit des Deutschen Bundes (1815–1866)

die Memel

KAISERREICH RUSSLAND

KÖNIGREICH UNGARN

KAISERREICH PREUSSEN

KAISERREICH ÖSTERREICH

der Belt

KGR SACHSEN

Berlin

Lübeck

Hamburg

die Etsch

Bremen

HZM HOLSTEIN

KGR BAYERN

KGR HANNOVER

KAISERREICH PREUSSEN

KGR WÜRTEMBG

KÖNIGREICH ITALIEN

KÖNIGREICH DÄNEMARK

GRHZM BADEN

LUXEMBURG

die SCHWEIZ

KÖNIGREICH DER NIEDERLANDE

KÖNIGREICH BELGIEN

die Maas

KÖNIGREICH FRANKREICH

HZM = Herzogtum
GRHZM = Großherzogtum
KGR = Königreich

Aufgabe 2: Eine Hymne war ursprünglich ein Lobgesang für Gott. Im neunzehnten Jahrhundert griffen Dichter zur Hymne, um die entstehenden Nationen zu loben. Zu welchen Gelegenheiten haben Sie Ihre Nationalhymne singen oder spielen gehört? Wie haben Sie sich dabei gefühlt: stolz? skeptisch? froh? Stellen Sie eine Liste auf und diskutieren Sie Ihre Reaktionen mit Ihrer Partnerin / Ihrem Partner.

Beispiel: Gelegenheit   Gefühl
         Bei Staatsbesuchen   *Stolz*

Aufgabe 3: Können Sie sich an bestimmte Situationen erinnern, in denen Sie sich Ihrer Nationalität bewusst wurden?

Information zum Text

„Das Deutschlandlied" ist wie viele patriotische Lieder in den USA im neunzehnten Jahrhundert entstanden. („The Star-Spangled Banner" wurde 1815, „My Country 'Tis of Thee" 1831 und „America the Beautiful" 1895 geschrieben.) Gebildete Bürger in Deutschland waren damals von den liberalen Ideen der Aufklärung,° der französischen Revolution und den nationalen Ideen der Romantik begeistert. Der Dichter August Heinrich Hoffmann von Fallersleben war ein leidenschaftlicher Verfechter der Freiheit. Wegen seiner politischen Überzeugung verlor er seine Stelle als Professor in Breslau. Im Exil auf der damals britischen Insel Helgoland dichtete er im Jahre 1841 „Das Lied der Deutschen" zu einer Melodie von Joseph Hayden. Hayden hatte diese Melodie im Jahre 1797 als österreichische Kaiserhymne komponiert. In den Jahren zwischen 1870 und 1914 wurde dieses Lied als patriotisches Lied gesungen. Erst 1922, während der Weimarer Republik,° wurde „Das Lied der Deutschen" offiziell als Nationalhymne proklamiert. Nach dem Zweiten Weltkrieg verboten die Alliierten° das Singen des „Deutschlandliedes," bis der erste Bundespräsident Theodor Heuss das dreistrophige Lied 1952 wieder zur Nationalhymne erklärte. Bei offiziellen Anlässen wird allerdings nur die dritte Strophe gesungen.

°*The Enlightenment, European intellectual movement (17th–18th centuries) that celebrated the free use of reason*

°*German republic founded in Weimar (1919–1933)*
°*American, British, French, and Soviet forces that defeated the Axis powers in WWII*

Deutschland über alles

(H. v. Fallersleben) **Deutschland über alles** Jos. Haydn, 1797

1

Deutschland, Deutschland, über al-les, über al-les in der
Deutsche Frau-en, deutsche Treue, deutscher Wein und deutscher
Einig - keit und Recht und Freiheit für das deutsche Va-ter-

Welt, wenn es stets zu Schutz und Trutze brüder-lich zusam-men-
Sang, sol-len in der Welt be-halten ihren alten, schönen
land, danach laßt uns al-le streben brüder-lich mit Herz und

hält von der Maas bis an die Memel, von der Etsch bis an den Belt.
Klang, uns zu ed-ler Tat be-geistern unser gan-zes Leben lang.
Hand! Einig-keit und Recht und Freiheit sind des Glückes Unterpfand.

Deutschland, Deutschland, ü-ber alles, ü-ber alles in der Welt.
Deut-sche Frauen, deutsche Treue, deutscher Wein und deutscher Sang.
Blüh im Glanze dieses Glückes, blühe deutsches Vaterland!

Meine neuen Vokabeln

Hier können Sie alle Vokabeln
auflisten, die Sie lernen wollen.

_____   _____

_____   _____

_____   _____

_____   _____

_____   _____

_____   _____

_____   _____

_____   _____

_____   _____

_____   _____

Zum Verständnis und zur Diskussion

Zum Wortschatz

Aufgabe 1: Schauen Sie sich die folgende Liste mit Wörtern aus dem Lied an.
Suchen Sie zu jedem Wort sprachlich verwandte Wörter. Denken Sie an
Adjektive, Verben, Substantive.

Beispiel: brüderlich: *der Bruder, die Brüder, die Brüderlichkeit*

zusammenhalten	die Freiheit
die Einigkeit	das Vaterland
das Recht	das Glück

Aufgabe 2: *Einigkeit, Recht, Freiheit* und *Brüderlichkeit* sind abstrakte Begriffe,
die eine utopische Hoffnung auf Befreiung und Gleichberechtigung ausdrücken.
Im Namen dieser Ideen sind in den letzten Jahrhunderten immer wieder blutige
Kriege geführt worden. Arbeiten Sie mit einer Partnerin / einem Partner.
Schlagen Sie die folgenden wortverwandten Vokabeln im Wörterbuch nach.
Bilden Sie Sätze.

a. rechtfertigen

b. rechthaberisch

c. rechtschaffen

d. berechtigt

e. die Gerechtigkeit

Aufgabe 3: Arbeiten Sie in Kleingruppen. Wählen Sie einen der folgenden Begriffe und veranschaulichen Sie die Bedeutung des Begriffes in einer konkreten Situation. Stellen Sie oder spielen Sie den anderen Gruppen Ihre Situation vor.

a. Freiheit des Gewissens

b. Pressefreiheit

c. Freiheitsberaubung

d. Freiheitskrieg

e. Freiheitskämpfer

f. Freiheitsliebe

g. Freiheitsstatue

h. Freiheitsstrafe

Fragen zum Text

1. Was wird in der ersten Strophe behauptet?

   Wenn _____,

   dann _____.

2. Was fordert die zweite Strophe?
   deutsche Frauen
   deutsche Treue
   deutscher Wein
   deutscher Sang sollen . . .

   a. _____

   b. _____

3. Dritte Strophe: *Wonach* sollen alle streben? *Wie* sollen alle danach streben? *Warum* sollen alle danach streben?

   _____

4. Vergleichen Sie den ursprünglichen Titel „Das Lied der Deutschen" mit dem heutigen Titel „Das Deutschlandlied". Wie unterscheiden sich die beiden Titel inhaltlich? Wer/Was steht im Mittelpunkt? Auf welche unterschiedlichen Umstände deuten die zwei Titel hin?

Zur Diskussion

Aufgabe 1: Die erste Strophe der deutschen Nationalhymne beginnt mit „Deutschland, Deutschland, über alles . . . ". Dieser Satz hat kein Verb.

a. Welches Verb könnte hier passen? Erklären Sie die Bedeutung der einzelnen Sätze.

   Beispiel: *Man soll Deutschland über alles lieben.*

b. Welche Bedeutung hatte diese Zeile wohl zu der Zeit, als Fallersleben das Lied schrieb? Welche Bedeutung gaben die Nazis dieser Zeile? Warum singt man heute bei öffentlichen Anlässen nur die dritte Strophe?

Aufgabe 2: Am 14. September 1814 wurde der junge amerikanische Rechtsanwalt Francis Scott Key Zeuge der britischen Attacke auf Fort McHenry in Baltimore. Als er sah, dass die amerikanische Fahne bei Sonnenaufgang immer noch über dem Fort wehte, wusste er, dass es den Amerikanern gelungen war, die Stadt zu verteidigen. Key schrieb seine Eindrücke in dem Gedicht „The Star-Spangled Banner" nieder. Das Lied wurde schnell berühmt und wurde 1931 amerikanische Nationalhymne.

   Lesen Sie die erste Strophe der amerikanischen Nationalhymne und beantworten Sie die folgenden Fragen.

a. Wie unterscheiden sich die deutsche und die amerikanische Nationalhymne voneinander? Was sind jeweils die Hauptideen?

b. Warum sind in vielen Ländern regionale patriotische Heimatlieder—in den USA zum Beispiel „Yankee Doodle" oder „Dixie"—oft beliebter als die Nationalhymne? Welchen Zweck haben solche Lieder?

The Star-Spangled Banner

Francis Scott Key

O say can you see by the dawn's early light
What so proudly we hail'd at the twilight's last gleaming?
Whose broad stripes and bright stars through the perilous fight
O'er the ramparts we watch'd, were so gallantly streaming?
And the rockets' red glare, the bombs bursting in air,
Gave proof through the night that our flag was still there,
O say does that star-spangled banner yet wave
O'er the land of the free and the home of the brave?

Aufgabe 3: Wie aktuell und angemessen sind die Strophen des „Deutschlandliedes" für eine moderne Demokratie? Mit welchen Eigenschaften würden Sie Ihr Land besingen, wenn Sie eine Nationalhymne schreiben würden?

TEXT 3: Worauf man in Europa stolz ist

Vor dem Lesen

Aufgabe 1: Das Adjektiv *stolz* spielt eine wichtige Rolle in Kurt Tucholskys Gedicht. Worauf sind Sie stolz? Warum? Diskutieren Sie das Ergebnis in einer Kleingruppe.

Ich bin stolz auf . . . , weil . . .

Aufgabe 2: Finden Sie die passende Bedeutung für *stolz* in den folgenden Sätzen. Arbeiten Sie zu zweit.

1. Erika hat in der Prüfung eine gute Note bekommen. Sie kann *stolz* darauf sein.

2. Jörg wurde Arzt. Er ist der *Stolz* der ganzen Familie.

3. Der Redner *stolzierte* wie ein Pfau auf der Bühne hin und her.

a. steif und arrogant wirken
b. voll Freude sein
c. bewundert werden

Information zum Text

Kurt Tucholsky (1890–1935) wurde in Berlin geboren. Er studierte Jura. Schon früh zeichnete er sich als begabter Feuilletonist und Satiriker aus. Mit seinen zeitkritischen Versen kämpfte er gegen soziale Unterdrückung und den aufkommenden Faschismus. 1933 musste er Deutschland verlassen; seine Werke wurden von den Nationalsozialisten° verbrannt. 1935 nahm er sich in Schweden das Leben.

　　In dem folgenden Gedicht aus dem Jahre 1932 beschreibt Kurt Tucholsky die nationale Haltung einiger Europäer.

°*short form for members of the National Socialist German Workers' Party*

Worauf man in Europa stolz ist

Kurt Tucholsky

Dieser Erdteil ist stolz auf sich, und
er kann auch stolz auf sich sein.
Man ist stolz in Europa:
Deutscher zu sein.
Franzose zu sein.
Engländer zu sein.
Kein Deutscher zu sein.
Kein Franzose zu sein.
Kein Engländer zu sein. . . .

Meine neuen Vokabeln

Hier können Sie alle Vokabeln
auflisten, die Sie lernen wollen.

_____   _____

_____   _____

_____   _____

_____   _____

_____   _____

_____   _____

_____   _____

_____   _____

Zum Verständnis und zur Diskussion

Zum Wortschatz

Aufgabe 1: Welches Wort passt nicht?

a. Staat   Dorf   Stadt   Gebiet   Europäer   Kontinent
b. Volk   Leute   Provinz   Engländer   Amerikaner   Bürger
c. Europa   Deutschland USA   England   Kanadier   Spanien

Aufgabe 2: Welches Wort passt? Setzen Sie das passende Wort in die Lücken.

Nation   Ausland   Erdteil   Länder

a. Kurt Tucholsky kritisierte seine Zeit und seine Kultur. Deswegen musste er
    ins _____ gehen.

b. Afrika ist der _____, der südlich von Europa liegt.

c. „Andere _____, andere Sitten" heißt ein bekanntes deutsches
    Sprichwort.

d. Eine politische Gemeinschaft, die innerhalb von bestimmten
    geographischen Grenzen liegt, ist eine _____ .

Fragen zum Text

1. Was oder wer kann stolz sein? Kann ein Erdteil, ein Land stolz auf sich sein?
2. Tucholsky nennt nur drei europäische Länder. Warum wohl?
3. Beschreiben Sie Tucholskys Sprachstil und die Form des Gedichtes.
4. Wie könnte das Gedicht weitergehen?

Zur Diskussion

Aufgabe 1: Arbeiten Sie mit einer Partnerin / einem Partner. In dem Gedicht geht es um Positionen und Perspektiven. Wer spricht in den ersten drei und den drei letzten Zeilen? Welche Rolle spielt der negative Artikel *kein*? Formulieren Sie Ihre Antwort auf die zweite Frage schriftlich.

Aufgabe 2: Arbeiten Sie in Kleingruppen. Betrachten Sie die Propaganda-Postkarten und Plakate aus dem Ersten Weltkrieg.

a. Aus welchen Ländern kommen die Postkarten und Plakate?
b. Beschreiben Sie genau, was Sie auf den Bildern sehen.
c. Welche Intention steckt wohl hinter jedem Plakat / jeder Postkarte?

Sind wir die Barbaren?

Jährl. Leistungen der Sozial-Versicherung	4256		24
Analphabeten		100	320
Ausgaben für Schulwesen	878	384	261
Bücher-Erzeugung			
Nobelpreise	14		
Patente			

YOU buy a LIBERTY BOND LEST I PERISH

Vor dem Lesen

Aufgabe 1: Was wissen Sie über Ihren Vor- und Nachnamen? Mögen Sie Ihren Namen? Wurden Sie nach jemandem benannt? Machen Sie sich Notizen und teilen Sie Ihre Information der Gruppe mit.

Aufgabe 2: Arbeiten Sie zu zweit. Welche der folgenden Bürgerschaftsgesetze finden in den USA Anwendung und welche in Deutschland? (Lösung siehe unten.)

a. *Ius sanguinis*—Das Gesetz des Blutes entscheidet die Nationalität. Das Kind erbt seine Staatsangehörigkeit von seinen Eltern.

b. *Ius soli*—Das Gesetz der Erde oder des Geburtsortes entscheidet die Nationalität. Die Staatsangehörigkeit wird durch den Geburtsort des Kindes bestimmt.

c. Immigranten können eingebürgert, d.h. Staatsbürger werden, wenn sie fünfzehn Jahre in dem neuen Land gewohnt haben. Sie müssen auch nachweisen, dass sie sich und ihre Familie ernähren können.

d. Immigranten können ab dem achtzehnten Lebensjahr eingebürgert werden, wenn sie mindestens fünf Jahre in dem neuen Land gewohnt haben und die Landessprache sprechen.

Aufgabe 3: Welche Schwierigkeiten haben Menschen, die versuchen, sich in einer neuen Heimat einzuleben? Diskutieren Sie mit Ihrer Partnerin / Ihrem Partner.

Information zum Text

Yüksel Pazarkaya wurde 1940 in Izmis (Türkei) geboren. Nach dem Abitur kam er 1958 nach Deutschland. Er studierte Deutsch am Auslands- und Dolmetscherinstitut in Germersheim am Rhein. Nach seinem Chemiestudium an der Universität Stuttgart studierte er Literatur, Sprachwissenschaften und Philosophie. Zu seinen Publikationen zählen seit 1960 Lyrik, Dramen, Hörspiele, Kurzerzählungen, Aufsätze und Übersetzungen in deutscher und türkischer Sprache.

Lösung: b and d = USA; a and c = Deutschland. Das deutsche Bürgerschaftsgesetz wird künftig liberalisiert. Siehe Kapitel 3 für weitere Informationen.

Rosskastanien

Yüksel Pazarkaya

Du bist Türke

„Du bist kein Deutscher", sagte Stefan zu Ender in der Pause auf dem Schulhof. Weshalb nur wollte er heute mit Ender nicht Fangen spielen? Um eben einen Grund dafür zu nennen, sagte er einfach: „Du bist doch kein Deutscher." Ender war verdutzt und betroffen. Stefan war sein liebster Klassenkamerad, sein bester Spielfreund. „Wieso?" konnte er nur fragen.

Stefan verstand ihn nicht. Was heißt da „wieso"? Oder hält sich Ender wohl für einen Deutschen? „Du bist eben kein Deutscher", sagte er. „Du bist kein Deutscher wie ich."

Enders schöne, dunkle Augen wurden traurig. Sein Inneres sträubte sich, als hätte er sich etwas zuschulden kommen lassen. In seinem Herzen zerbrach etwas. Er schwieg. Er ließ den Kopf hängen. Er ging weg. An diesem Tag sprach er mit Stefan kein Wort mehr. Dem Unterricht konnte er nicht folgen. Dem Lehrer konnte er nicht zuhören. Sein Kopf wurde immer schwerer.

Deutsche Kastanien

Auch im letzten Herbst war es ihm einmal so gegangen. In dem Wohnviertel gibt es einen hübschen, kleinen Park, voll Blumen und Bäume. Im Herbst ist er am schönsten. Dann ziehen die Kastanien alle Kinder in der Umgebung an. Die Kinder werfen die Kastanien mit Steinen herunter. Wer viel sammelt, verkauft sie an den Zoo als Futter für Elefanten und Kamele. Andere bringen sie in die Schule mit. Man kann sie nämlich im Mathematikunterricht brauchen. Und die kleinen, die noch nicht zur Schule gehen, spielen mit den Kastanien wie mit Murmeln.

Der Lehrer sagte: „Jedes Kind bringt zehn Stück mit." Sie sind 34 Kinder in der Klasse. Wenn jedes Kind zehn Kastanien mitbringt, macht es genau 340 Stück. Und damit lassen sich ganz gut Mengenlehre und die vier Rechenarten üben.

Am Nachmittag ging Ender in den Park. Zwei Kinder warfen mit Steinen nach den Kastanien. Sie waren zwar keine Freunde von ihm, aber er kannte sie. Er sah sie öfters in diesem Wohnviertel.

Ender näherte sich ihnen. Er bückte sich nach einer Kastanie, die auf dem Boden lag. Eines von den beiden Kindern sagte zu ihm: „Finger weg!" „Ich will auch Kastanien sammeln", sagte Ender. Das zweite Kind rief: „Du darfst sie nicht sammeln, das sind deutsche Kastanien." Ender verstand nichts. Das erste Kind fügte hinzu: „Du bist kein Deutscher." Dann sagte das andere: „Du bist Ausländer." Sie stellten sich herausfordernd vor Ender hin. Er verharrte gebückt und mit ausgestreckter Hand. Wenn er sich noch ein bißchen bückte, könnte er die Kastanie fassen. Doch er konnte sie nicht erreichen. Den Kopf nach oben, den Kindern zugewandt erstarrte er eine Weile in gebückter Haltung. Dann richtete er sich auf. Natürlich ohne Kastanie. Verstummt. Er wollte zwar sagen: „Der Park gehört allen, jeder kann Kastanien sammeln", doch er brachte kein Wort heraus. Dafür waren die anderen um so lauter: „Du bist Ausländer. Das sind deutsche Kastanien. Wenn du sie anfaßt, kannst du was erleben", wollten sie ihm Angst einjagen.

Ender war völlig durcheinander. „Soll ich mit denen kämpfen", schoß es ihm durch den Kopf. Dann sah er mal den einen, mal den anderen an. „Gegen zwei zu kämpfen ist unklug", dachte er. Er rannte fort, ohne die beiden noch einmal anzusehen.

Was bin ich?

Als er an jenem Tag nach Hause kam, stellte Ender seiner Mutter einige Fragen. Aber seine Mutter ging nicht darauf ein. Sie lenkte ab.

Nun war Ender entschlossen, nach dem, was heute zwischen Stefan und ihm passiert war, die Frage endlich zu lösen, die den ganzen Tag wieder in seinem Kopf herumschwirrte. Sobald er den Fuß über die Türschwelle setzte, schleuderte er der Mutter seine Frage ins Gesicht:

„Mutti, was bin ich?"

Das war eine unerwartete Frage für seine Mutter. Ebenso unerwartet war ihre Antwort:

„Du bist Ender."

„Ich weiß, ich heiße Ender. Das habe ich nicht gefragt. Aber was bin ich?" blieb Ender hartnäckig.

„Komm erst mal herein. Nimm deinen Ranzen ab, zieh die Schuhe aus", sagte seine Mutter.

„Gut", sagte Ender. „Aber sag du mir auch, was ich bin."

Daraufhin dachte Enders Mutter, daß er mit ihr einen Jux machte oder ihr vielleicht ein Rätsel aufgab.

„Du bist ein Schüler", sagte sie.

Ender ärgerte sich.

„Du nimmst mich auf den Arm", sagte er. „Ich frage dich, was ich bin. Bin ich nun Deutscher oder Türke, was bin ich?"

Hoppla! Solche Fragen gefielen Enders Mutter gar nicht. Denn die Antwort darauf fiel ihr schwer. Was sollte sie da sagen? Im Grunde war das keine schwere Frage. Sie kannte auch die genaue Antwort auf diese Frage. Aber würde Ender sie auch verstehen können? Würde er sie akzeptieren. akzeptieren können? Wenn er sie auch annahm, würde ihm das überhaupt nützen?

Seine Mutter und sein Vater sind Türken. In der Türkei sind sie geboren, aufgewachsen und in die Schule gegangen. Nach Deutschland sind sie nur gekommen, um arbeiten und Geld verdienen zu können. Sie können auch gar nicht gut Deutsch. Wenn sie Deutsch sprechen, muß Ender lachen. Denn sie sprechen oft falsch. Sie können nicht alles richtig sagen.

Bei Ender ist es aber ganz anders. Er ist in Deutschland geboren. Hier ist er in den Kindergarten gegangen. Jetzt geht er in die erste Klasse, in eine deutsche Schule. Deutsche Kinder sind seine Freunde. In seiner Klasse sind auch einige ausländische Kinder. Ender macht aber zwischen ihnen keinen Unterschied, er kann keinen machen, dieser Deutscher, dieser nicht oder so, denn außer einem sprechen sie alle sehr gut Deutsch. Da gibt es nur einen Alfonso. Alfonso tut Ender etwas leid. Alfonso kann nicht so gut Deutsch sprechen wie die anderen Kinder. Ender denkt, daß Alfonso noch gar nicht sprechen gelernt hat. Die kleinen Kinder können doch auch nicht sprechen; so wie ein großes Baby kommt ihm Alfonso vor.

Ender spricht auch Türkisch, aber nicht so gut wie Deutsch. Wenn er Türkisch spricht, mischt er oft deutsche Wörter hinein. Wie eine Muttersprache hat er Deutsch gelernt. Nicht anders als die deutschen Kinder. Manchmal hat er das Gefühl, daß zwischen ihnen doch ein Unterschied ist, weil deutsche Kinder nicht Türkisch können. Doch wenn in der Klasse der Unterricht oder auf dem Schulhof das Spielen beginnt, vergeht dieses Gefühl wieder ganz schnell. Gerade wenn er mit Stefan spielt, ist es unmöglich, daß ihm ein solches Gefühl kommt.

Deshalb war sein Staunen so groß über die Worte Stefans. Und wenn Stefan nie wieder mit ihm spielte? Dann wird er sehr allein sein. Er wird sich langweilen.

Enders Vater weiß nicht mehr ein noch aus

Am Abend kam Enders Vater von der Arbeit nach Hause. Noch bevor die Tür sich richtig öffnete, fragte Ender:

„Vati, bin ich Türke oder Deutscher?"

Sein Vater war sprachlos.

„Warum fragst du?" sagte er nach kurzem Überlegen.

„Ich möchte es wissen", sagte Ender entschlossen.

„Was würdest du lieber sein, ein Türke oder ein Deutscher?" fragte sein Vater.

„Was ist besser?" gab Ender die Frage wieder zurück.

„Beides ist gut, mein Sohn", sagte sein Vater.

„Warum hat dann Stefan heute nicht mit mir gespielt?"

So kam Ender mit seinem Kummer heraus, der ihn den ganzen Tag gequält hatte.

„Warum hat er nicht mit dir gespielt?" fragte sein Vater.

„Du bist kein Deutscher, hat er gesagt. Was bin ich, Vati?"

„Du bist Türke, mein Sohn, aber du bist in Deutschland geboren", sagte darauf sein Vater hilflos.

„Aber die Namen der deutschen Kinder sind anders als mein Name."

Sein Vater begann zu stottern.

„Dein Name ist ein türkischer Name", sagte er. „Ist Ender kein schöner Name?"

Ender mochte seinen Namen.

„Doch! Aber er ist nicht so wie die Namen anderer Kinder", sagte er.

„Macht nichts, Hauptsache, es ist ein schöner Name!" sagte sein Vater.

„Aber Stefan spielt nicht mehr mit mir."

Enders Vater schnürte es den Hals zu. Ihm war, als ob er ersticken müßte. „Sei nicht traurig", sagte er nach längerem Schweigen zu Ender. „Ich werde morgen mit Stefan sprechen. Er wird wieder mit dir spielen. Er hat sicher Spaß gemacht."

Ender schwieg.

Meine neuen Vokabeln

Hier können Sie alle Vokabeln auflisten, die Sie lernen wollen.

stolz - proud, der Adler (-)

das Wappen (-) - seal der Frieden (-) *peace*

die Kralle(n) - claws

der Gartenzwerg (-e) - Gnome

der Kummer - grief schweig - to

keep silent ersticken - to choke

Wohnviertel - residential area

bückten - bend down/stoop

herausfordern - challenge

durcheinander - confused

kämpfen - to fight

schwiegen - to be quiet

ersticken - to stifle

Zum Verständnis und zur Diskussion

Zum Wortschatz

Aufgabe 1: Arbeiten Sie zu zweit. Betrachten Sie die Wortkarte für das Wort *Murmel* auf der nächsten Seite. Welche anderen Ausdrücke gibt es für dieses Wort? Wo sagt man was? Warum gibt es wohl so viele verschiedene Ausdrücke?

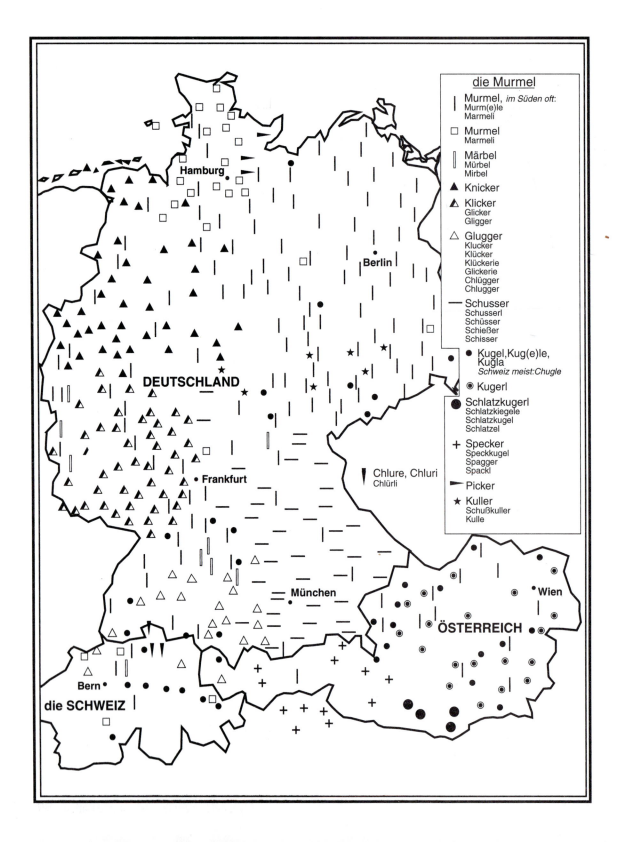

die Murmel

| Murmel, *im Süden oft*:
Murm(e)le
Marmeli

☐ Murmel
Marmeli

▯ Märbel
Mürbel
Mirbel

▲ Knicker

◮ Klicker
Glicker
Gligger

△ Glugger
Klucker
Klücker
Klückerie
Glickerie
Chlügger
Chlugger

— Schusser
Schusserl
Schüsser
Schießer
Schisser

● Kugel, Kug(e)le,
Kugla
Schweiz meist:Chugle

◉ Kugerl

⬤ Schlatzkugerl
Schlatzkiegele
Schlatzkugel
Schlatzel

+ Specker
Speckkugel
Spagger
Spackl

► Picker

★ Kuller
Schußkuller
Kulle

Hamburg

Berlin

DEUTSCHLAND

Frankfurt

München

Chlure, Chluri
Chlürli

ÖSTERREICH

Wien

die SCHWEIZ

Bern

Aufgabe 2: Arbeiten Sie zu zweit. Unterstreichen Sie die Wörter in Spalte 1 im Text. Suchen Sie dann die passende Bedeutung in Spalte 2.

SPALTE 1   SPALTE 2

1. verharren b   a. kleine bunte Kugeln aus Glas
2. verdutzt k   b. bleiben
3. ersticken f   c. hin- und herfliegen
4. durcheinander e   d. die Schultasche
5. der Kummer h   e. überrascht
6. der Ranzen d   f. nicht atmen können
7. die Umgebung i   g. das Gespräch vom Thema abführen
8. verstummt j   h. die Sorge – trouble
9. ablenken g   i. das Wohnviertel
10. die Murmeln a   j. sprachlos
11. herumschwirren c   k. konfus, aufgeregt sein

Fragen zum Text

1. Welche beiden Ereignisse verändern Enders Verhältnis zu seiner Umwelt? Warum?
2. Diskutieren Sie Enders Reaktion.
3. Was steckt hinter Enders Frage: „Was bin ich?"
4. Wodurch unterscheiden sich Enders Eltern in ihren Reaktionen?
5. Warum fühlt sich Ender nicht anders als seine deutschen Freunde?
6. Wie erklären Sie die unterschiedlichen Blickwinkel von Ender und seinen Eltern?
7. Welche Rolle spielen die Kastanien in dieser Erzählung?
8. Was haben Sie als Kind immer gesammelt? Kastanien oder was ganz anderes?

Zur Diskussion

Aufgabe 1: Diskutieren Sie das Verhalten der Kinder. Warum lehnen die Kinder Ender ab?

Aufgabe 2: Diskutieren Sie den Fall Ender: Er ist in Deutschland geboren, dort aufgewachsen und spricht so gut Deutsch wie seine Klassenkameraden. Kann er deutscher Staatsbürger werden? Was spricht dafür? Was dagegen? Was denken Sie darüber?

Aufgabe 3: Yüksel Pazarkayas Erzählung bleibt am Ende offen. Warum wohl? *write a new ending* Spekulieren Sie, wie die Erzählung weiter verlaufen könnte. Schreiben Sie die Erzählung zu Ende und lesen Sie der Gruppe Ihre Version vor.

WEITERFÜHRUNG DES THEMAS

Forschungsprojekt: Dževad Karahasan spricht in seinem Essay auch von seiner kulturellen oder geistigen Heimat. Die deutsche Mystik (Meister Eckhart, Mechthild von Magdeburg) und die deutsche Romantik (Novalis, Kleist, E.T.A. Hoffmann, Jean Paul) gehören dazu. Kennen Sie die Dichterin Mechthild von Magdeburg und die anderen Dichter?

1. Gehen Sie in die Bibliothek und suchen Sie die folgende Information: Wann haben diese Personen gelebt? Was haben sie geschrieben? Stellen Sie eine kurze Bibliografie zusammen.

2. Wählen Sie eine Autorin / einen Autor und schreiben Sie einen kurzen Bericht über ihr/sein Werk.

3. Definieren Sie *Mystik* und *Romantik*.

Aufsatz: Im neunzehnten und zwanzigsten Jahrhundert haben Millionen Menschen ihr Leben für ihre Nation geopfert. Können Sie verstehen und erklären, warum Menschen bereit sind, für ihre Nation zu kämpfen und zu sterben? Schreiben Sie einen Aufsatz, der Ihre Gedanken über dieses Thema ausdrückt. Geben Sie dabei bestimmte Beispiele.

Gedicht: Schreiben Sie ein Gedicht im Stil Tucholskys.

WORAUF MAN IN DEN VEREINIGTEN STAATEN VON AMERIKA STOLZ IST

Rollenspiel: Arbeiten Sie zu zweit. Erarbeiten Sie Dialoge zu den folgenden Situationen und spielen Sie der Gruppe die Szenen vor.

1. Stefan und Enders Vater unterhalten sich nach dem Zwischenfall.

2. Ender widerspricht Stefan auf dem Schulhof.

3

Ausländer in Deutschland

HINFÜHRUNG ZUM THEMA

Lesen Sie die folgenden drei Texttitel. Was meinen Sie, welcher Titel gehört zu welchem Inhalt?

- Setsuko Matsui, *Ich wünsche den Deutschen mehr Lächeln*
- Dietrich Gronau und Anita Jagota, *Regina: Wir sind bis heute ein glückliches Paar*
- Claus Leggewie, *Bürger Erdem—Eine Fallstudie*

Ein ehemaliger amerikanischer Soldat ist seit zwanzig Jahren mit einer deutschen Frau verheiratet und wohnt in Berlin:

_____

Eine Japanerin studierte zwei Jahre lang an einer deutschen Universität:

_____

Ein Jurastudent, Sohn türkischer Eltern, der seit seinem achten Lebensjahr in Deutschland wohnt, lässt sich einbürgern:

_____

Nachdem Kapitel 1 die Frage *Was ist deutsch?* aufgeworfen hat und Kapitel 2 den Themen *Heimat* und *Nation* nachgegangen ist, beschäftigt sich Kapitel 3 mit dem Thema *Ausländer in Deutschland.* Wer ist in Deutschland Ausländerin/Ausländer und wer nicht? Warum wohnen Ausländerinnen/Ausländer in Deutschland? Was sind ihre Erfahrungen als Ausländerinnen/Ausländer? Was sind ihre Eindrücke von den Deutschen? Warum wollen Ausländerinnen/Ausländer deutsche Bürger werden? Warum nicht? Wer kann eingebürgert werden und wer nicht? Was sind die Kriterien für die Einbürgerung?

Dies sind einige der Fragen, die Sie nach dem Durcharbeiten der folgenden Texte beantworten können.

Zum Überlegen

Aufgabe 1: Bilden Sie zwei Gruppen. Jede Gruppe erarbeitet ihr Thema und stellt es dann der anderen Gruppe vor.

Gruppe 1. Wie viele ausländische Studentinnen/Studenten studieren an Ihrer Universität? Aus welchen Ländern kommen sie? Beantworten Sie die Fragen zuerst schätzungsweise und erkundigen Sie sich dann beim Auslandsamt Ihrer Universität.

Gruppe 2. Interviewen Sie eine ausländische Studentin / einen ausländischen Studenten und fragen Sie sie/ihn:

a.   warum sie/er in Amerika studiert

b.   welche Eindrücke sie/er von Amerika hat

c.   ob sie/er sich hier zu Hause fühlt

d.   ob sie/er in Amerika bleiben möchte

Aufgabe 2: In Kleingruppen diskutieren Sie die folgenden zwei Fragen und teilen Sie Ihren Kommilitoninnen/Kommilitonen das Gruppenergebnis mit.

a.   Unter welchen Bedingungen würden Sie längere Zeit im Ausland wohnen?

b.   Unter welchen Bedingungen würden Sie sich in einem anderen Land einbürgern lassen?

Ich wünsche den Deutschen mehr Lächeln

Vor dem Lesen

Aufgabe 1: Unterschiede in den kulturellen Bräuchen und Normen bestimmen oft das Verständnis oder Missverständnis zwischen Menschen aus verschiedenen Kulturen. Schauen Sie sich die folgenden Situationen an und beschreiben Sie, wie Sie sich in diesen Situationen verhalten würden. Besprechen Sie die Ergebnisse in der Gruppe.

a. Sie treffen sich mit Freunden, Bekannten, Verwandten, usw. Wie begrüßen Sie sich? *Hallo, wie geht's!*

b. Sie sind im Restaurant und Sie sind mit dem Essen unzufrieden. Wie reagieren Sie? *Ich würde d*

c. Sie diskutieren ein kontroverses Thema und es gibt klare Meinungsunterschiede. Wie reagieren Sie in solchen Situationen? Unterbrechen Sie das Gespräch? Ziehen Sie sich zurück? Oder warten Sie ab?

d. Sie sind im Stress und bekommen unerwarteten *(unexpected)* Besuch. Wie reagieren Sie?

e. Denken Sie sich eine weitere Situation aus.

Aufgabe 2: Kennen Sie eine Kulturgruppe in Ihrem eigenen Land oder anderswo mit anderen Bräuchen? Listen Sie die Unterschiede auf. Vergleichen Sie diese Bräuche mit denen Ihrer eigenen Kultur. Für welche Bräuche ist es einfacher bzw. schwieriger, Toleranz zu zeigen? Warum und warum nicht?

Information zum Text

Setsuko Matsui ist 1963 in Tokio, Japan geboren. Im Rahmen ihrer Ausbildung als Diplomatin für das japanische Auswärtige Amt, studierte sie 1987–1989 in der BRD. Ihre Erfahrungen mit der deutschen Kultur fasste sie in einem Bericht zusammen, der 1991 in dem Buch *Fremd unter Deutschen. Ausländische Studenten berichten* erschien.

Bundesrepublik Deutschland

Ich wünsche den Deutschen mehr Lächeln

Setsuko Matsui

Ich bin jetzt kurz vor der Rückkehr in meine Heimat. Obwohl mein Aufenthalt in Deutschland nur zwei Jahre dauerte und keineswegs lang genug ist, um mir ein richtiges Bild von Deutschland zu machen, kann ich nur staunen, wie viele verschiedene Erfahrungen ich hier gemacht habe und wie sehr ich mich verändert habe und dadurch auch mein Bild von Deutschland. . . .

Da in meiner Heimat oft gesagt wird: „Ende gut, alles gut. Anfang gut, Ende gut", möchte ich mit meinem allerersten Kontakt mit den Deutschen anfangen. Das war ein großer Schock für mich und ist mir heute noch so gegenwärtig, als wäre mir dies vor ein paar Tagen passiert.

Vor zwei Jahren bin ich nach Deutschland gekommen, üblicherweise mit allen möglichen Hoffnungen und Erwartungen. Es war im Sommer. Damals hatte ich vor, im Juli und August einen Sprachkurs zu besuchen. Da ich bis zum Beginn des Kurses noch eine Woche Zeit hatte, entschloß ich mich, eine kleine Reise zu machen. Ich wollte gleich nette Leute und Städte kennenlernen. Mein erstes Reiseziel war Würzburg, weil ich erfahren hatte, daß dort ein Weinfest stattfinden sollte. Gleich nachdem ich ein Zimmer in der Stadt gefunden und meinen riesigen Koffer abgestellt hatte, machte ich einen Stadtbummel. Die Stadt war wunderschön und gefiel mir unheimlich gut. Mit Hilfe des Stadtplans konnte ich leicht die Residenz erreichen. Im Garten wurde schon musiziert, getrunken und sogar getanzt. Alle Leute dort waren guter Laune. Ich setzte mich auf die Bank und bestellte ein Glas Wein. . . . Nach einer halben Stunde nahm eine ältere Dame neben mir Platz. Auch sie war allein und sah ein bißchen traurig und einsam aus. Ich habe deswegen den Mut gefaßt, sie anzusprechen. Ich war sicher, daß eine kleine Unterhaltung sie freuen würde.

die Rückkehr → return
der Aufenthalt (-e) → stay

staunen → to marvel

gegenwärtig → present

üblicherweise → usually

entschließen → to decide

der Stadtbummel (-) → stroll through town
unheimlich → eerie

einsam → lonely

die Unterhaltung (en) → conversation

Ich fragte sie sehr höflich, ob ich mit ihr sprechen dürfe. Da warf sie mir einen kalten, scharfen Blick zu und schlug mir auf die Hand, ohne etwas zu sagen. Das hat mich natürlich schockiert. Ich hätte fast angefangen zu weinen, weil ich nie in meinem Leben so kalt abgelehnt worden bin. Meine Zuneigung zu Deutschland wurde auf einmal zerschlagen, und ich fragte mich, wie ich von nun an unter solchen Leuten zwei Jahre würde leben können. . . .

Aber zum Glück hat meine Abneigung gegen sie ziemlich rasch nachgelassen, nicht nur weil ich nichts Schlimmeres erlebt habe, sondern weil ich unzählige gütige Menschen kennengelernt habe. Wenn ich auf diese zwei Jahre zurückblicke, erinnere ich mich an eine lange Reihe von Erfahrungen, die mich gefreut und begeistert haben. Die Erfahrungen, die mich enttäuscht haben, sind wenige Ausnahmen. Aber wenn man zugleich Kritik üben und Lob ausdrücken soll, ist es wahrscheinlich besser, mit der Kritik anzufangen.

Wenn ich persönliche Erlebnisse und Eindrücke während meines Aufenthaltes in Deutschland bewerten soll, so muß ich sagen, daß die Leute hier dazu neigen, zwei negative Eigenschaften zu zeigen. Einmal ist es Mangel an Nachsicht und Rücksicht auf die anderen, besonders die Schwächeren und Älteren. Anders gesagt, die Deutschen sind oft nicht in der Lage, sich in die Situation der anderen hineinzuversetzen und mit ihnen Mitgefühl zu haben. Um es verständlicher zu machen, schildere ich hier eine meiner Erfahrungen als ein Beispiel.

Das war in einem Seminar an der Universität. Im Seminarraum waren außer mir schon etwa zehn Studenten und Studentinnen. Wir haben auf den Professor gewartet. Da es bewölkt und dunkel war, habe ich das Licht angemacht. Aber gleich danach ist eine Studentin zur Tür gegangen und hat das Licht wieder ausgeschaltet. Ich habe beobachtet, was sie tat. Sie bemerkte, daß ich sie sah. Dann fragte sie mich, ob es dunkel sei. Ich antwortete, daß es für mich ein bißchen dunkel sei. Sie grinste triumphierend und befahl mir, mich ans Fenster zu setzen. Es war ganz klar, daß sie nicht bereit war, mit mir weiter darüber zu sprechen. Ich hätte entweder ihrem Befehl folgen oder darauf reagieren können. Aber ich blieb sitzen und sagte kein Wort, weil ich nicht begreifen konnte, warum sie sich so verhalten hatte. Ich denke jetzt, daß ihre Haltung mir gegenüber nichts anderes als Mangel an Nachsicht war. Dieses Ereignis gehört zum Alltag, aber in Japan müßte ich nie so etwas erleben.

Über diese Erfahrung habe ich deswegen mit meiner deutschen Freundin gesprochen. Sie bestätigte mir, daß sie viele solche Leute kennt, die sich genauso wie jene Studentin verhalten würden. Ich fragte sie weiter, wie ich mich in solcher Situation verhalten solle. Sie empfahl mir, in einem solchen Fall meine Meinung noch einmal zu äußern und zu versuchen, durch ein Gespräch meinen Willen durchzusetzen. Ich hielt ihren Rat für zutreffend und wichtig, aber dachte gleichzeitig, daß solch ein Verhalten mir sehr schwerfallen würde, weil wir Japaner erzogen sind, möglichst schnell und genau zu erkennen, was die anderen Leute denken und erwarten. Rücksicht zu nehmen gehört heute noch zu den höchsten Tugenden bei uns. Ich hoffe, daß das auch in Zukunft so bleiben wird.

Die andere negative Eigenschaft hat mit der ersten etwas zu tun. Es ist nämlich die Gewohnheit, mehr zu reden, als zuzuhören. Damit meine ich nicht die absolute Zeit, in der man redet oder zuhört. Es geht eher um die geistige Konzentration und Aufmerksamkeit. An der Universität, bei Fernsehdiskussionen und auch bei täglichen Unterhaltungen habe ich oft den Eindruck gewonnen, daß die Deutschen, ganz allgemein gesagt, sich zwar viele Gedanken machen und sehr geschickt die eigene Meinung formulieren können, aber nicht geduldig genug sind, die Äußerung der anderen aufmerksam bis zum Ende anzuhören. Nach meiner Einschätzung setzen sie ihre geistige Konzentration zu 70% für das Reden und zu 30% für das Hören ein. . . .

Wenn ich mir eine typisch deutsche Diskussion vorstelle, ist sie wie ein chaotisches Spiel, bei dem jeder einen Ball hat und ihn je nach Belieben wirft. Aber keiner fängt ihn!

Jetzt muß ich mich entschuldigen, die negative Seite übertrieben zu haben. Ich muß noch gestehen, daß meine Äußerung in zwei weiteren Punkten ungerecht ist. Zum einen habe ich die Erklärung vereinfacht. Ich bin der Meinung, daß man seine Erfahrung nicht so einfach verallgemeinern darf. Die Deutschen, mit denen ich befreundet bin, sind meistens sehr nachsichtig, tolerant und hilfsbereit. Zum anderen benutze ich als Japanerin einen anderen Maßstab als die Deutschen, um das Verhalten zu bewerten. Etwas, was mir negativ erscheint, könnte für andere Völker durchaus positiv sein. Aber wenn ich mit meinen deutschen Bekannten darüber spreche, so stimmen sie mit mir darin überein, daß die Deutschen dazu tendieren, eigensinnig zu sein. Ich kann sie natürlich nicht zwingen, ihr Verhalten zu ändern.

äußern → to express

die Tugend (-en) → virtue

die Gewohnheit (-en) → habit

der Eindruck (-̈e) → impression

fangen → to catch

der Maßstab (-̈e) → scale

eigensinnig → headstrong

Aber ich denke, es ist sehr wichtig und nützlich zu wissen, wie man von den Leuten, die in anderen Kulturen leben, angesehen und beurteilt wird. . . .

Eine andere Eigenschaft, genauer gesagt, Gewohnheit, die mir auffällt, ist, daß die Leute hierzulande nur selten lächeln. . . . Es ist verständlich, daß man nur schwer lächeln kann, wenn man müde ist oder Probleme hat. Aber auf der anderen Seite sind viele Leute zu meinem Erstaunen ohne bestimmte Gründe schlecht gelaunt. Ich möchte solchen Leuten empfehlen zu lächeln. Lächeln benötigt weder Zeit noch Geld. Man muß nur wissen, daß das Lächeln eine positive Funktion hat. Die Funktion der Entspannung der menschlichen Beziehungen. Das war für mich besonders hilfreich und nützlich, weil ich oft das Gefühl hatte, daß die Leute mir gegenüber eine Art Skepsis oder Abneigung haben, wenn ich sie anspreche. Denn man erkennt sofort, daß ich aus Asien komme, das zu einem anderen Kulturkreis gehört als Europa. Es ist leider noch sehr schwierig, sich gegenüber einem Fremden gelassen zu benehmen und ihn ohne Vorurteile zu behandeln.

Wenn ich z. B. eine Verkäuferin anspreche, sieht sie mich oft skeptisch an und weiß nicht, wie sie sich benehmen soll. Ich werde sogar manchmal ignoriert. Dann versuche ich sofort, möglichst locker und freundlich zu lächeln. Dabei wundere ich mich immer, welche große Wirkung das Lächeln hat. Ich sehe, daß ihr Gesicht plötzlich weich wird, wie das Eis taut. Früher tat ich es bewußt und mit Mühe. Aber jetzt bin ich so geübt, daß ich es fast automatisch tue. Ich glaube nicht, daß mein Fall ein Sonderfall ist.

Es ist vorstellbar, daß die Spannung zwischen den Menschen mit Hilfe der Mimik schneller gelöst werden kann, weil das Lächeln ein Zeichen für Zuneigung ist. Ich wünsche den Deutschen mehr Lächeln. Ich bin sicher, daß nicht nur eine Erkältung oder Epidemie, sondern auch die Fröhlichkeit ansteckend ist.

Nun habe ich genug Dinge geschrieben, die mir mißfielen. Ganz ehrlich gesagt, habe ich aber während meines Aufenthaltes in Deutschland öfter schöne Entdeckungen gemacht, als Enttäuschungen erlebt. Daraus habe ich viel gelernt.

Bevor ich nach Deutschland kam, hatte ich schon eine bestimmte Vorstellung von dem deutschen Volk. Dazu gehören Pünktlichkeit, Genauigkeit und Disziplin. Aufgrund meiner persönlichen Erfahrungen kann ich dies nur bestätigen. Auf der anderen Seite tun die Deutschen mir manchmal leid, denn sie scheinen alles perfekt machen zu wollen. Ich habe den Eindruck,

[margin notes:]
selten → rarely
lächeln → to smile

die Gründe pl. → reason
schlecht gelaunt → grumpy

der Sonderfall (¨e) exception

daß sie hohe Ansprüche an die eigene Leistung stellen und außerordentlich selbstkritisch sind. Es ist zwar gut, ein hohes Ziel zu haben. Aber wenn man immer den kürzesten Weg nehmen und keinen Fehler machen will, wird man entmutigt und niedergeschlagen werden. Denn Fehler zu machen gehört zum Leben, und zu große Strenge zu sich selbst führt zu Depressionen.

Was mich oft begeistert hat, ist der geringe Materialismus der Deutschen. Viele werden mir widersprechen. Sie klagen darüber, daß viele Leute für Autos oder Kleidung zu viel Geld ausgeben. Aber was diesen Punkt betrifft, sind wir anderer Meinung. . . . Ich höre oft Touristen aus meiner Heimat sagen, daß es schwer sei, in Deutschland Geschenke zu finden, weil man in Japan neue, bessere Waren überall kaufen kann. Der Materialismus ist besonders bei jungen Japanern zu finden. . . . Es ist ganz klar, daß sich Japan wegen seiner Fähigkeit, immer neue, bessere Waren zu produzieren, schnell entwickelt hat und in kurzer Zeit ein wirtschaftlicher Riese geworden ist. Aber meiner Meinung nach ist es höchste Zeit für uns, mehr Zeit für die geistige Beschäftigung einzusetzen. Ich bin sicher, daß die Mehrheit der Japaner meine Meinung teilen wird. Die Frage ist nur, wie das erreicht werden kann. Ich finde es außerordentlich hilfreich, im Ausland zu wohnen, um zu erkennen, was für unser Leben notwendig und was überflüssig ist. Dabei können wir gute Ideen von anderen Völkern leihen. In bezug auf den Naturschutz z. B. haben Deutschland und Japan viele Erfahrungen auszutauschen. . . . Es ist eine der wichtigsten Aufgaben für uns beide als Industriestaaten, für das harmonische Zusammenleben mit der Natur zu sorgen.

Die nächste Eigenschaft, die ich hoch schätze, ist die Ehrlichkeit. Dieser Eindruck stammt aus meinen ganz persönlichen Erlebnissen, und ich weiß nicht, wie die anderen Ausländer dazu stehen.

Ich habe nie erlebt, daß meine Bekannten nicht gehalten haben, was sie versprachen. Falls sie eine Verabredung absagen müssen, erklären sie mir ausdrücklich den Grund. Wenn sie etwas vergessen, gestehen sie es ehrlich. Ich kann ihnen wirklich vertrauen, weil sie immer offen sagen, was sie meinen.

Wir Japaner neigen dazu, wegen der Höflichkeit ab und zu Komplimente zu machen oder unseren Ärger zu verstecken. Unter gewissen Umständen verhalten wir uns so, als wären wir mit einer anderen Meinung einverstanden, obwohl wir sie nicht akzeptieren. Vielleicht befürchten wir, daß Widerspruch mit Kritik verwechselt

entmutigen → dejected
niedergeschlagen → depressed

die Fähigkeit → ability

die Verabredung (-en) → appointment

befürchten (dass) → to fear (that)

werden könnte. . . . Aber ich persönlich finde das nicht richtig, weil ich glaube, daß das Risiko eines Mißverständnisses zunehmen wird, wenn man seine eigene Meinung zurückhält. Es hängt natürlich von der Erziehung ab und wird nicht so schnell geändert werden. Aber wir können vielleicht langsam üben, uns offener auszudrücken. Dabei muß man auf zwei Dinge achten: wie wir uns äußern und dabei den anderen respektieren. Es ist schwer, aber nicht unmöglich, diese zwei Dinge zu kombinieren und zwischen ihnen ein Gleichgewicht zu halten. . . .

die Gleichgewicht (-e) → balance

Im übrigen ist diese Ehrlichkeit in vielen anderen Bereichen zu sehen. Die Deutschen zeigen z. B. ihre Laune sehr deutlich und versuchen nicht, ihre schlechte Stimmung zu verstecken. Ich denke, dies könnte leider eine Ursache für ihren schlechten Ruf sein, daß sie unwirsch und „kalt" sind. Ich habe oft die Erfahrung gemacht, daß ich von Verkäuferinnen und Bahn-/Postbeamten gleichgültig behandelt wurde. . . . Aber im Laufe der Zeit habe ich eine Technik entwickelt, solche Erlebnisse zu vermeiden, indem ich die Ehrlichkeit ausnutze. Das heißt, wenn ich die Leute beobachte, kann ich sofort merken, wer hilfsbereit oder in guter Laune ist. Ich wähle sozusagen vorsichtig eine Person aus, bevor ich sie anspreche. . . .

deutlich → clear

entwickelt → developed
vermeiden → to avoid

Was ich hier erwähnt habe, sind Kleinigkeiten im Alltag. Aber weil ich sehr sensibel bin, werde ich traurig, wenn ich schlecht behandelt werde. Ich wage, auf diesen Punkt noch tiefer einzugehen. Ich habe oft den Eindruck, daß die Deutschen nicht darauf achten, wie sie von anderen Menschen angesehen werden. . . . Wahrscheinlich gerade deswegen bringen sie ihre Persönlichkeit direkt zum Ausdruck. Es hilft mir, nette Leute von anderen zu unterscheiden. Komischerweise ist es für mich viel einfacher, die Persönlichkeit eines Deutschen einzuschätzen als die eines Japaners. . . .

die Kleinigkeiten → odds and ends

achten → to respect

Was mich angeht, so bin ich zwar noch nicht soweit gekommen. Aber ich habe mir darüber viele Gedanken gemacht und glaube, daß ich während meines Aufenthalts etwas toleranter geworden bin. Es war auch eine natürliche Folge, weil die Verhaltensweisen in Japan und Deutschland manchmal einen Gegensatz darstellen.

Ich hätte gerne noch mehr liebenswürdige Eigenschaften der Deutschen nennen wollen. Und wenn ich sie mit meinen unvergeßlichen, wunderschönen Erlebnissen begründet hätte, hätte mein Bericht kein Ende genommen. Deswegen erlaube ich mir, zu einem anderen Thema zu kommen. Es geht um die eigentliche Bedeutung eines Auslandsaufenthaltes. Als ich plante, nach

die Eigenschaften → quality

planen → to plan

Deutschland zu gehen, um dort zu studieren, habe ich mir überlegt, was ich dort unternehmen und erreichen wollte. Mein Hauptziel war selbstverständlich, die Sprache zu beherrschen. Dazu wollte ich mich bemühen, mich an das Leben dort zu gewöhnen. Ich freute mich darauf, nette Leute kennenzulernen.

Leider kann ich die Sprache immer noch nicht so fließend, wie ich es mir wünschte. Mit den Freundschaften, die ich in Deutschland aufgebaut habe, bin ich völlig zufrieden. Aber was ich hier am meisten gelernt habe, ist weder die Sprache noch die Sitten in diesem Land. Es war vor allem die Erfahrung, zu einer *Minderheit* zu gehören und sich machtlos zu fühlen. Bis vor zwei Jahren hatte ich nie eine solche Erfahrung gemacht. In der Schule bekam ich meistens gute Noten. Die Armut war fremd für mich. Meine Eltern waren und sind immer sehr lieb zu mir. Ich bin gesund und jung und wurde weder unterschätzt noch diskriminiert.

Ich erinnere mich noch genau an den Tag, an dem ich allein nach Heidelberg kam. Ich kannte dort keinen Menschen. Ich mußte allein ein Zimmer finden und verschiedene Anmeldungen erledigen, obwohl ich damals überhaupt nicht wußte, wie die Sache funktioniert. Ich mußte ständig die Leute fragen, was, wo und wie ich das erledigen sollte. Hinzu kam noch die Tatsache, daß ich mich wegen meiner mangelhaften Sprachkenntnisse nicht gut verständigen konnte. Da die Leute nicht immer freundlich auf mich reagierten, verlor ich allmählich den Mut, die Leute zu fragen. Ich spürte deutlich die Machtlosigkeit und Einsamkeit in mir. Es tat mir leid, für die Leute, die mir geholfen hatten, nichts tun zu können. Dadurch habe ich erst erkannt, wie schön es ist, anderen helfen oder sie wenigstens unterhalten zu können. Ich habe mich unheimlich gefreut, als einmal eine alte Dame mich nach dem Weg zum Bahnhof fragte und ich ihr helfen konnte. Das war ein frisches Gefühl für mich. Denn eine kleine Hilfe leisten zu können oder sich fröhlich unterhalten zu können, waren damals keine Selbstverständlichkeit. Dies könnte mit dem Gefühl verglichen werden, das jemand bekommen würde, der einmal seine Sehfähigkeit verliert und durch eine Operation zurückgewinnt. Obwohl ich körperlich völlig gesund war, war ich lange Zeit sprachlich behindert und konnte deshalb feststellen, wie wichtig für Behinderte Nachsicht oder eine kleine Hilfe ist. Aber auf der anderen Seite bin ich sicher, daß sie gerne etwas für andere tun, denn man hat das Bedürfnis, seine eigene Kraft für die anderen einzusetzen. Das Bedürfnis wird sicherlich zunehmen, wenn man oft Hilfe bekommt und sich dafür dankbar fühlt.

Das war genau bei mir der Fall. Ich werde nie meine Dankbarkeit vergessen und möchte besonders den Leuten helfen, die sich aus irgendeinem Grund machtlos und benachteiligt fühlen. Ich denke, daß das die einzige Möglichkeit ist, meinen herzlichen Dank zu äußern.

Kurz vor dem Ende meines Aufenthalts bin ich voll von schönen Erinnerungen. Dabei hat sich mein Deutschlandbild mehrmals verändert, weil alle meine Erfahrungen sich in dem Bild kristallisieren. Jeder Ausländer, der in der Bundesrepublik wohnt, hat bestimmt ein völlig anderes Bild. Dies ist unvermeidlich.

unvermeidlich→unavoidable

Am Ende erinnere ich mich an die Worte eines Direktors im japanischen Außenministerium. Vor unserer Abreise sagte er uns, daß unsere Aufgabe nicht nur die Beherrschung der Sprache sei, sondern wahre Freunde im Ausland zu finden, damit es nie wieder Krieg gibt. Wenn man im Ausland einen vertrauenswürdigen Freund hat, ist das Land nicht nur ein Land, sondern ein Land mit Menschen, die das gleiche Recht haben, friedlich zu leben und glücklich zu sein.

Ich kann schon sagen, daß Deutschland meine zweite Heimat geworden ist, deren gute und schlechte Seiten ich kenne, und die Verbundenheit mit Land und Leuten werde ich nie verlieren.

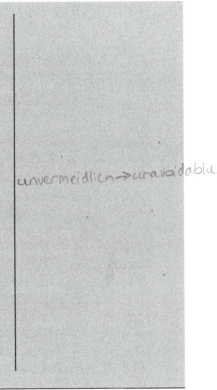

Meine neuen Vokabeln
Hier können Sie alle Vokabeln auflisten, die Sie lernen wollen.

die Rückkehr→return, einsam→lonely
die Zuneigung→affection, die
Abneigung→dislike, begreifen→
to understand, äußern→to express
eigensinnig→headstrong
lächeln→to smile, der Grund (¨-e)
→reason, die Gleichgewicht (-e)→
balance, achten→to respect
das Bedürfnis (-se)→need

Zum Verständnis und zur Diskussion

Zum Wortschatz

Aufgabe 1: Ergänzen Sie die Sätze mit der grammatikalisch richtigen Form der Wörter aus dem Schüttelkasten.

Beispiel: Sie hat *den Mut gefasst,* ihm die Wahrheit zu sagen.

1. Es tut mir Leid, dass meine Freundin meinen Vorschlag _abgelehnt_ hat.
2. Im Hotel hat sie endlich ihren schweren Koffer _abstellen_ können.
3. Sein _Mangel_ an Rücksicht macht ihn unsympathisch.
4. Das Kind _verhält_ sich immer ruhig und still.
5. Der Vorfall _bestätigt_ meinen Verdacht, dass sie mich nicht mag.
6. Die _Annäherung_ zwischen dem Großvater und seinem Enkel verlief zuerst sehr mühsam.
7. Das _eigensinnige_ Kind tut immer, was es will.
8. Sie nahm den Vorwurf _gelassen_ hin.
9. Der ängstliche Mensch macht sich immer _überflüssig_ Sorgen.
10. Die strenge Lehrerin duldet keinen _Widerspruch_ von ihren Schülern.
11. Ich kenne ihn noch nicht lange genug, um seinen Charakter _einzuschätzen._

Aufgabe 2: Ordnen Sie den Wörtern zuerst das entsprechende Synonym zu und ergänzen Sie dann die Sätze mit den passenden Wörtern.

1. die Abneigung   **a.** die Sympathie
2. die Zuneigung   **b.** eine Vorliebe haben für
3. neigen (zu)   **c.** die Antipathie

1. Ich habe eine tiefe _Abneigung_ gegen Leute, die nur über sich selbst sprechen.
2. Ich fühlte schnell _Zuneigung_ zu der kleinen Tochter meiner Freundin.
3. Er ist immer schnell zur Versöhnung _geneigt_.

Ikebana = japanische Kunst des Blumenordnens; icke = „ich" auf Berlinerisch

Fragen zum Text

1. Arbeiten Sie zu zweit. Die folgenden Aussagen sind dem Text entnommen. Markieren Sie die sogenannten deutschen Eigenschaften mit einem D (für *deutsch*) und die japanischen mit einem J (für *japanisch*). Vergleichen und diskutieren Sie dann im Plenum Ihre Ergebnisse.

   _____ sind nicht nachsichtig und rücksichtsvoll

   _____ lächeln ohne Grund

   _____ haben kein Mitleid mit anderen

   _____ sind gewohnt, mehr zu reden als zuzuhören

   _____ sind materialistisch

   _____ lächeln selten

   _____ sind selbstkritisch

   _____ verstecken ihren Ärger

   _____ sind pünktlich, genau und diszipliniert

   _____ sind ehrlich

   _____ sind höflich

   _____ sind weniger interessiert an materiellen Dingen

   _____ kümmern sich nicht um die Meinung anderer

   _____ denken, dass Kritik üben unhöflich ist

   _____ zeigen ihre Gefühle und Launen offen

   _____ sind eigensinnig

   _____ sind willens von anderen zu lernen

2. Setsuko Matsui erwähnt viele Situationen, mit denen man konfrontiert werden kann, wenn man im Ausland studiert. Suchen Sie für jede Kategorie Beispiele im Text.

   Sprache   Alltagsroutine
   Kultur   Freundschaften

3. Die Japanerin bewundert den geringen Materialismus und die Ehrlichkeit der Deutschen. Erklären Sie, was sie daran positiv findet.

4. Matsui betont, dass sie im Ausland viel gelernt hat. Suchen Sie Beispiele im Text.

   Über die Deutschen   Über die japanische Kultur
   Über sich selbst   Für die Zukunft

5. Während ihres Deutschlandaufenthaltes fühlt sich Matsui als Minorität, aber das hat wenig mit ihrer japanischen Herkunft zu tun. Woher kommt ihr Gefühl, zu einer Minderheit zu gehören?

6. Was will Matsui sagen, wenn sie Deutschland ihre zweite Heimat nennt?

7. Matsui schreibt, dass sie sich in Deutschland lange sprachlich behindert fühlte, und vergleicht ihre Situation mit der Situation körperlich Behinderter. Was meint sie damit? Was halten Sie von diesem Vergleich?

Zur Diskussion

Aufgabe 1: Man sieht eine fremde Kultur meist aus der Perspektive der eigenen Kultur. Geben Sie Beispiele aus dem Text. Würde Matsui in Ihrem Land ähnliche oder ganz andere Erfahrungen machen?

Aufgabe 2: An wen wendet sich Matsui, wenn sie in Deutschland etwas nicht versteht? An wen wenden sich ausländische Studentinnen/Studenten an Ihrer Universität? Wenn Sie Direktorin/Direktor des Auslandsamtes wären, was würden Sie für die ausländischen Studentinnen/Studenten tun, um ihnen zu helfen (z.B. Ausflüge, Veranstaltungen, Nachhilfe, usw.)?

Aufgabe 3: Warum hat Matsui in Deutschland studiert? Sollten alle Studentinnen/Studenten im Ausland studieren? Begründen Sie Ihre Meinung.

TEXT 2: Regina: Wir sind bis heute ein glückliches Paar

Vor dem Lesen

Aufgabe 1: Was gehört Ihrer Meinung nach zu einer glücklichen Partnerschaft? Diskutieren Sie.

Aufgabe 2: Dieser Teil des Kapitels befasst sich mit dem Thema *binationale Ehen*. Arbeiten Sie in der Kleingruppe und listen Sie auf, welche Vor- und Nachteile es in einer Ehe geben kann, wenn eine Ehepartnerin / ein Ehepartner aus einem anderen Land kommt.

a. Vorteile, die das Paar möglicherweise genießen wird

b. Nachteile, die das Paar möglicherweise haben kann

c. Entscheidungen, die das Paar möglicherweise treffen muss

Der nachstehende Text basiert auf einem Interview. Was erwarten Sie in Bezug auf Struktur und Inhalt von einem Interview?

An den Text heran

Aufgabe: In diesem Text gibt es zwei verschiedene Perspektiven.

1. Gehen Sie den Text abschnittweise durch und markieren Sie am Seitenrand, wo im Text die Perspektive Reginas (R) und wo die Perspektive der Interviewer (I) zum Ausdruck kommt.

2. Bilden Sie vier Gruppen. Die Gruppen arbeiten die zwei Perspektiven zu jeweils einem der vier folgenden Themen heraus. Dann berichten die Gruppen über ihre Ergebnisse im Plenum.

    a. Reginas Mann und ihre Ehe
        - Wie beschreibt Regina ihre Ehe?
        - Welche Bemerkungen machen die Interviewer dazu?

    b. Der Umzug nach Berlin
        - Welchen Grund gibt Regina dafür?
        - Was meinen die Interviewer dazu?

    c. Die Rollenverteilung in der Ehe
        - Wie beschreibt Regina die Rollenverteilung in der Kindererziehung?
        - Was vermuten die Interviewer dazu?

    d. Das Heimweh ihres Mannes
        - Wie reagiert Regina darauf?
        - Wie reagieren die Interviewer darauf?

3. Vergleichen Sie die beiden Perspektiven. Beschreiben Sie Ihren Eindruck von Regina. Beschreiben Sie Ihren Eindruck von den Interviewern.

Information zum Text

Der Text kommt aus dem Buch *Über alle Grenzen verliebt. Beziehungen zwischen deutschen Frauen und Ausländern,* das 1991 erschien. Der Autor und die Autorin, Dietrich Gronau und Anita Jagota, interviewten deutsche Frauen, die einen ausländischen Partner haben. In dem folgenden Text hören wir von Regina in Berlin. Regina erzählt über ihre Beziehung zu ihrem amerikanischen Ehepartner Arthur.

Regina

Wir sind bis heute ein glückliches Paar

Dietrich Gronau und Anita Jagota

Regina wohnte mit ihrem Mann und ihren zwei Kindern im Erdgeschoß einer Villa in einem der vornehmsten Viertel von Berlin. Sie war für den Vormittag etwas zu elegant gekleidet, was aber vielleicht mit unserem Besuch zusammenhing. Ihr mittelbraunes Haar verriet durch seinen perfekten Sitz die Meisterhand eines Friseurs, und ihr Make-up wirkte makellos.

Sie führte uns in einen weiträumigen Salon, der mit wenigen kostbaren Möbeln ausgestattet war. Durch eine geöffnete Flügeltür fiel der Blick auf einen dunkelbraunen polierten Tisch, der offensichtlich zum Eßzimmer gehörte, denn auf ihm lagen vier Gedecke, optisch gekrönt durch zwei silberne Leuchter. . . .

Sie habe zwei Stunden Zeit, dann müsse sie ihre Kinder von der Schule abholen. Ohne eine Frage von uns abzuwarten, fuhr sie gleich von sich aus fort:

„Jetzt bin ich zu Hause, als Hausfrau, früher aber habe ich fast zehn Jahre als Kosmetikerin gearbeitet und die Prominenz von Berlin behandelt. Ich komme aus einer konservativen Familie, in der mein Vater dominierte, ein Unternehmer mit einer damals unheimlichen Machtposition. Daß es bei uns Ausländerfeindlichkeit gab, kann ich nicht sagen. Mein Vater hat sich nie sonderlich mit Ausländern beschäftigt, das war eigentlich kein Thema. Ich wurde evangelisch erzogen, und das genügte als moralische Richtschnur." . . .

Nach ihrer kurzen Einleitung fragte sie doch noch, was wir denn wissen wollten. . . .

Dann fing sie nach eigenen Assoziationen zu erzählen an, wobei sie vor allem über ihren vier Jahre jüngeren Mann sprach, dem sie vor etwa zwanzig Jahren zum ersten Mal begegnete, als er noch bei der US-Army war.

„Ich lernte meinen Mann durch einen puren Zufall auf der Straße kennen. Ich hatte kein Benzin mehr für meinen Wagen, und ich sah mich scheinbar ziemlich hilflos um, denn plötzlich tauchte Arthur auf und fragte mich, ob ich eine Panne habe. Er fuhr dann mit seinem eigenen Wagen zu einer Tankstelle und holte mir einen Kanister Benzin.

Er wollte mich gern wiedersehen, und so trafen wir uns schon bald öfter, aber diese ersten Begegnungen waren sehr schwierig, obwohl wir uns schnell und heftig ineinander verliebten. Er machte mir gleich einen Heiratsantrag, doch mir ging das zu plötzlich. Ich wollte einfach noch mehr erfahren über ihn, welche Interessen er hat, welche Eigenschaften, und mein Englisch war auch noch nicht so perfekt. Wir zogen erst einmal zusammen, und ich hielt ihn noch etwa zwei Jahre bis zur Legalisierung unserer Beziehung hin.

Arthur ist auf dem Land aufgewachsen, in einer kleinen Stadt in der Nähe von Dallas (USA). Von dort aus ging er später nach Kalifornien und trat in die Armee ein. Er kam dadurch in viele Länder und wurde schließlich in Berlin stationiert."

Die ersten Kontakte zwischen Reginas Vater und Arthur verliefen nicht ganz reibungslos. Regina hatte zwar schon eine Verlobung mit einem Deutschen und eine flüchtige Bekanntschaft mit einem Amerikaner hinter sich, niemals zuvor aber war sie so entschieden mit einem Mann in ihr Elternhaus gekommen.

„Als ich Arthur vorstellte, hatte ich schon einen gewissen Bammel vor den Reaktionen. Mein Vater war ein Patriarch, und was er sagte, das galt. Da er kaum Englisch sprach und Arthur kaum Deutsch, verlief die erste Begegnung entsprechend schwierig.

Mein Vater sah außerdem in dem Amerikaner noch immer das Feindbild, so daß er sich zusätzlich reserviert verhielt und fast nichts sagte. . . . Als wir uns eine gemeinsame Wohnung nahmen, gab das meinem Vater einen Schock. Eine wilde Ehe, und dann noch mit einem Amerikaner.

Meine Mutter war nach kurzer Zeit—wie Mütter so sind, sie haben ein Gespür dafür—auch auf der Seite Arthurs. Sie interessierte sich für alles, was ihn betraf und was er erzählte." . . .

„Mein Vater hatte nach und nach seine Meinung über Arthur revidiert, weil er ihn mehr und mehr als Mensch kennenlernte. Als wir dann mit seiner Zustimmung heirateten, bedeutete das ein sofortiges Aus für Arthurs Beruf, denn damals durfte er als Armeeangehöriger noch keine Frau einer anderen Nationalität ehelichen, und er mußte den Dienst quittieren.

Wir gingen dann erst einmal in die Vereinigten Staaten. Mir war dieser Wechsel aus persönlichen Gründen angenehm. Ich war zu dieser Zeit noch ausgesprochen unternehmungslustig, vielleicht sogar etwas oberflächlich. Meine Freunde nahmen daher meine Beziehung zu Arthur nicht ernst und dachten, ich mache das nur mal aus einer Laune heraus. Später, als sie merkten, daß es keine Laune, sondern ernste Absicht war, sagten sie, hast du dir das auch richtig überlegt, und tuteten in dasselbe Horn wie anfangs mein Vater.

In Texas, wo wir fast zwei Jahre blieben, lernte ich auch meine Schwiegermutter kennen. Sie war völlig unkompliziert und empfing mich mit offenen Armen. Sie besitzt ein sehr starkes Eigenleben und hat ihren Sohn, ihr einziges Kind, schon früh losgelassen. Sie fand alles schön, aber so wirklich doll interessierte sie sich dann auch nicht für uns.

Als wir uns entschlossen, wieder nach Berlin zurückzugehen, wurde Arthur von seinen wenigen Freunden, die er noch von früher kannte, gefragt, warum er nicht bleiben wolle. Sie verstanden ihn überhaupt nicht, wahrscheinlich, weil sie nie aus ihrer Kleinstadt herausgekommen waren. Sie wußten ja nicht mal, wo Berlin liegt.

Was uns beiden trotz unserer wirtschaftlich günstigen Lage in Amerika Angst machte, war die hohe Kriminalität. Außerdem sind die Erziehungsmöglichkeiten, also die Schulen, nicht so gut."

Die Entscheidung, sich endgültig in Berlin niederzulassen, war für Regina ungleich leichter zu treffen als für ihren Mann. Im Gegensatz zu ihm mußte sie nichts aufgeben, sie war wirtschaftlich unabhängig—selbst ohne Unterstützung durch die Eltern hatte sie immer gute Chancen, in ihrem Beruf als Kosmetikerin zu arbeiten—und sie konnte in ihrer gewohnten Umgebung leben. Ihr Mann mußte eine andere Sprache lernen, sich in einem fremden Land eine berufliche Karriere aufbauen und einen im Verhältnis zu den Vereinigten Staaten sehr viel engeren Lebensrahmen akzeptieren. . . .

Regina äußerte sich zu diesem Punkt nur sehr lapidar: „Er ist dann meinen Wünschen nachgekommen und sagte, es wäre für mich besser, in Deutschland zu leben, nachdem wir versuchsweise in den USA waren."

Auch in Berlin lief schließlich alles nach Reginas Wünschen. Sie baute ihren Mann in jeder Weise auf und bekam dafür Dankbarkeit, Treue, einen fürsorglichen Ehemann und Vater ihrer Kinder und eine von ihr geschätzte amerikanische Großzügigkeit in praktischen und häuslichen Angelegenheiten. Der Pferdefuß, wenn man so will, der die eheliche Harmonie und das familiäre Glück zeitweise beeinträchtigte, war die oft vehement ausbrechende Sehnsucht Arthurs nach seiner Heimat, ein Leiden, das im Lauf der Zeit noch zunahm.

Die berufliche Einordnung verlief verhältnismäßig glatt. „Er hat erst mal in der Firma meines Vaters gearbeitet, was überhaupt nicht seinen Qualifikationen entsprach. Wir fanden es aber wichtig, daß er die deutsche Mentalität und Sprache beherrscht und überhaupt etwas tut. Das dauerte dann fast ein bißchen zu lange, vor allem für ihn, denn er interessierte sich nicht so sehr für die Branche. Später klappte es schließlich, daß er in seinem alten Beruf unterkam. Seitdem war er zufrieden, und unser Leben hatte seine Normalität."

Nach Reginas Ausführungen zu urteilen, gab es auch in ihrer Beziehung zu Arthur keine nennenswerten Probleme. „Wir sind eigentlich bis heute ein glückliches Paar. Wie sehr ich an ihm hänge, wurde mir bei einer Gelegenheit besonders bewußt. Er kam von einer sechswöchigen Amerikareise zurück, und ich holte ihn vom Flughafen ab. Ich konnte kaum erwarten, ihn wiederzusehen, und ich hatte ein großes Glücksgefühl. Ich spürte, wir gehören zusammen.

Natürlich hatten wir gelegentlich auch Streit, wie das bei allen Paaren üblich ist. Bei mir flogen dann die Teller, doch anschließend schämte ich mich dafür, daß ich so unbeherrscht war. Besonders während der Zeit, in der er beruflich noch keinen festen Boden gefunden hatte, krachte es häufiger. Mir dauerte das einfach zu lange, und ich warf ihm vor, daß er nicht genug Ehrgeiz habe und nicht genug aus sich heraushole. Er bekam dann auch seine Ausbrüche, und wenn wir uns wieder versöhnt hatten, sagte ich mir, ich muß ihm mehr Hilfestellung geben, ich weiß ja gar nicht, was in ihm vorgeht und wie schwer das ist für ihn."

Wir fragten Regina, was ihr denn besonders an ihrem Mann gefallen habe, denn wir wunderten uns ein wenig darüber, daß ihre Beziehung zu Arthur, in der ihre Energien so ungleich stärker herausgefordert wurden, keinen größeren Schwankungen unterworfen war.

Regina reagierte belustigt, so als hielte sie unsere Frage für überflüssig. „Sie kennen vielleicht keine Amerikaner", sagte sie lachend, „für amerikanische Männer stehen wir Frauen immer ein paar Stufen höher. Manchmal trägt er mich buchstäblich auf einem Silbertablett, was ich dann fast schon nicht mehr so gut finde."

Wir forschten noch etwas nach, um ein zusätzliches Beispiel über ‚amerikanisches' Verhalten zu erfahren. Regina hatte wieder ihre gleichmütige Miene und sprach mit ruhiger Stimme weiter.

„Wir Deutsche sind ja recht präzise und gründlich, und von daher gab es einige Unterschiede zu meinem Mann, denn er ist wurschtiger und sieht die Dinge viel lockerer. Wir haben dann einen mittleren Weg gefunden, beide.

Was das Allgemeine betrifft, wurde mir klar, daß wir zu Hause und in der Schule sehr viel strenger erzogen werden. Durch Arthur verlor manches, besonders in bezug auf den Umgang mit unseren Kindern, an Strenge und unnötiger Härte. Auch in politischer Hinsicht lernte ich von ihm. So habe ich zum Beispiel heute ein besseres Demokratieverständis. Das sind also ganz wesentliche und wichtige Dinge in meinem Leben." . . .

Wir waren jetzt neugierig, wie Regina und ihr Mann die beiden Kinder, eine Tochter und einen Sohn, erziehen. Es war wirklich schwierig herauszufinden, wo Regina in den praktischen Bereichen des Alltags etwas ihrem Mann überläßt oder ihn zumindest beteiligt. Bisher fielen die Entscheidungen nur für sie oder durch sie, die Wahl des Wohnsitzes, die berufliche Karriere ihres Mannes, die Organisation des Haushalts, alles bestimmte sie. Daß sie dennoch von einer glücklichen Ehe sprach, mochte daher überraschen. Um dieses Geheimnis zu lüften, fehlten uns die notwendigen Kenntnisse über beide Persönlichkeiten.

Regina griff das Thema Kindererziehung ohne Zögern auf. „Arthur ist ein vorbildlicher Familienvater. Er spielt mit den Kindern und ist fast schon selbst wie ein Kind. Das habe ich aber auch bei vielen seiner Landsleute festgestellt."

Unvermittelt änderte sie den Ton: „Die Erziehung liegt aber doch etwas in meiner Hand, das heißt in dem, was die Kinder nach der Schule machen. Ich habe Interesse an Malerei und an allen Dingen, die auch für meine Kinder wichtig sind. Ich male mit ihnen, oder wir töpfern, also alles Beschäftigungen, die die Phantasie stärken sollen."

„Und der amerikanische oder angelsächsische Kulturraum, spielt der eine Rolle bei der Erziehung der Kinder?" fragten wir.

In Reginas dezent pfirsichfarbenes Make-up grub sich eine kleine Sorgenfalte. „Mein Mann legte großen Wert darauf, daß die Kinder zweisprachig erzogen werden, das ist aber nicht gelungen. Er sprach anfangs immer wieder Englisch mit ihnen. Bei meiner Tochter hat das überhaupt nichts gefruchtet, sie wehrt sich sogar dagegen. Heute versteht sie zwar alles, aber sie hat Scheu zu sprechen. Sie bemüht sich jedoch mit dem Englisch in der Schule, weil sie ihren Vater abgöttisch liebt. Er bringt ihr dann und wann auch englische Bücher mit, aber das ist ihr nicht so wichtig. Mit dem Kleinen haben wir ein logopädisches Problem, er kann das R nicht richtig sprechen. Zur Unterhaltung bevorzugt mein Mann mit

locker → loose, casual

der Bereich (-e) → area

Pfirsich → peach
der Pfirsit

abgöttisch lieben → to adore

beiden Kindern Disneyfilme, sonst aber ist der deutsche Einfluß doch ziemlich groß. Wir haben wahrscheinlich zu viele deutsche Freunde, das hat sich einfach so ergeben."

Also auch bei der Erziehung der Kinder scheint Regina die entscheidende Kraft zu sein. Wir stocherten wieder etwas, um mehr über ihren Mann zu erfahren, der noch immer wie ein Schemen auf uns wirkte. . . . [wir] fragten sie gezielter, ob ihr Mann unter Heimweh leide.

Regina sah uns mit ihren kühlen Augen prüfend an, als überlege sie, wie weit sie uns trauen könne und dürfe. Ihr erster Satz verriet wieder nichts, denn sie konstatierte nur: „Eigentlich fühlt sich mein Mann in Berlin zu Hause." Dann brach sie ab, legte ihre Hände in ihrem Schoß zusammen und seufzte fast unmerklich auf. „Während einer unserer letzten Reisen, die wir nach Amerika machten, hat mich ein Erlebnis sehr nachdenklich gemacht. Wir fuhren mit den Kindern zum Disneyland in der Nähe von Los Angeles. Man sieht dort in kleinem Maßstab nachgebaute Schlösser und romantische Städte aus Europa, Piratenburgen aus der Karibik, mexikanische Farmhäuser und alle möglichen Bauwerke, auch moderne Weltraumeinrichtungen.

Arthur wollte aber unbedingt in eine Halle, in der ein Film über Amerika gezeigt wurde. Wir standen mit den anderen vor einer riesigen Leinwand und sahen die Vereinigten Staaten von der Ostküste bis zur Westküste vorüberfliegen. Dieser Film hatte natürlich jeden sehr gepackt. Plötzlich sah ich, wie Arthur die Tränen über das Gesicht liefen. Er stand neben mir und weinte."

Die tadellose Fassade, die Regina vor uns aufbaute, hatte einen Riß bekommen. Wir hätten jetzt gern zu ihr gesagt, erzählen Sie doch mehr von Ihren Problemen und Sorgen, aber wir spürten, daß Regina nicht gewohnt war, sich selbstkritisch zu betrachten. Sie lebte nicht nur nach den Maximen einer gesellschaftlichen Mehrheit, sie akzeptierte sie auch und forderte sie von sich und ihrer Umgebung. Zuwiderhandlungen, die das äußere Ansehen gefährden könnten, wurden auch mit äußeren Mitteln bekämpft. . . .

Wir glaubten daher Reginas Worten nicht, daß bei der Wahl ihres Partners die Nationalität keine Rolle gespielt habe. Auf uns wirkte dieses Bekenntnis eher wie eine Demonstration unfreiwilliger Liberalität: „Ich hatte überhaupt kein spezielles Bedürfnis, einen Amerikaner kennenzulernen. Das ergab sich einfach so. Wenn ich damals in ein anderes Land gereist wäre, hätte es genauso auch ein Italiener, Grieche oder Türke sein können."

Nach dem Besuch in Disneyland mußte sich Regina zum ersten Mal mit einem Problem auseinandersetzen, das nicht in ihrer eigenen Umgebung, in der sie alle Vorteile auf ihrer Seite hatte, gelöst werden konnte. Das emotionale Defizit Arthurs, das durch einen Zufall erkennbar geworden war, machte Regina, nach einer immerhin schon langjährigen Ehe, ‚nachdenklich'. Alles war bis zu diesem Zeitpunkt zu ihrer Zufriedenheit verlaufen, plötzlich aber drohte der Bazillus ‚Melancholie' die häusliche Harmonie, das Berufsleben ihres Mannes und ihre gemeinsame Existenz in Deutschland zu gefährden.

Um nicht alles zu verlieren, mußte Regina die Krise bewältigen, und sie tat es umsichtig und unter Einsatz ihrer wirtschaftlichen Mittel. „Mir war bewußt, daß Arthur sich jetzt als Fremder in seiner amerikanischen Heimat fühlt und daß es für ihn kein Zurück mehr gibt. Wir fuhren dann immer häufiger rüber, und er freute sich, wenn er seine alten Freunde wiedersah, aber jeder Abschied tat ihm auch mehr weh.

Wir versuchen daher, ein Bein in Amerika zu lassen. Vielleicht verbringen wir die kalten Monate in Kalifornien. Dort leben die Tante von Arthur, seine Nichten und Neffen, mit denen er sich eng verbunden fühlt, noch mehr als mit seiner Mutter. Von daher ist auch mir Kalifornien lieb und teuer."

Wieder kam bei Regina die Angst durch, nicht der Norm ihrer eigenen Gesellschaft zu genügen. Eine Umsiedlung in die Vereinigten Staaten war natürlich inzwischen nicht mehr ohne große Schwierigkeiten für die Kinder und für den Mann zu bewältigen. Andererseits zahlte nur Arthur den Preis für die Fortsetzung des geordneten Familienlebens in Deutschland.

Regina ließ nicht den leisesten Zweifel daran, daß eine Umsiedlung für sie nicht in Frage komme. Für sie war bereits das Zugeständnis eines häufigeren Aufenthalts in Amerika schwer zu verkraften. . . .

Regina hatte ihre Ehe fest im Griff. Die Schwierigkeiten, die sie bisher erfolgreich bewältigte, führen jedoch bei ähnlichen Beziehungen nicht selten zur Trennung. In einem Bericht der IAF (Interessengemeinschaft der mit Ausländern verheirateten Frauen) heißt es:

„Deutsch-Amerikanische Ehen sind besonders gefährdet. Rund 60 Prozent dieser Ehen halten nicht einmal zwei Jahre. Jährlich werden in der Bundesrepublik rund 300 deutsch-amerikanische Ehen—mehr noch als italienische und türkische—

geschlossen, meist zwischen US-Soldaten und deutschen Frauen. Während binationale Ehen im Durchschnitt sogar dauerhafter sind als Ehen zwischen deutschen Partnern, liegt die Scheidungsrate bei den deutsch-amerikanischen Lebensbünden extrem hoch."

Regina ist seit fast zwanzig Jahren mit Arthur verheiratet, und allem Anschein nach wird diese Ehe noch viele Jahre dauern. Störungen sind kaum noch zu erwarten, es sei denn, die erwachsen gewordenen Kinder schlagen völlig aus der Art der Familie. Wie konservativ das Milieu ist, in dem sie leben und in dem Regina Ausländerfeindlichkeit sogar durch ihre Beziehung zu einem Nordamerikaner kennen und fürchten lernte, geht aus einer kleinen Begebenheit hervor, die sich gerade wenige Tage vor dem Interview zutrug.

„Neulich kam meine Tochter nach Hause und hatte Läuse. Ich habe das gleich behandelt und mir nichts weiter dabei gedacht. Als ich aber in meinem Umkreis ganz unabsichtlich darüber sprach, war die Reaktion: Wieso denn, hat sie Türken in der Klasse? Ich war völlig fassungslos."

„Haben Sie noch andere Erfahrungen mit Ausländerfeindlichkeit gemacht?" fragten wir noch.

„Nein, nicht persönlich", antwortete Regina, „aber ich möchte schon sagen, daß die Ausländerfeindlichkeit zugenommen hat, und wir machen uns darüber Gedanken. Ich finde, daß das eine ganz schlimme Sache ist. Die Politiker haben versagt, denn es ist ihnen nicht gelungen, Ausländern bei uns wirklich eine Lebensperspektive zu geben. Wir sind nun einmal eines der reichsten Länder der Welt, da haben wir auch eine Verantwortung. Ich finde es richtig, wenn bei uns alles offener wird."

Regina verabschiedete uns, denn die Zeit war um, sie mußte die Kinder abholen, und sie brachte uns zur Tür. Ob sie das Gefühl hatte, uns zu wenig Persönliches mitgeteilt zu haben, ob sie ahnte, daß wir ihren Mann in seinem goldenen deutschen Käfig ein wenig bedauerten?

Sie hielt plötzlich inne und fragte, ob sie uns einige Briefe aus ihrer Korrespondenz mit Arthur, die während getrennter Reisen entstand, heraussuchen und zuschicken solle. Wir stimmten lebhaft zu und drückten ihr herzlicher als beabsichtigt die Hand.

Leider warteten wir vergeblich auf diese Briefe, aber die Absicht, sie uns zu überlassen, genügte uns als ein beruhigendes Zeichen dafür, daß Regina und Arthur doch ein glückliches Paar sind.

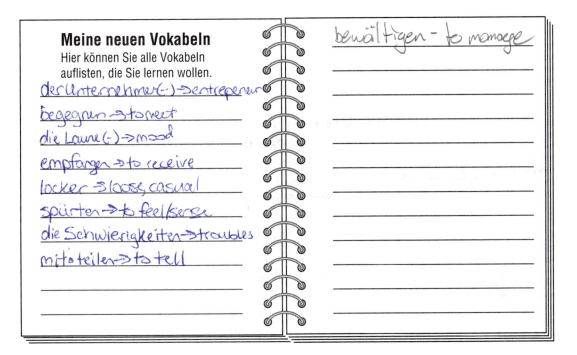

Meine neuen Vokabeln

Hier können Sie alle Vokabeln auflisten, die Sie lernen wollen.

der Unternehmer(-) → entrepeneur

begegnen → to meet

die Laune(-) → mood

empfangen → to receive

locker → loose, casual

spürten → to feel/sense

die Schwierigkeiten → troubles

mitteilen → to tell

bewältigen - to manage

Zum Verständnis und zur Diskussion

Zum Wortschatz

Aufgabe 1: Ersetzen Sie die kursiv gedruckten Wörter auf Seite 82 durch ein Wort im Schüttelkasten.

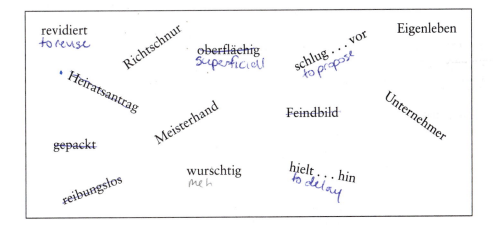

revidiert
to reuse

Richtschnur

oberflächig
superficial

schlug...vor
to propose

Eigenleben

Heiratsantrag

Meisterhand

Feindbild

Unternehmer

gepackt

wurschtig
meh

hielt...hin
to delay

reibungslos

Beispiel: Die evangelische Religion ist für Regina *der* moralische *Grundsatz* ihres Lebens.

Die evangelische Religion ist für Regina *die* moralische *Richtschnur* ihres Lebens.

a. Die ersten Kontakte zwischen Reginas Vater und Arthur verliefen nicht ganz *ohne Probleme*. *nicht ganz reibungslos*

b. Er machte mir gleich den *Vorschlag zu heiraten*. *den Heiratsantrag*

c. Mein Vater sah außerdem in dem Amerikaner noch immer das *Bild vom Gegner*. *apparent* *das Feindbild*

d. Arthur handelt *gleichgültig* und locker. ~~oberflächig und locker~~ *würziattig*

e. Mein Vater hatte nach und nach seine Meinung über Arthur *korrigiert*. *revidiert*

f. Dieser Film hatte natürlich jeden sehr *ergriffen*. *gepackt*

g. Wir zogen erst einmal zusammen und ich *ließ ihn noch zwei Jahre warten*. *ich hielte ihn noch zwei Jahre lan*

Aufgabe 2: Wie charakterisiert Regina . . . ?

a. ihren Mann *Soldat, locker, guter Ehemann und Kinder*

b. ihren Vater *Patriarch, einen Unternehmer, xenophob, traditionalisch*

c. ihre Mutter *symphatisch, interessante*

d. ihre Schwiegermutter *freundlich, offen*

e.

Fragen zum Text

1. Wie haben sich Regina und ihr Mann kennengelernt? *meet* *Reginas Auto hatte eine Panne*

2. Wie reagierten Reginas Eltern und Arthurs Mutter auf Reginas Beziehung bzw. Heirat? Warum reagierten sie unterschiedlich?

3. Warum sah der Vater in Arthur ein Feindbild?

4. Welche amerikanischen Eigenschaften sind Regina sehr wichtig? Spielen diese Aspekte eine große Rolle im Haushalt, in der Ehe oder in der Kindererziehung? *charakteristi*

5. Wodurch erfahren wir, dass es für Arthur schwierig war, sich in Deutschland einzuleben?

6. Wie hat Regina erfahren, dass ihr Mann unter Heimweh leidet? Welche Lösung hat das Ehepaar dafür gefunden?

7. Wodurch erfahren wir, dass die Familie sehr wohlhabend ist? Spielt die wirtschaftliche Lage der Familie eine bedeutende Rolle in der Ehe?

8. Warum finden die Interviewer Arthurs Situation bedauerlich?

Warum nicht

schützt Kind und Ehemann *Töchter* *Mutter*

Regina *lebt in De.*

unabhängig hausfrau *wr eine kosmetikerin*

Zur Diskussion

Aufgabe 1: Glauben Sie, dass binationale Partnerschaften schwieriger sind als Partnerschaften zwischen zwei Personen, die die gleiche Nationalität besitzen? (Wie steht es mit Partnerschaften zwischen zwei Personen aus verschiedenen Kulturkreisen, zwischen Personen verschiedener Religionen, zwischen Personen verschiedener Hautfarbe, . . . ?) Was könnte diesen Partnerschaften einen besonderen Reiz geben?

Aufgabe 2: Nach den Aussagen der Interviewer lebte Regina „nicht nur nach den Maximen einer gesellschaftlichen Mehrheit, sie akzeptierte sie auch . . . " Was sind diese Maximen (Normen)? Haben Amerikaner auch solche Maximen? Geben Sie Beispiele dafür. Was sind die Vor- und Nachteile einer konformen Lebensführung?

Aufgabe 3: Lesen Sie den Artikel „Ehen mit Ausländern—Türken und Polinnen am beliebtesten". Beantworten Sie die Fragen auf der nächsten Seite.

Ehen mit Ausländern—Türken und Polinnen am beliebtesten

Türkische Männer sind—gleich nach ihren deutschen Geschlechtsgenossen—bei deutschen Frauen als Ehemänner am beliebtesten. Deutsche Männer hingegen bevorzugen bei der Heirat einer ausländischen Partnerin polnische Frauen. Das geht aus einer Analyse des Statistischen Bundesamtes in Wiesbaden hervor. Das Amt zählte 1991 genau 43 955 Ehen zwischen Deutschen und Ausländern. Knapp zehn Prozent aller Ehepartner im vereinten Deutschland gab damit einem Ausländer oder einer Ausländerin das Ja-Wort.

Deutsche Männer heirateten an erster Stelle Polinnen (3 143), gefolgt von Frauen aus dem ehemaligen Jugoslawien (1 778), aus Thailand (1 117), von den Philippinen (1 081), aus Österreich (1 058), Rumänien (908) und der Türkei (849). Deutsche Frauen bevorzugten türkische Männer (3 580) vor US-Amerikanern (2 603) und Italienern (2 030), außerdem Ehepartner aus dem ehemaligen Jugoslawien (1 673), Österreich (1 127), Polen (1 002) und Großbritannien (994). . . .

a. Aus welchen Ländern kommen die Ehemänner und Ehefrauen der Deutschen? Arbeiten Sie zu zweit und tragen Sie die Antworten in die Spalten ein. Notieren Sie auch zu welchen geographischen Teilen der Welt diese Länder gehören.

Deutsche Frauen heiraten Männer aus . . .

LAND	TEIL DER WELT
der Türkei	*Kleinasien*

Deutsche Männer heiraten Frauen aus . . .

LAND	TEIL DER WELT
Polen	*Osteuropa*

b. Vergleichen Sie die beiden Listen. Analysieren Sie die Rangordnung und spekulieren Sie über die Gründe für die Unterschiede. Bringen Sie die Information aus dem Interview mit Regina mit in die Diskussion ein.

TEXT 3: **Bürger Erdem—Eine Fallstudie**

Vor dem Lesen

Aufgabe 1: Eine Fallstudie ist eine detaillierte Studie von einer Person oder einer Gruppe. So eine Studie dient beispielsweise als Modell für soziale oder linguistische Phänomene von Gruppen in einer Gesellschaft. Diskutieren Sie im Plenum, in welchen akademischen Fächern oder Berufen Fallstudien üblich sind.

Aufgabe 2: Die Mehrzahl der Bewohner von Nordamerika hat Vorfahren, die aus anderen Ländern nach Amerika gekommen sind. Was wissen Sie über Ihre Vorfahren? Tauschen Sie in der Gruppe Ihre Familiengeschichte aus:

a. Aus welchen Ländern kamen Ihre Großeltern, Urgroßeltern?

b. Warum kamen sie in die Vereinigten Staaten?

c. Seit wie vielen Generationen lebt Ihre Familie in den USA?

d. Sagt Ihr Familienname etwas über die Herkunft Ihrer Vorfahren aus?

e. Welche Sprachen haben Ihre Vorfahren gesprochen?

An den Text heran

Aufgabe 1: Die Anfangszeile „Einer ging durchs Nadelöhr . . . " ist eine Metapher oder ein bildlicher Ausdruck aus der Bibel. In Matthäus 19, Vers 24 sagt Jesus: „Es ist leichter, dass ein Kamel durch ein Nadelöhr gehe, denn dass ein Reicher ins Reich Gottes komme." Was könnte diese Metapher wohl bedeuten?

Aufgabe 2: Im ersten Teil der Fallstudie sprechen viele „Stimmen" über den Türken Mahmut Erdem. Die Stimmen gehören Mahmut, Jesus, dem Autor und dem Grundgesetz. Wer spricht in den folgenden Textstellen?

a.   Einer ging durchs Nadelöhr.

b.   Deutscher im Sinne des Grundgesetzes ist . . . , wer die deutsche Staatsbürgerschaft besitzt . . .

c.   Im Unterschied zu seinen Brüdern und den meisten türkischen Kindern seines Alters schaffte Mahmut Erdem das Abitur.

d.   Als ich 18 war, wurde mir klar: Meine Mutter hat in der Türkei nie wählen dürfen, . . .

Aufgabe 3: Arbeiten Sie zu zweit. Lesen Sie Abschnitte 1–3.

a.   Sammeln Sie Punkt für Punkt Information zur Person von Mahmut Erdem.

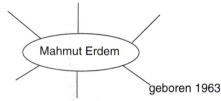

b.   Fassen Sie die Information zu Mahmut Erdem in einer kurzen Biografie zusammen: Mahmut Erdem wurde 1963 in einem kleinen Dorf . . .

Information zum Text

Der Text „Bürger Erdem—Eine Fallstudie" erschien 1990 in Claus Leggewies Buch *Multi Kulti: Spielregeln für die Vielvölkerrepublik*. Leggewie ist Professor für Politische Wissenschaften an der Justus Liebig Universität Gießen und an der New York University. Am Beispiel von dem Kurden Mahmut Erdem veranschaulicht er, wie schwierig es für Ausländer sein kann, die deutsche Staatsbürgerschaft zu bekommen.

In Kapitel 2 wurde erwähnt, dass die deutsche Staatsbürgerschaft an andere Gesetze gebunden ist als die amerikanische. In den Vereinigten Staaten gilt das *ius soli* (Gesetz der Erde). Wer in diesem Land geboren wird, ist automatisch amerikanischer Staatsbürger. In der Bundesrepublik Deutschland gilt bisher nur das *ius sanguinis* (Gesetz des Blutes), d.h. die Herkunft der Eltern bestimmt die Staatsbürgerschaft. Kinder deutscher Eltern sind demnach Deutsche; Kinder ausländischer Eltern sind Ausländer, selbst wenn die Vorfahren seit zwei oder drei Generationen in Deutschland leben.

Das *ius sanguinis* spielt auch bei der Einbürgerung eine Rolle. In Albanien, Bulgarien, Estland, dem ehemaligen Jugoslawien, Lettland, Litauen, Polen, Rumänien, Russland, der ehemaligen Tschechoslowakei und Ungarn gibt es viele Bewohner deutscher Herkunft. Viele dieser deutschstämmigen Bewohner wollen heute aus politischen, sozialen oder kulturellen Gründen ihre Heimat im Osten verlassen und nach Deutschland emigrieren. Wenn sie nachweisen können, d.h. Dokumente haben, die zeigen, dass sie deutsche Vorfahren haben, werden sie automatisch eingebürgert. Alle anderen Ausländer, die nicht deutschstämmig sind, werden *nach Ermessen,* d.h. nach bestem Wissen der Behörden eingebürgert.*

Aufgabe: Richtig (R) oder falsch (F)? Finden Sie die Antworten in *Information zum Text.*

1. _____ Das Grundgesetz definiert, was Staatsbürgerschaft ist.

2. _____ *Einbürgerung* bedeutet etwas anderes als *Naturalisierung.*

3. _____ *ius soli* bedeutet, dass der Geburtsort die Staatsangehörigkeit bestimmt.

4. _____ Wenn ausländische Familien mindestens zwei Generationen in Deutschland gelebt haben, werden sie automatisch deutsche Staatsbürger.

5. _____ Bulgarien, Rumänien, Estland und Russland sind Länder in Westeuropa.

6. _____ *Deutschstämmig sein* bedeutet deutsche Vorfahren haben.

7. _____ Deutschstämmige Bürger aus Osteuropa werden nur eingebürgert, wenn sie eine Generation in Deutschland gelebt haben.

8. _____ Die Behörden entscheiden, ob Türken, Kurden, Afrikaner oder Spanier deutsche Staatsbürger werden können.

---

*Am 1. Januar 2000 tritt das reformierte Staatsbürgerschaftsgesetz in Kraft. Danach erhalten in Deutschland geborene Kinder von Ausländern die doppelte Staatsbürgerschaft. Der so genannte Doppel-Pass gilt bis zum 23. Lebensjahr. Danach müssen sie sich für eine Staatsbürgerschaft entscheiden. Außerdem können erwachsene Ausländer schon nach acht Jahren Aufenthalt in Deutschland eingebürgert werden.

Bürger Erdem –
Eine Fallstudie

Claus Leggewie

Einer ging durchs Nadelöhr, einer kam unter die Deutschen:

Als ich in der Oberstufe war, habe ich mir gedacht: warum soll ich eigentlich nicht Deutscher werden? Ich hätte viele Vorteile. Als ich 18 war, wurde mir klar: Meine Mutter hat in der Türkei nie wählen dürfen, hat auch nicht gewählt, und hier in Deutschland auch nicht, obwohl sie inzwischen 25 Jahre hier lebt—mir würde es nicht anders gehen, wenn ich mich nicht einbürgern ließe.

Mahmut Erdem, geboren 1963 in dem kleinen Dorf in Anatolien,° 80 Kilometer östlich von Kayseri,° hat nach zähem Kampf mit Ämtern und Paragraphen ein für die meisten Deutschen banales, für ihn aber höchst bedeutungsvolles Dokument in Händen. Es ist aus grünem° Karton, 14,8 Zentimeter lang und 10,4 Zentimeter breit, bindet 32 Seiten ein und trägt die Aufschrift: *Bundesrepublik Deutschland—Reisepaß-Passport-Passeport.* Der heutige Göttinger Jurastudent ist 1971 als Achtjähriger und jüngstes von sechs Geschwistern zu seiner Mutter nach Hannover gekommen. Die war einige Jahre zuvor im Dorf von der Straße weg angeworben worden—nach Deutschland zum Champignonpflücken. Später wechselte sie als Arbeiterin zu Telefunken und wurde dort Vertrauensfrau.

Im Unterschied zu seinen Brüdern und den meisten türkischen Kindern seines Alters schaffte Mahmut Erdem das Abitur. Der größte Unterschied aber: er wurde Deutscher. Man könnte an seinem Fall psychologische Betrachtungen anstellen, aus welchen Motiven in einem kurdischen Jungen der Entschluß dazu reift: Ob es das archaische Ritual einer drohenden Blutrache war, die auf der Familie in der Türkei lastete, oder seine besondere Belesenheit, ein selbstgewähltes Außenseitertum und die Kontakte vorwiegend mit deutschen Kindern. Ob seine kurdische Abstammung, seine Zugehörigkeit zur schiitischen Minderheit oder die Förderkurse in

°*Anatolia, plateau region in Asian part of Turkey*
°*inland town in central Anatolia* °*Now European Union passports are maroon.*

der Schule den Ausschlag gaben. Oder Erlebnisse wie eine Klassenreise nach Dänemark, die er—mangels deutschen Personalausweises—diesseits der Grenze verbringen mußte, ungeduldig auf die deutschen Mitschüler wartend.

Artikel 116, Absatz 1 des Grundgesetzes besagt: „Deutscher im Sinne (des) Grundgesetzes ist vorbehaltlich anderweitiger gesetzlicher Regelung, wer die deutsche Staatsangehörigkeit besitzt oder als Flüchtling oder Vertriebener deutscher Volkszugehörigkeit oder als dessen Ehegatte oder Abkömmling in dem Gebiete des Deutschen Reiches nach dem Stande vom 31. Dezember 1937 Aufnahme gefunden hat.“

Dazu spiegelbildlich Paragraph 1 der „Allgemeinen Verwaltungsvorschrift zur Ausführung des Ausländergesetzes“ von 1967: „Ausländer sind Personen, die weder die deutsche Staatsangehörigkeit besitzen noch als Flüchtlinge oder Vertriebene deutscher Volkszugehörigkeit oder als deren Ehegatten oder Abkömmlinge in dem Gebiet des Deutschen Reiches nach dem Stande vom 31. Dezember 1937 Aufnahme gefunden haben.“

Klare Sprache, unklare Verhältnisse

Auch der türkische Junge, mittlerweile wohnhaft im sogenannten Türkengetto von Hannover-Linden, wollte Klarheit. *Damals dachte ich: irgendwie habe ich meinen Lebensmittelpunkt in Deutschland. Wenn ich zurückgehe, würde ich genausoviel Probleme haben, wie ich anfangs hier hatte, in der deutschen Gesellschaft. Warum sollte ich nicht hierbleiben? Jeder Ausländer, jede Ausländerin sitzt irgendwie auf dem Koffer und sagt sich, eines Tages weggehen zu wollen. Aber die gehen nie, die werden auch nicht gehen.*

Bei Kindern aus „Misch-Ehen“, erkundigte sich Erdem schon mal, „wie das ginge“ mit der Einbürgerung. Mit zwanzig, kurz vor dem Abitur, traute er sich aufs Ordnungsamt: *Der Mensch hinterm Tresen hat mich angeguckt und gesagt: Haben Sie schon Militärdienst gemacht? Ich schüttelte den Kopf. Da hat er bloß mit der Hand gewinkt, nach dem Motto: 'rausgehen—und ich bin 'rausgegangen. Daraufhin habe ich erst mal beschlossen, nicht Deutscher zu werden.*

Aber später, als er seine Freundin und jetzige Frau kennen-lernte, wurde ihm wieder deutlich, was es heißt, den falschen Paß zu haben. Italien zum Beispiel war touristisch nur via Österreich, nicht über die Schweiz zu erreichen; Schlemmereien in elsässischen Weinstuben mußten mangels Visum ganz ausfallen. . . .

Mahmut Erdem hat sich später in seinem Studienfach, der Jurisprudenz, auf Europa- und Ausländerrecht spezialisiert. Mit seinem Fall ist er 1989 selbstbewußt an die Öffentlichkeit gegangen. An seinem Beispiel ließ sich im einzelnen nachvollziehen, welche Prozedur ein nicht sonderlich erwünschter Ausländer durchmachen muß, um deutscher Bürger zu werden. . . .

Häutungen

Eine Einbürgerung nach *Ermessen* erfordert nach gültigem Reichsstaatsangehörigkeitsgesetz von 1913 und den Einbürgerungsrichtlinien von 1977 erheblich mehr: „die freiwillige und dauernde Hinwendung zu Deutschland" welche aus der „grundsätzlichen Einstellung zum deutschen Volkskreis" zu schließen ist. Als Beweis für das „langfristige Einleben in die deutsche Umwelt" gilt ein mindestens zehnjähriger Aufenthalt in der Bundesrepublik. Dies erfüllen derzeit rund 2,6 Millionen Einwanderer. Doch nur 14 000 Einbürgerungen jährlich haben in den 80er Jahren stattgefunden—eine minimale Einbürgerungsquote: nur ein halbes Prozent der einbürgerungsberechtigten Ausländer ließ sich bisher tatsächlich „naturalisieren". Womit die Bundesrepublik, ein bevorzugtes europäisches Ein*wanderungs*land, als Ein*bürgerungs*land Schlußlicht geblieben ist—ganz im Sinne des Gesetzgebers:

„Die Bundesrepublik Deutschland ist kein Einwanderungsland; sie strebt nicht an, die Anzahl der deutschen Staatsangehörigen gezielt durch Einbürgerung zu vermehren." Einbürgerung erfolgt deshalb nur, wenn sie einen „wertvollen und erwünschten Bevölkerungszuwachs" darstellt und dazu ganz bestimmte Voraussetzungen erfüllt sind: Wer sich einbürgern lassen will, muß voll geschäftsfähig, also mindestens 18 Jahre alt sein, einen unbescholtenen Lebenswandel geführt haben und eine gesicherte Existenzgrundlage nachweisen, in der Regel ausreichend Wohnraum und Beschäftigung. Konkret nachzuweisen ist das nicht immer einfach—und vor allem langwierig.

Die Bewerber haben zum Beweis *erstens* ein Bekenntnis zur freiheitlich-demokratischen Grundordnung beizubringen. Wer sich in „Emigrantenorganisationen" betätigt (hat) oder noch in einer „inneren Abhängigkeit zu totalitären Ideologien" sieht, kann abgelehnt werden: die Demokratie will sich rundum vor Radikalen schützen. Ob das bei einem Aspiranten der Fall ist, entscheidet gegebenenfalls eine Anfrage beim Verfassungsschutz.

Mahmut Erdem berichtet über sein Verhalten in der knapp dreijährigen Warte- und Probezeit: *Ich bin nicht auffällig geworden, ganz einfach. Ich bin eigentlich ein Mensch, der auch ein bißchen auftritt, der sagt, was er will. Natürlich habe ich mein politisches Engagement nicht ganz eingestellt, aber ich bin nicht mehr so forsch aufgetreten z.B. für das Ausländerwahlrecht oder für die Menschenrechte in der Türkei.* Seine bisherige Arbeit für *amnesty international* oder die Göttinger *Gesellschaft für bedrohte Völker* beschränkte sich auf Übersetzungen; die Fachschaftsarbeit an der Uni° reduzierte er auch. *Ich schreibe auch manchmal einen Artikel, was mir nicht paßt – das habe ich auch sein lassen. Denn ich hatte mich erkundigt: Solche Sachen können dazu führen, daß man abgewiesen wird. Ja, das war von mir opportunistisch, muß ich jetzt sagen, aber das habe ich eben gemacht, um mich einbürgern zu lassen.*

°*work by group of university students in same discipline*

Übertriebener Opportunismus? Wohl kaum. Das bayerische Innenministerium hat einmal einem seit mehr als 20 Jahren in Deutschland lebenden Spanier aufgrund von nicht näher spezifizierten „Vorgängen nachrichtendienstlicher Art" die Einbürgerung verweigert. Der mutmaßliche Grund: Er hatte eine Zeit der Kommunistischen Partei angehört und war aktiver Gewerkschafter und Interessenvertreter der Ausländer in Nürnberg. Das sind zwar immer Einzel- und Extremfälle, aber auf einbürgerungswillige Ausländer haben sie abschreckende und einschüchternde Wirkung.

Auch wer ganz und gar unpolitisch ist, muß mehr mitbringen als ein geradebrechtes Lippenbekenntnis zur fdGO.° Ein Bewerber soll *zweitens* die deutsche Sprache in Wort und Schrift beherrschen, in einem Umfang, „wie dies von Personen seines Lebenskreises erwartet wird". Dagegen ist im Prinzip nichts einzuwenden; im Einwanderungsland Deutschland wird Deutsch *lingua franca* sein. Viele Einbürgerungsbeamte nehmen die Sache nicht mehr sehr genau; sie diktieren den Anwärtern einen Absatz aus der BILD-Zeitung.°

°*freiheit-demokratische Grundordnung, liberal democratic constitutional order*

°*German tabloid*

Aber auch diese Vorschrift wurde schon zum Paradeplatz kleinlicher Amtsschimmel: Einem seit 17 Jahren hier lebenden und als Bauingenieur arbeitenden Iraner wurde von einem Beamten trotz Hinweis auf ein deutsches Hochschulexamen noch ein Diktat für Grundschüler abverlangt. Einem genauso lange hier lebenden Tunesier verweigerte das rheinland-pfälzische Oberverwaltungsgericht die Einbürgerung: zu viele Schreibfehler im Diktat. Kann sich ein Land der Dichter und Denker darauf einstellen, künftig auch Staatsbürger zu akzeptieren, die nur ihre Muttersprache sprechen?

Drittes Kriterium: „einwandfreie Lebensführung"—was nicht nur strafrechtliche Unbescholtenheit meint, die einem schon bei wiederholten Bußgeldern im Straßenverkehr verloren gehen kann. Die Behörden müssen „Feststellungen" treffen, die „Aufschlüsse über den Lebensweg und das Persönlichkeitsbild" der Bewerber geben. Das kann bedeuten: sie fragen Leute aus, vielleicht auch den gehässigen Nachbarn oder einen mißgünstigen Ausländerfresser. Eine Bekannte Mahmut Erdems wurde zum Beispiel gefragt, ob der Türke denn auch Schweinefleisch esse: ein guter Göttinger ißt Wiener Schnitzel und trinkt *Edel-Pils*. Doch bei wem dann amtlicherseits auf „alkohol- oder rauschmittelabhängig" oder „arbeitsunwillig" erkannt wird, oder wer seine Alimente nachlässig zahlt und im Schuldenregister auftaucht, hat kaum noch eine Chance.

Sodann müssen *viertens* wirtschaftliche Voraussetzungen für eine Einbürgerung erfüllt sein; nicht allein der Ist-Zustand, wie ausreichender Wohnraum oder Sozialhilfebedürftigkeit, zählt, sondern auch eine günstige Prognose muß gegeben sein. Nur darf bei diesen Ermittlungen nicht der Eindruck entstehen, der Deutsche in spe kandidiere womöglich aus rein wirtschaftlichen Gründen: das kann wiederum zur Ablehnung führen, da Deutschland nur edle, immaterielle Motive akzeptiert. „Die Verleihung der deutschen Staatsangehörigkeit kann nur in Betracht kommen, wenn ein öffentliches Interesse an der Einbürgerung besteht. Öffentliches Interesse ist hier ein staatliches Interesse oder ein gesellschaftliches Interesse von gleichem Rang; die persönlichen Wünsche und wirtschaftlichen Interessen des Einbürgerungsbewerbers können nicht ausschlaggebend sein." Aber jedem Regierungspräsidenten ist mittlerweile klar, daß es die angestrebte Gaststättenlizenz oder die Approbation zum Zahnarzt ist, die die meisten zur Einbürgerung veranlaßt.

Fünftens gilt es noch, die deutsche Volksgesundheit nicht zu beschädigen: das bedeutet amtsärztliche Untersuchung und im Verdachtsfall AIDS-Test.

Man sieht: Deutschland sucht sich seine fremden Neubürger sorgfältig aus. Ausländer müssen schon die besseren Deutschen sein und dem prüfenden Blick, der „norminterpretierenden" Richtlinienauslegung durch die Beamten der Ordnungsämter und Regierungspräsidien standhalten. Neubürger Erdem hat sich nach dieser monatelangen Prozedur, mit viel Papierkrieg und Schnüffelei, nicht sonderlich erwünscht gefühlt. *Jedenfalls habe ich kein*

Begrüßungsgeld° kassiert, wie die DDRler. Statt dessen mußte ich viel Geld ausgeben, und weder habe ich ein Darlehen bekommen noch sonst irgendwas. Die Behörden machen die Sache ganz bürokratisch.

°*"welcome money" paid to GDR citizens crossing into West Germany in 1989*

Er bezahlte „nur" 622 Mark, berechnet nach dem geringen Bruttoverdienst eines Studenten. Der übliche Gebührensatz beträgt bislang drei Viertel eines Bruttogehaltes, maximal 5000 Mark. Einzelne Städte und Gemeinden gewähren jedoch Vorzugspreise für junge Ausländer und einkommensschwache Familien; jetzt ist die Gebühr in solchen Fällen per Gesetz auf 100 Mark ermäßigt worden—ein „Blauer"° als symbolisches Eintrittsgeld. Dagegen ist wenig einzuwenden: die Klubkarte für den Video- oder CD-Verleih kostet schließlich auch ein paar Scheine.

°*one-hundred-mark bill*

Die Sache selbst—Einbürgerung durch Aushändigung einer schmucklosen Urkunde in DIN-A-4-Format°—vollzieht sich in nüchternen Amtsstuben höchst prosaisch und unfeierlich. Kein Begrüßungspräsident, kein Glückwunsch an den Neubürger. Dafür bekam Mahmut Erdem ein paar anonyme Telefonanrufe deutscher Volksgenossen. Solche Unfreundlichkeiten sind kein Zufall. Laut Meinungsumfrage des Bundesinnenministers aus dem Jahr 1987 sind 50 Prozent für Erschwerungen der Einbürgerung.

°*paper dimensions regulated by* Deutsche Industrie Normen, *German Institute of Standardization*

Meine neuen Vokabeln
Hier können Sie alle Vokabeln auflisten, die Sie lernen wollen.

Zum Verständnis und zur Diskussion

Zum Wortschatz

Aufgabe 1: Arbeiten Sie in einer Kleingruppe. Lesen Sie den dritten Abschnitt. Suchen Sie im Text die passenden Stellen zu den Beschreibungen in Spalte 1.

SPALTE 1

1. Mahmut gehört zu einer iranischen Minderheit, ursprünglich aus Kurdistan.

2. Vendetta: Rache einer Familie durch Mord für einen Ermordeten.

3. Mahmut hat sehr viel gelesen.

4. Mahmut geht seine eigenen Wege. Er hat das Gefühl, dass er weder zur deutschen noch zur türkischen Gruppe gehört.

5. Mahmut hat viele deutsche Freunde.

6. Die Schiiten (Schiismus [*m.*]) und die Sunniten (Sunna [*f.*]) sind Hauptglaubensrichtungen des Islam. Über 90% der Muslime gehören zu der orthodoxen Sunna.

7. Mahmut hat an besonderen Schulklassen für ausländische Kinder teilgenommen.

8. Mahmut wollte mit seinen Klassenkameraden in ein skandinavisches Land reisen.

SPALTE 2

a. *einem kurdischen Jungen* _____

b. _____

c. _____

d. _____

e. _____

f. _____

g. _____

h. _____

Aufgabe 2: Das deutsche Grundgesetz existiert seit dem 23. Mai 1949. Es bestimmt die staatliche Ordnung der Bundesrepublik Deutschland. Gesetzestexte sind oft schwer verständlich—deshalb eine kurze Übung zum Beamtendeutsch in Artikel 116, Absatz 1.

Arbeiten Sie zu zweit. Suchen Sie die passende Definition in Spalte 2 zu den Wörtern in Spalte 1.

SPALTE 1

1. vorbehaltlich
2. anderweitig
3. Aufnahme finden
4. Staatsangehörigkeit
5. Flüchtling
6. Vertriebener
7. Volkszugehörigkeit
8. Ehegatte
9. Abkömmling
10. Absatz

SPALTE 2

a. zu einem Staat gehören
b. der Mann einer verheirateten Frau
c. zu einem Volk gehören
d. mit dem Vorbehalt, unter der Bedingung
e. Nachkomme, Nachfahre
f. aufgenommen werden
g. anders
h. jemand, der fliehen oder flüchten muss
i. jemand, der die Heimat verliert
j. Paragraph

Aufgabe 3

a. Im Abschnitt „Klare Sprache, unklare Verhältnisse" benutzt der Autor Claus Leggewie das Wort „Misch-Ehe". In *Wahrig Deutsches Wörterbuch* findet man unter *Mischehe*: „Ehe von Angehörigen verschiedener Religionen bzw. Konfessionen, bes. der kath. u. evang. Konfession." Das Wörterbuch erwähnt nicht, dass das Wort *Mischehe* viele Deutsche an die Nazi-Zeit erinnert. Der Begriff hatte in dieser Zeit eine exklusiv rassistische Bedeutung. Zwischen 1935 und 1945 war eine Mischehe eine Ehe zwischen einem jüdischen und nicht-jüdischen Partner.

   Benutzt Leggewie das Wort *Mischehe* wie es im Wörterbuch definiert wird oder hat der Begriff eine andere Bedeutung? Welche Ehen meint er, wenn er über Mischehen spricht? Erklären Sie, warum er das Wort *Mischehe* benutzt.

b. *Volksgenosse* im letzten Abschnitt ist ein Wort aus der Nazisprache. Was meinen Sie, was die „deutschen Volksgenossen", von denen im letzten Abschnitt die Rede ist, ihrem neuen Mitbürger gesagt haben? Versuchen Sie zu erklären, warum Claus Leggewie das Wort *Volksgenosse* benutzt. Suchen Sie andere Wortverbindungen mit *Volk*, die im Text stehen.

Fragen zum Text

1. Was hat Erdems Einbürgerungsversuch mit seiner Mutter zu tun? Wie unterscheidet sich Mahmut Erdem von seinen Brüdern?

2. Warum haben das Abitur und der deutsche Pass eine besondere Bedeutung für einen türkischen Jungen?

3. „Jeder Ausländer, jede Ausländerin sitzt irgendwie auf dem Koffer."—Was bedeutet das und wie unterscheidet sich Mahmut Erdem von diesen Ausländern?

4. Erklären Sie mit eigenen Worten, wie Deutsche und Ausländer bisher im Grundgesetz definiert worden sind.

5. Bevor Mahmut Erdem einen deutschen Reisepass hatte, was konnte er nicht tun? Geben Sie konkrete Beispiele aus dem Text.

6. Ausländer wie Mahmut Erdem, die sich um eine *Einbürgerung nach Ermessen* bewerben, müssen fünf Bedingungen erfüllen. Was sind diese fünf Bedingungen?

7. Um Neubürger zu werden, musste Mahmut eine Gebühr, d.h. Geld bezahlen. Bezahlen alle Neubürger denselben Preis?

8. Wie beschreibt Mahmut Erdem den Einbürgerungsprozess? Listen Sie alle Aspekte auf.

Zur Diskussion

Aufgabe 1: Erklären Sie die Überschrift „Häutungen". Eine Schlange häutet sich. Was für eine Assoziation ruft Leggewie mit dieser Überschrift hervor? Was hat Häutung mit Einbürgerung zu tun?

Aufgabe 2: Leggewie meint, dass es gegen die fünf Bedingungen für eine *Einbürgerung nach Ermessen* im Prinzip nichts oder nur wenig einzuwenden gibt. Er kritisiert aber arbiträre oder unfaire Methoden in der Praxis.

Bilden Sie vier Gruppen. Jede Gruppe schaut sich eine der ersten vier Bedingungen an (die fünfte Bedingung ist ziemlich eindeutig) und beantwortet die folgenden Fragen zu je einer der Vorschriften. Am Ende tauschen die Gruppen ihre Ergebnisse im Plenum aus.

Gruppe 1

a. Was bedeutet Ihrer Meinung nach „freiheitlich-demokratisch" denken und handeln?

- Glauben Sie, dass jemand, der sich für das Ausländerwahlrecht oder für die Menschenrechte in der Türkei einsetzt, gegen die freiheitlich-demokratische Grundordnung verstößt? Warum? Warum nicht? Wo ist für Sie die Grenze zwischen politischem Engagement und Radikalität?
- Während seiner Wartezeit hat Erdem seine politischen Aktivitäten eingeschränkt. Glauben Sie, dass er opportunistisch gehandelt hat? Wie hätten Sie an seiner Stelle gehandelt?

b. Wie sollen Ausländer Ihrer Meinung nach beweisen, dass sie sich zur freiheitlich-demokratischen Grundordnung bekennen?

c. Wie soll eine freiheitlich-demokratische Einstellung von den Behörden geprüft werden?

Gruppe 2

a. Was bedeutet, dass Bewerber die deutsche Sprache in einem Umfang beherrschen sollen, wie dies von Personen des eigenen Lebenskreises erwartet wird?

b. Wie sollen Ausländer Ihrer Meinung nach ihre Sprachkenntnisse beweisen?

c. Wie sollen die Behörden die Deutschkenntnisse ausländischer Bewerber prüfen?

- Glauben Sie, dass ein Diktat ein gutes Mittel ist, um die Deutschkenntnisse von Ausländern zu prüfen? Warum? Warum nicht? Was meinen Sie, warum die Behörden gern ein Diktat benutzen?

Gruppe 3

a. Was verstehen Sie unter einer „einwandfreien Lebensführung"?

- Bei wiederholten Bußgeldern im Strassenverkehr verliert ein Ausländer die strafrechtliche Unbescholtenheit, die er zur Einbürgerung braucht. Halten Sie das für gerecht? Warum? Warum nicht?

b. Wie sollen Bewerber Ihrer Meinung nach beweisen, dass sie ein einwandfreies Leben führen?

c. Wie sollen Behörden nachprüfen, ob eine Person ein einwandfreies Leben führt?

Gruppe 4

a. Welche wirtschaftlichen Voraussetzungen sollen ausländische Bewerber Ihrer Meinung nach unbedingt erfüllen?

■ Halten Sie es für gerecht, dass die persönlichen Wünsche und wirtschaftlichen Interessen der Bewerber dem öffentlichen und gesellschaftlichen Interesse des Gastlandes untergeordnet werden? Halten Sie es für gerecht, dass bestimmte Gruppen von Leuten (z.B. Leistungssportler) bei der Einbürgerung bevorzugt werden?

b. Wie sollen Ausländer beweisen, dass sie die wirtschaftlichen Voraussetzungen erfüllen?

c. Wie sollen die Behörden prüfen, ob diese Voraussetzungen erfüllt werden?

Aufgabe 3: Informieren Sie sich näher über die Reform des deutschen Staatsbürgerschaftsrechts (z.B. im Internet, auf der Webseite des Deutschen Bundestags). Inwiefern wird es künftig leichter für Ausländer sein, die deutsche Staatsangehörigkeit zu bekommen? Wäre Mahmuts Einbürgerungsprozess anders verlaufen, wenn die neuen Gesetze schon damals gültig gewesen wären? Fassen Sie Ihre Gedanken dazu in einem Absatz zusammen.

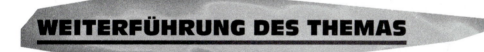

WEITERFÜHRUNG DES THEMAS

Theaterstück: Schreiben Sie ein Theaterstück zu dem Bericht von Setsuko Matsui. Arbeiten Sie in Kleingruppen. Jede Gruppe schreibt eine Szene und führt sie vor den anderen Gruppen auf.

Titel des Theaterstückes: *Erlebnisse einer Japanerin in Deutschland.*

Szene 1: Beim Weinfest

Szene 2: Im Seminar an der Uni

Szene 3: Eine deutsche Diskussion

Szene 4: Im Kaufhaus

Szene 5: Machtlosigkeit als Minderheit

Rollenspiel: Zwei Studentinnen/Studenten spielen die Interviewer und interviewen Arthur über seine Ehe mit Regina. Spielen Sie Ihren Kommilitoninnen / Ihren Kommilitonen das Interview vor.

Forschungsprojekt: Vergleichen Sie die Kriterien für Einbürgerung in Deutschland mit denen in den USA. Nähere Information über die Voraussetzungen für die amerikanische Einbürgerung finden Sie im Internet auf der Webseite der amerikanischen Einwanderungsbehörde (Immigration and Naturalization Service).

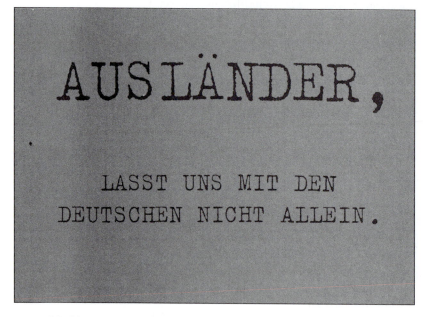

Wer spricht hier in dieser Anzeige?

KAPITEL 4

Die Wende

HINFÜHRUNG ZUM THEMA

„Im Herbst 1989 ahnte wohl noch niemand, wie schnell
Deutschland wiedervereinigt sein würde. Nun gibt es zwischen den
beiden Teilen Deutschlands keine Grenze mehr. Nach und nach
werden die letzten Spuren von Wachtürmen, Metallgitterzäunen,
Mauern, Erdbunkern und Kontrollwegen° verschwinden. Aber das
eigentliche Zusammenwachsen beginnt erst. Viele Probleme sind
noch zu lösen."*

°sentry paths along
GDR/FRG border

Kapitel 4 befasst sich mit der Wende, dem Zeitpunkt, als die beiden
deutschen Staaten nach vierzig Jahren wiedervereinigt wurden. Wie Ulrich
Schröder im Zitat andeutet, war die Vereinigung im Jahre 1990 zugleich ein
Ende wie auch ein Beginn. Die Texte in diesem Kapitel sind ein Mosaik aus
verschiedenen Perspektiven zu der Wende in Deutschland:

- Mädchen, 12 Jahre alt, *Die Grenze ist offen*
- Cornelia Nawroth, *Minenfelder und Wachtürme*
- Sandra Daßler, *Von Deutschland nach Deutschland: Endstation Eisenach*
- Renate Böning, *Die Wende*
- *Für unser Land*
- *Spiegel*-Interview, *Ich war stolz auf dieses Land*

---

*From Ulrich Schröder. *Terra Sonderheft. Deutschland in den neuen Grenzen.* Stuttgart: Ernst Klett
Schulbuchverlag, 1991, S.12.

Aufgabe 1: Sammeln Sie das Vorwissen der Gruppe zum Thema *Vereinigung Deutschlands*. Welche Informationen erwarten Sie von den Texten in Kapitel 4? Schreiben Sie Ihre Erwartungen an die Tafel.

Aufgabe 2: Arbeiten Sie in einer Kleingruppe. *Wahrig. Deutsches Wörterbuch* definiert das Wort *Wende* u.a. als „Umkehr; Drehung um 180 Grad; Anfang, Beginn von etwas Neuem; Wendepunkt." Warum bezeichnet man wohl die historische Zeit vor und nach der Vereinigung Deutschlands als „die Wende"?

Aufgabe 3: Haben Sie selbst eine Wende, d.h. eine Umkehr, eine Drehung um 180 Grad, einen Neubeginn in Ihrem Leben erfahren oder kennen Sie jemanden, der/die ein besonderes Erlebnis hatte? Tauschen Sie Ihre Erlebnisse in einer Kleingruppe aus. Teilen Sie dann den anderen Gruppen eines der Wendeerlebnisse mit.

Zum Überlegen

Aufgabe 1: Wie stellen Sie sich eine Grenze vor? Was für Grenzen gibt es? Gibt es Grenzen innerhalb Ihres Landes? Ihrer Stadt? Wie unterscheiden sich diese von den Grenzen zu den Nachbarländern? Welche Merkmale hatte die Grenze, von der Ulrich Schröder im Zitat spricht? Sammeln Sie im Plenum die Merkmale von möglichen Grenzen und schreiben Sie diese auf.

Beispiel: Was für eine Grenze?   Merkmale dieser Grenze
           natürliche Grenze   *ein Fluss*

Aufgabe 2: Welche Länder sind zur Zeit politisch, linguistisch oder religiös geteilt? Was sind die Gründe für diese Teilungen? Sammeln Sie die Informationen an der Tafel.

Der folgende Geschichtsüberblick notiert die wichtigsten historischen Ereignisse, die zur Teilung im Jahre 1949 und dann vierzig Jahre später zur Wiedervereinigung führten. Diese Ereignisse bilden den Hintergrund für die Texte in diesem Kapitel und sollen Ihnen zu einem Einstieg in das Lesen der Texte verhelfen.

Kurze Chronik I: Vom Kriegsende bis 1961

8. Mai 1945	Die deutsche Wehrmacht° kapituliert und damit ist der Zweite Weltkrieg zu Ende.
August 1945	Die vier Siegermächte—die USA, Großbritannien, Frankreich und die Sowjetunion—teilen das ehemalige Deutsche Reich (1937–1945) auf. Alle Gebiete östlich der Oder und der Neiße (Oder-Neiße-Linie°) stehen nun unter polnischer und sowjetischer Verwaltung. Den Rest wie auch die Hauptstadt Berlin teilt man in vier Besatzungszonen ein [s. Karte 1945].
22. April 1946	Die Sozialistische Einheitspartei Deutschlands (SED°) wird in der Ostzone gegründet.
Juni 1947	Der Wiederaufbau Europas beginnt mit Hilfe des amerikanischen Marshallplans. Die wirtschaftliche Hilfe soll gegen die Ausbreitung des Kommunismus in Europa wirken.
20. März 1948	Die Sowjets protestieren gegen den Marshallplan und damit endet die gemeinsame Viermächte-Verwaltung von Deutschland.

°German armed forces 1921–1945   *Kapitulieren → to surrender*

ehemalig → past/previous

°German-Polish border set up by Allies along Oder and Neiße rivers

°Socialist Unity Party in power in the GDR 1949–1989

die Ausbreitung (-en) → dispersion proliferation

23. Mai 1949	Die amerikanischen, britischen und französischen Besatzungsmächte legen die westlichen Besatzungsgebiete zusammen. Dies führt zur Gründung der Bundesrepublik Deutschland (BRD).
7. Oktober 1949	Die Deutsche Demokratische Republik (DDR) wird gegründet [s. Karte 1949].
17. Juni 1953	<u>Volksaufstand</u> in Ost-Berlin und der DDR. Die Arbeiter demonstrieren gegen höhere Arbeitsnormen und weniger <u>Lohn</u>. Sowjetische Truppen schlagen den Aufstand nieder. Beginn der Massenflucht von DDR-Bürgern in die BRD.
12.–13. August 1961	Um die Massenflucht der DDR-Bürger in die BRD einzudämmen, wird die Berliner Mauer unter der Führung von Walter Ulbricht gebaut. Die Volkspolizei (Vopos) und die Nationale Volksarmee° (NVA) überwachen die Bauarbeiten und haben <u>Schießbefehl</u> auf Flüchtlinge.

der Volksaufstand → national uprising

die Lohn (¨e) wages

°*socialist terms for the state-run national army (NVA) and police (Vopos)*

der Schießbefehl (-e) → firing order

Volksaufstand in Berlin, 1953

Kurze Chronik II: Vom Ende der DDR zum vereinten Deutschland

Ende der 80er Jahre „Wer zu spät kommt, den bestraft das Leben."* Gorbatschow	Demokratische Reformbewegungen in der UdSSR unter der Führung von Michail Gorbatschow haben eine ansteckende Wirkung auf die Gesellschaft der DDR. US-Präsident Ronald Reagan fordert: „Mr. Gorbachev, tear down this wall."	
Sept.–Nov. 1989	DDR-Intellektuelle, u.a., fordern eine eigenständige DDR und unabhängige politische Parteien.	
11. September 1989	Ungarn öffnet die Grenzen nach Österreich. Tausende von DDR-Bürgern nutzen diesen Ausreiseweg.	
25. September 1989	Beginn der Montagsdemos° in der ehemaligen DDR.	*°peaceful protest demonstrations against SED on Monday evenings*
30. September 1989	Mehr als 3 000 DDR-Bürger, die in die bundesdeutschen Botschaften in Prag und Warschau geflüchtet waren, dürfen ausreisen.	
9. Oktober 1989	In Leipzig demonstrieren 100 000 Menschen mit dem Ruf „Wir sind das Volk!" gegen den SED-Staat. Der Staat wendet keine Gewalt gegen die Demonstranten an.	
18. Oktober 1989	SED-Chef Erich Honecker tritt zurück.	
9. November 1989	Die neue DDR-Führung öffnet die Grenzübergänge zur Bundesrepublik und nach West-Berlin.	
18. März 1990	Erste freie Wahlen in der DDR. Ministerpräsident wird Lothar de Maizière.	
1. Juli 1990	Die Währungs°-, Wirtschafts- und Sozialunion führt zur Einführung der DM in der DDR.	*°monetary union between the GDR and the FRG*

---

*Zitat aus Gorbatschows Rede anlässlich des 40. Jahrestages der DDR.

3. Oktober 1990	Beitritt der DDR zur Bundesrepublik. Deutschland in den neuen Grenzen besteht aus 16 Bundesländern.
20. Juni 1991	Berlin wird künftiger Sitz von Parlament und Regierung.

Aufgabe zur kurzen Chronik I und II: Was ist richtig? Arbeiten Sie mit einer Partnerin / einem Partner und markieren Sie die richtige Variante zur Vervollständigung der folgenden Sätze.

1. Deutschland war ein geteiltes Land (a) mehr als 45 Jahre; (b) 45 Jahre lang; (c) 44 Jahre lang.

2. Das Gebiet östlich der Flüsse Oder und Neiße wurde Teil von (a) Polen und der Sowjetunion; (b) der DDR; (c) den vier Besatzungszonen.

„Wir sind *das* Volk"; „Wir sind *ein* Volk". Gibt es da einen Unterschied?

3. Die Gründung der BRD (a) folgte der Gründung der DDR; (b) fand vor der Gründung der DDR statt.

4. Die Mauer wurde gebaut als (a) Reaktion gegen die BRD-Bürger; (b) Reaktion gegen die Politik von Walter Ulbricht; (c) Reaktion gegen die Massenflucht aus der DDR.

5. 1989 sind viele DDR-Bürger (a) direkt in die BRD ausgereist; (b) über die DDR-Grenze nach Österreich geflüchtet; (c) über andere Ostblockländer in den Westen gekommen.

6. Die Demonstrationen gegen den DDR-Staat (a) fanden 40 Jahre nach der Gründung der DDR statt; (b) fanden 40 Jahre nach dem Ende des Zweiten Weltkrieges statt.

7. Die ersten freien Wahlen in der DDR sind als (a) Voraussetzung; (b) Ergebnis der Vereinigung der zwei deutschen Staaten zu verstehen.

TEXT 1A: Die Grenze ist offen

Vor dem Lesen

Aufgabe 1: Dieser Text beschreibt die Stimmung bei der Öffnung der Berliner Mauer am 9. November 1989: „Freudentränen rollten, Sektkorken knallten, Musik dröhnte, keiner war traurig. Die Menschen lagen sich in den Armen . . . ". Können Sie sich vorstellen, warum die ersten Stunden für viele Menschen traumhaft waren?

Aufgabe 2: Arbeiten Sie in einer Kleingruppe und stellen Sie eine Liste mit persönlichen, politischen und gesellschaftlichen Feiertagen auf, die ein freudiges Ereignis begehen. Listen Sie in der rechten Spalte stichwortartig Vokabeln auf, die das jeweilige Ereignis charakterisieren. Vergleichen Sie Ihr Ergebnis mit dem der anderen Kleingruppen.

Beispiel: Feiertag   Stichworte
        Silvester, Neujahrstag   *Anfang des neuen Jahres, Sekt, Feuerwerk*

Das Brandenburger Tor aus der Sicht eines Kindes

An den Text heran

Aufgabe 1: Dieser Text wurde von einem zwölfjährigen Mädchen geschrieben. Welche Stilelemente erwarten Sie von einer jungen Autorin? Erstellen Sie eine Liste.

Beispiel: *kurze Sätze*

Aufgabe 2: Arbeiten Sie zu zweit. Überfliegen Sie den Text und listen Sie die Personen auf, die im Text genannt werden. Schreiben Sie in die rechte Spalte, welche Informationen es in dem Text zu den Personen gibt.

Beispiel: Person   Informationen
          Mädchen   *hatte Freude; wird geweckt; aus Leipzig*

Information zum Text

Der Text erschien 1991 in dem Buch *Ich weiß nicht, ob ich froh sein soll. Kinder erleben die Wende.* Das Buch, eine Sammlung von Aufsätzen, Tagebucheinträgen und Flugblättern, beschreibt die Ängste und Hoffnungen von Kindern in der ehemaligen DDR nach der Wende.

Die Grenze ist offen

Freudentränen rollten, Sektkorken knallten, Musik dröhnte, keiner war traurig. Die Menschen lagen sich in den Armen. Auf einmal kommt ein dicker Mann auf mich zu und umarmt mich. Ich bekam fast keine Luft mehr, aber es war egal, an diesem Abend war alles möglich. Die Träume wurden wahr. Hoffnungen wuchsen. Die Leute streuten Blumen! Schokolade und Bonbons flogen durch die Luft. So viel Freude hatte ich nicht mehr erwartet. Alles begann damit, daß jemand in mein Zimmer stürmte und mich weckte. Ich sah auf den Wecker und es war 23.30 Uhr. Ich dachte, er sei stehen geblieben und wollte mich für die Schule fertig machen. Ich dachte noch so im Halbschlaf: „So'n Mist, immer so früh aufstehen!" Da kam meine Mutter mit lachendem, strahlendem Gesicht in mein Zimmer. Ich dachte noch, sonst ist sie nie so fröhlich, wenn sie so früh zur Arbeit muß. Sie sagte sichtbar glücklich: „Die Mauer ist offen!!!" Ich mußte einfach mal sagen: „Spinnst Du?" Ungläubig schaute ich sie an. Sie sagte: „Ja, Träume werden wahr! Eben hat unsere Freundin Uschi aus Magdeburg angerufen. Du weißt schon, die, die die Modeboutique hat. Sie hat ganz doof gefragt, ob wir schlafen. Natürlich sagte ich, ja, was sollen wir abends denn sonst machen? Sie sagte, wir sollen den Fernseher anmachen! Da zeigen sie gerade, wie die Mauer aufgemacht wurde! Ich sagte schnell tschüß. Wir hatten uns schon entschieden, Papa und ich, wir wollten zur Grenze fahren." Ich war unendlich glücklich. Alle Träume sollten wahr werden? Ich war zu allem bereit. Mein großer Bruder Axel konnte es auch nicht glauben! Mein Herz war voller Freude! Meine Oma besuchen zu können, die ich sonst selten sah, toll! Schon als wir zur Grenze „Invalidenstraße"° fuhren, war eine sehr tolle Stimmung. Unterwegs winkten sich alle Leute zu, fast alle wollten zur Grenze. An der Grenze war eine riesen-bombige Stimmung. Musik war an. Mutti und Axel wollten schon vorgehen, sie wollten die Stimmung erleben. Papa und ich blieben im Auto. Auf einmal waren Axel und Mutti weg, im Gedränge der Menschen verschwunden. Wir begannen, uns langsam Sorgen zu machen. Papa sagte: „Ich werde mich mal nach einem Parkplatz umsehen. Bleib Du mal hier stehen!" Ich war ziemlich sauer, denn ich wollte

°one of seven street checkpoints to enter West Berlin

die Freudenträne (-) → tears of joy

die Hoffnung (-en) → hope

die Freude → joy

das Gedränge (-) → crowd

natürlich über die Grenze. Mein Papa kam ewig nicht wieder. Aber das störte mich nicht so toll. Die Leute reichten mir Blumen und Schokolade und tanzten mit mir. Endlich kam Papa und wir gingen in Richtung Grenze. Mutti, Axel und drei Männer kamen uns entgegen. Sie sahen alle sehr glücklich aus. Ich erfuhr, daß der eine eine Kneipe besaß. Als er hörte, daß die Grenze offen ist, hat er seine Kneipe geschlossen und die Leute alle rausgeschmissen. Die Gläser waren noch voll. Er hat sich eine Kiste Sekt mitgenommen. Und dann fuhr er zur Grenze.

Mädchen, 12 Jahre, Leipzig

[handwritten margin notes:]
stören, störte, gestört to disturb

die Kneipe(-n) → bar
rausschmeißen → to kick out

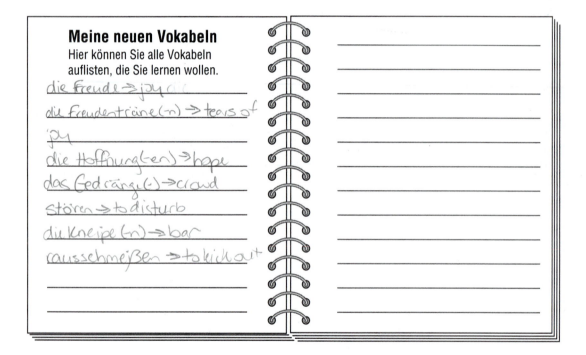

Meine neuen Vokabeln
Hier können Sie alle Vokabeln auflisten, die Sie lernen wollen.

[handwritten:]
die Freude → joy
die Freudenträne(-n) → tears of joy
die Hoffnung(-en) → hope
das Gedränge(-) → crowd
stören → to disturb
die Kneipe(-n) → bar
rausschmeißen → to kick out

Zum Verständnis und zur Diskussion

Zum Wortschatz

Aufgabe 1: Arbeiten Sie zu zweit. Sammeln Sie die Vokabeln im Text, die die freudige Stimmung wiedergeben.

Beispiel: *Freudentränen*
          Sektkorken
          Musik

[handwritten:] •Blumen •Schokolade/Bonbons •Familie •tanzen •Kneipe •Sekt • Herz war voller Freude! • Träumen

Aufgabe 2: Der *Sprach-Brockhaus* listet eine Reihe von Ausdrücken mit dem Schlüsselwort *Grenze* auf. Diskutieren Sie die Bedeutung dieser Ausdrücke mit Ihrer Partnerin / Ihrem Partner und bilden Sie Sätze.

das angrenzende Grundstück	der Grenzgänger
das grenzt an Wahnsinn	das Grenzgebiet, -land
etwas abgrenzen	der Grenzverkehr
grenzenlos	der Grenzsoldat
die Grenzenlosigkeit	

Fragen zum Text

1. Wie erfahren wir, dass die Leipziger Familie die Maueröffnung nicht erwartet hatte? Wie hat sie darauf reagiert?

2. Warum hat dieses Mädchen ihre Oma nur selten gesehen?

3. Der Text betont dreimal, dass an jenem Abend Träume wahr wurden. Was für Träume waren das wohl nach Ihrer Meinung?

4. Wie kommt es, dass das Mädchen allein ist? Erzählen Sie, was passiert ist.

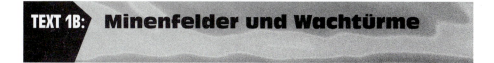

TEXT 1B: **Minenfelder und Wachtürme**

Vor dem Lesen

Aufgabe 1: *Wahrig. Deutsches Wörterbuch* definiert das Wort *Grenze* als „Linie, die zwei Grundstücke, Staaten, Länder oder Bereiche [. . .] voneinander trennt." Beziehen Sie diese Definition auf den Titel des Textes „Minenfelder und Wachtürme". Um was für eine Grenze geht es wohl in diesem Text?

Aufgabe 2: Arbeiten Sie in einer Kleingruppe. Stellen Sie sich vor, die Grenze zwischen den USA und Mexiko oder zwischen Ihrem Heimatland und einem Nachbarland würde fallen. Welche Auswirkungen hätte das? Sammeln Sie die Antworten der Gruppen an der Tafel.

Grenzzaun zwischen Ost und West

Blick über die Grenze von der BRD in die ehemalige DDR

Information zum Text

Der folgende Bericht erschien in dem Buch *Plötzlich ist alles ganz anders*. Das Buch ist eine Sammlung von Geschichten geschrieben von Kindern aus dem vereinten Deutschland zum Thema „Plötzlich ist alles ganz anders in Deutschland, in der Welt, in mir."

Minenfelder und Wachtürme

Seit 1986 fahren wir jedes Jahr im Osterurlaub nach Tann. Das ist ein Luftkurort in der hessischen Rhön.° Tann war nach drei Himmelsrichtungen hin von der DDR umgeben. Jedes Jahr fuhren wir mehr als einmal an die Grenze. Ich weiß noch, wie meine Eltern mich und meine vier Jahre jüngere Schwester oft ermahnt hatten: „Paßt bloß auf und geht nicht hinter das Geländer und nicht hinter die rotweißen Pfosten!" und: „Spielt hier lieber nicht Fangen. Es könnte sein, daß eine von euch aus Versehen in die DDR läuft!"

Mein Vater zeigte uns die Absperrung des Flüßchens Ulster°: Ein Gitter mit Stäben im Abstand von etwa zehn Zentimetern, sechzig Zentimeter tief in den Grund eingelassen. Wir hatten auch öfter eine Grenzinformationsfahrt mitgemacht. Da erfuhren wir, daß der Grenzzaun drei Meter hoch ist und sechzig Zentimeter in den Boden eingelassen ist. Wir erfuhren viel über die Minenfelder und sahen die Wachtürme. In Informationsfilmen sahen und hörten wir von den strengen Regeln und der ebenso strengen Bewachung im Sperrgebiet. Die Leute dort durften zum Beispiel nicht länger als bis zweiundzwanzig Uhr draußen bleiben. Ohne Sondergenehmigung durften nicht mehr als sechs Personen zusammenkommen, und zu einem abgelegenen Haus durfte man nicht ohne Begleitung.

Ich konnte das alles nicht glauben und fand es übertrieben. Ich konnte mir das gar nicht vorstellen. Das versteht ja auch kein gesunder Menschenverstand! Einmal—ich glaube es war 1989—hatte ich ein unglaubliches Erlebnis: Drei Grenzbeamte der DDR waren bis vor den ersten Zaun gekommen und starrten drei westdeutsche Grenzbeamte aus einem Meter Entfernung durch ihre Ferngläser an und machten sich Notizen. Die Beobachteten stierten nun ebenfalls durch ihre Ferngläser die „Feinde" an und machten sich Notizen. Die sechs waren einander so nah, daß sie sich die Hand hätten geben können. Aber sie durften ja nicht.

°scenic hilly region between Hessen, Bayern, and Thüringen

°GDR/FRG border in the middle of the Ulster river

Als wir 1990 wieder nach Tann fuhren, sind wir oft in die DDR gefahren und haben uns die Dörfer angesehen, die wir jahrelang nur von weitem sehen konnten. Mein Vater und ich haben lange Wanderungen gemacht und so die unberührte Natur entdeckt. Die Dörfer sahen aus wie der letzte Dreck. Der Putz war von den Häuserwänden abgebröckelt. Teilweise waren nicht mal ordentliche Fenster drin. 1991 sah alles ganz anders aus—teilweise zu unserem Bedauern und Entsetzen. Die Straßen wurden neugemacht. In den Geschäften waren fast nur noch Westwaren, und die noch viel teurer als bei uns.

Wir haben uns natürlich, wie jedes Jahr, die Grenze angesehen. Der von Westen aus erste Zaun stand nur noch halb, der zweite war bis auf die Pfähle ganz weg. Da, wo früher die Ulsterabsperrung gewesen war, waren jetzt zwei Brücken, die über die Ulster führten. Wir gingen über den Grenzkontrollweg und erinnerten uns daran, wie vor einigen Jahren die Eltern uns Kindern hier wegen der scharfen Grenzkontrolle noch eingeschärft hatten: „Kinder, seid ganz still! Wehe, ihr sagt ein Wort!" Nun gingen wir alle ganz furchtlos daher.

Wir bestiegen sogar die Wachtürme. Von innen war alles, was nicht niet- und nagelfest gewesen war, abmontiert und eingehauen.

Von oben genoß man einen wunderbaren Ausblick und konnte die Dörfer super beobachten. Was muß es für die Bewohner dieser Dörfer für eine Erleichterung sein, nicht mehr beobachtet zu werden!

In den Vororten von Tann entdeckten wir zahllose Gärten, die mit Grenzzaun umrandet waren. Wir haben einen Trabi°-Fahrer gesehen, der sich Zaun von der Grenze holte. Vor eineinhalb Jahren durfte er sich diesem Zaun nur auf einige hundert Meter nähern, und jetzt kommt er mit seinem Trabi in das früher verminte Feld und baut eigenhändig den Grenzzaun ab.

Cornelia Nawroth, 12 Jahre
Holzwickede (Nordrhein-Westfalen)

das Dorf (⸚er) → village

drin → within

das Geschäft (-e) → shop

die Pfahl (⸚e) → stake, post
die Absperrung (-en) → barrier

abmontieren, montierte ab, abmontiert → to dismantle
einhauen, hatte ein, eingehauen → to cut open

zahllose → countless

°Trabi *or* Trabant, *car model in the former GDR*

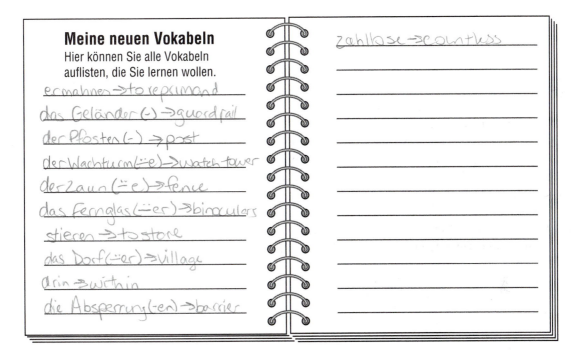

Meine neuen Vokabeln
Hier können Sie alle Vokabeln
auflisten, die Sie lernen wollen.

ermahnen →to reprimand
das Geländer (-) →guard rail
der Pfosten (-) → post
der Wachturm (¨e) → watch tower
der Zaun (¨e) → fence
das Fernglas (¨er) → binoculars
stieren → to stare
das Dorf (¨er) → village
drin → within
die Absperrung (-en) → barrier

zahllose → countless

Zum Verständnis und zur Diskussion

Zum Wortschatz

Aufgabe: Suchen Sie im Text die folgenden Ausdrücke. Ordnen Sie die
Definitionen dann den Ausdrücken zu.

1. an die Grenze fahren C
2. eine Grenzinformationsfahrt mitmachen e
3. den Grenzzaun abbauen d
4. der Grenzbeamte a
5. der Grenzkontrollweg f
6. wegen der scharfen Grenzkontrolle b

a. Polizist an der Grenze
b. weil die Grenze streng kontrolliert wird
c. mit dem Auto bis zur Grenze kommen
d. das Gebiet an der Grenze, das überwacht wird
e. an einer Besichtigung teilnehmen, um Informationen über die Grenze zu bekommen
f. das Grenzgitter auseinandernehmen

Fragen zum Text

1. Wodurch erfährt man, dass Cornelias Eltern Angst vor der Grenze hatten?

2. Was für ein DDR-Bild hatte Cornelia vor der Wende? Worauf basiert dieses Bild?

3. Was war für die zwölfjährige Erzählerin unvorstellbar und übertrieben? Warum hat sie so reagiert?

4. Wie hat sich das Grenzgebiet in der Nähe von Tann im Jahre 1990 verändert? Was ist aus dem Grenzzaun geworden?

5. Was für eine Rolle spielt die Natur in Cornelias Bericht über die Gegend um Tann vor und nach der Wende? Welche Beispiele finden Sie im Text dafür?

6. Welche Bemerkungen oder Beobachtungen weisen darauf hin, dass Cornelia mit zwölf Jahren schon ein gewisses Einfühlungsvermögen besitzt?

Zur Diskussion

Aufgabe 1: Zwischen 1990 und 1991 hat sich in den Dörfern um Tann viel geändert. Was ist wohl der Grund, warum Cornelia und ihr Vater die Veränderungen teilweise mit Bedauern und Entsetzen beobachten? Stellen Sie sich vor, Sie sind ein zwölfjähriges Mädchen, das ihr ganzes Leben in einem dieser Dörfer gelebt hat. Beschreiben Sie die Veränderungen aus der Sicht dieses Mädchens.

Aufgabe 2: Vergleichen Sie die Texte „Die Grenze ist offen" und „Minenfelder und Wachtürme". Wo gibt es Übereinstimmungen? Worin unterscheiden sich die Texte? Welche Hinweise gibt es in den zwei Texten dafür, dass die Vereinigung von Deutschland nicht ganz problemlos verlaufen ist? Finden Sie Beispiele.

Aufgabe 3: Die Öffnung der Mauer ist ein Ereignis, das die Deutschen nie vergessen werden. Geben Sie Beispiele von Ereignissen, entweder positiv oder negativ, die wichtig für das kollektive Gedächtnis Ihrer Landsleute sind. Welche von diesen Ereignissen haben Sie selbst erlebt? Beschreiben Sie die Ereignisse. Welchen Eindruck haben diese Ereignisse auf Sie gemacht? Welche Ereignisse haben Ihre Eltern oder Großeltern miterlebt? Haben sie Ihnen davon erzählt?

Vor dem Lesen

„Eisenach, Stadt im Bundesland Thüringen. Auch als Wartburgstadt bekannt, nach der Wartburg, die 143m über Eisenach liegt. Im 11. Jh. erbaut . . . . Von 1521–1522 hielt sich Martin Luther (1483–1546), der Reformator, auf der Wartburg versteckt und übersetzte dort das Neue Testament aus dem Griechischen ins Deutsche."*

Aufgabe 1: Arbeiten Sie zu zweit mit einer Deutschlandkarte, die die Grenzen vor der Wende zeigt. Partner A und B haben verschiedene Aufgaben. Lösen Sie Ihre Aufgabe zuerst. Tauschen Sie dann die Information mit Ihrer Partnerin / Ihrem Partner aus, um die Lücken in den Aussagen unten zu ergänzen.

Partnerin/Partner A sucht Eisenach und den Thüringer Wald auf der Landkarte. Wie weit ist es nach Frankfurt am Main? Warum war Eisenach eine Endstation?

Partnerin/Partner B sucht Frankfurt am Main (a.M.) auf der Landkarte. In welchem Bundesland liegt die Stadt? Wie weit ist es von Frankfurt bis Eisenach? Warum ist Eisenach heute nicht mehr Endstation?

a. Eisenach ist _____ km von Frankfurt am Main entfernt.

b. Frankfurt a.M. liegt _____.

c. Eisenach war Endstation, weil _____.

d. Eisenach ist nicht mehr Endstation, weil _____.

Aufgabe 2: Als Kind haben Sie sich sicher auf den Besuch von bestimmten Verwandten oder Freunden gefreut. Warum war der Besuch etwas Besonderes? Teilen Sie Ihrer Partnerin / Ihrem Partner Ihre Erinnerungen mit.

An den Text heran

Aufgabe 1: Suchen Sie die drei Überschriften im Text. Welche Erwartungen rufen diese Überschriften hervor? Diskutieren Sie Ihre Reaktionen mit einer Partnerin / einem Partner.

---

*Nach: *Knaurs Lexikon A–Z,* Droemersche Verlagsanstalt: München, 1956.

Aufgabe 2: Die Erzählerin Sandra Daßler erinnert sich an ihre Kindheit und den jährlichen Besuch von Onkel Klaus und Tante Martha. Listen Sie kurz auf, was in dem Text über diese Verwandten gesagt wird. Arbeiten Sie zu zweit.

Information zum Text

Der Text erschien in der *Politischen Zeitung* (PZ) vom Oktober 1992. Die *PZ* ist eine Zeitschrift von der Arbeitsgemeinschaft Jugend und Bildung e.V., Wiesbaden und erscheint in Zusammenarbeit mit der Bundeszentrale für politische Bildung in Bonn.

Von Deutschland nach Deutschland: Endstation Eisenach

Sandra Daßler

Eisenach! Wenn es in meiner Kindheit ein „Tor zum Garten der Träume" gab, dann war es diese Stadt. Einmal im Jahr bekam die etwa 50 Kilometer von meinem Heimatdorf im Thüringischen gelegene Wartburgstadt Bedeutung für mich. Und was für eine. Schon Tage vorher gab es in unserer Familie keinen anderen Gesprächsstoff. Noch vier Tage, noch drei, noch zwei . . . morgen! Niemand mußte mich an diesem Tag wecken, nur mit Mühe würgte ich das Frühstücksbrötchen hinunter. Dann endlich packte mich Vater in den graublauen Trabi, Mutter warf mir noch schnell den Anorak hinterher, denn auf den Eisenacher Bahnsteigen wehte immer ein kalter Wind.

Sie kamen nur einmal im Jahr

Manchmal stand ich dort zwei Stunden lang. Fröstelnd an Vaters Hand, die Augen auf das Einfahrtssignal gerichtet. Endlich, endlich

[handschriftliche Notizen am Rand:] würgen-würgte gewürgt →to choke / die Anorak(-s) →parka

verkündete der Lautpsrecher: „Es hat Einfahrt der Schnellzug aus Frankfurt am Main". Der Wunderzug sauste heran, die Wagen flogen vorbei. „265" hatte Vater gesagt, aber ich vermochte nur selten die vorbeiflitzenden Wagennummern zu erkennen. Manchmal entdeckte ich Onkel Klaus und Tante Martha in einer der Türen, meist raste ich jedoch aufgeregt am Zug hin und her, um den beiden dann endlich an den Hals zu fliegen.

Onkel Klaus und Tante Martha kamen nur einmal im Jahr— ich mochte sie sehr. Nicht nur, weil sie so gut rochen und so tolle Sachen mitbrachten, sondern weil man mit ihnen albern und ernsthaft reden, herumtoben und schmusen konnte. Und natürlich, weil jedes Jahr spätestens nach fünf Tagen ein schmerzlicher Abschied folgte. Nur bis in die Wartburgstadt konnte ich noch mit ihnen zusammensein—immer und unabwendbar war in Eisenach Endstation.

Wie oft sagten die beiden: „Ach, wenn Du doch mal zu uns kommen könntest. Wir haben so einen schönen, großen Garten . . .". Ernsthaft dachte ich darüber nie nach, denn das kleine Haus mit dem großen Garten in einem Vorort der Mainmetropole lag außerhalb meiner Vorstellungswelt. „Der Westen", jenes Traumland hinter Eisenach, stand in meiner kindlichen Phantasie auf einer Stufe mit dem Zauberland von Oz oder dem Wunderland der Alice—unerreichbar, vielleicht gar nicht existent. Nur Tante Martha und Onkel Klaus, die hätte ich so gern öfter für mich gehabt.

Ich verstand nicht, warum Mutter das Fenster schloß

Daß mein Vater und Onkel Klaus an manchen Abenden immer lauter miteinander diskutierten, konnte ich nicht verstehen. Schon gar nicht, warum Tante Martha dann schimpfte: „Ihr sollt doch nicht wieder über Politik reden" und meine Mutter leise das Fenster schloß. Einige Jahre später fragte mich Onkel Klaus oft, was ich in Heimatkunde° und Geschichte so lernte und regte sich jedesmal fürchterlich darüber auf . . .

Als ich älter wurde, verstand ich so nach und nach alle Zusammenhänge, da gab es aber die Fahrten nach Eisenach schon nicht mehr, weil Onkel Klaus und Tante Martha mit dem Auto kommen durften.

Als ich in Erfurt lernte, in Leipzig studierte, stieg ich noch oft in Eisenach um. Einmal kamen meine Freundinnen und ich mit jungen jugoslawischen Handballspielern ins Gespräch, die zu einem Turnier nach Kassel fuhren und uns einluden, mitzukommen. Wir

°school subject dealing with history and geography of local region

gaben uns alle Mühe, ihnen verständlich zu machen, daß Eisenach
für uns Endstation sei. Sie konnten es nicht begreifen . . .

Am liebsten wie damals losgeheult

Vor kurzem hatte ich mal wieder, von einer weiten Reise
zurückkehrend, kurzen Aufenthalt im nächtlichen Eisenach.
Automatisch wanderte mein Blick zu der Tür in der
Bahnhofsvorhalle, hinter der sich früher der Intershop° verbarg.
Immer durfte ich mir dort noch eine Kleinigkeit aussuchen,
bevor Onkel Klaus und Tante Martha wieder abreisten. Ich
sah mich wieder als kleines Mädchen dem davonfahrenden Zug
hinterherwinken, hörte Vater mit belegter Stimme sagen. „Na
komm, Mädchen, wir müssen wieder nach Hause" und hätte
wie damals am liebsten losgeheult. Vielleicht bringen
Kindheitserinnerungen das so mit sich, bestimmt war da auch ein
wenig Trauer, die menschliche Seele geht ja oft wundersame Wege.
Ich hatte die Welt gewonnen, aber das Traumland meiner Kindheit
„verloren", denn es gehörte nun zur Realität. War schwarz-weiß und
bunt und gar nicht rosarot. Manchmal denke ich, daß das viele
Menschen im Osten so erlebten. Wenn eines Menschen Traum in
Erfüllung geht, spürt er auch immer eine gewisse Leere . . .

  Sei's drum! Das Schönste an der deutschen Einheit ist für
mich, daß Onkel Klaus und Tante Martha sie noch erlebten.
Hochbetagt, aber geistig rege, kennen sie keine größere Freude, als
meine Kinder in ihrem großen Garten spielen zu sehen. Meine
Kinder, für die eine Ferienreise nach Frankfurt am Main inzwischen
genauso selbstverständlich ist wie für mich einstmals die
ENDSTATION EISENACH.

der Aufenthalt(e) ⇒ stay

°*shops in former GDR that
accepted only western
currency, sold western and
luxury goods*

sei's drum ⇒ so be it

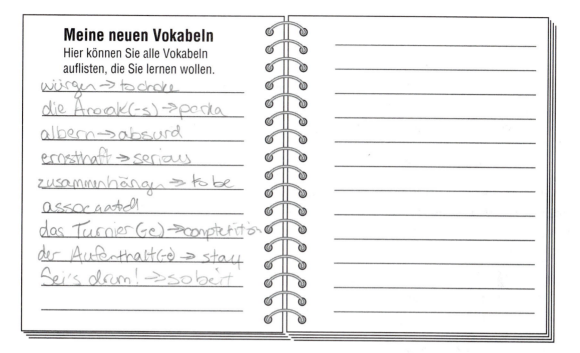

Meine neuen Vokabeln
Hier können Sie alle Vokabeln
auflisten, die Sie lernen wollen.

würgen → to choke
die Anorak(-s) → parka
albern → absurd
ernsthaft → serious
zusammenhängen → to be
associated
das Turnier (-e) → competition
der Aufenthalt (-e) → stay
Sei's drum! → so be it

Zum Verständnis und zur Diskussion

Zum Wortschatz

Aufgabe 1: Sammeln Sie alle Vokabeln im Text, die zum Wortfeld *Bahnhof* gehören. Bilden Sie Sätze mit den Vokabeln.

Beispiel: *Eisenacher Bahnsteige—Das Mädchen wartet auf dem Eisenacher Bahnsteig auf den Onkel und die Tante.*

Aufgabe 2: Arbeiten Sie in Kleingruppen. Jede Gruppe arbeitet an einem Textabschnitt. Suchen Sie im Text die Vokabeln in Spalte 1 und erraten Sie aus dem Kontext die richtige Definition aus Spalte 2. Teilen Sie Ihre Ergebnisse dann den anderen Gruppen mit.

Sie kamen nur einmal im Jahr

SPALTE 1   SPALTE 2

1. der Gesprächsstoff f   a. das Weggehen
2. die Mühe g   b. ein Wohngebiet nicht weit von einer größeren
3. wehen h   Stadt
4. sausen e   c. die Bilder, die jemand im Kopf hat
5. schmusen d   d. zärtlich umarmen oder streicheln
6. der Abschied a   e. sehr schnell fahren; rasen
7. der Vorort b   f. Themen, über die man redet
8. die Vorstellungswelt c   g. die Kraft, etwas zu tun; die Anstrengung
                                  h. blasen, z.B. der Wind bläst

Ich verstand nicht, warum Mutter das Fenster schloß

SPALTE 1   SPALTE 2

1. diskutieren e   a. stark kritisieren
2. schimpfen a   b. wie Dinge in Beziehung zu einander stehen;
3. Heimatkunde g   der Kontext
4. sich aufregen f   c. verstehen
5. der Zusammenhang b   d. sportlicher Wettkampf
6. das Turnier d   e. über ein Thema reden
7. begreifen c   f. sich ärgern
                                  g. Schulfach; Information über das Land, wo
                                     man lebt

Am liebsten wie damals losgeheult

SPALTE 1   SPALTE 2

1. vor kurzem h   a. intellektuell lebhaft
2. zurückkehren f   b. wenn man traurig ist; seelischer Schmerz
3. verbergen e   c. laut weinen
4. eine Kleinigkeit g   d. sehr alt; wenn man viele Jahre gelebt hat
5. heulen c   e. verstecken
6. Trauer b   f. wiederkommen
7. hochbetagt d   g. etwas Billiges; etwas Kleines, das man zu
8. geistig rege a   essen kauft
                                  h. neulich; nicht lange her

Fragen zum Text

1. Warum hatte der Besuch der Frankfurter Verwandten eine besondere Bedeutung für die Autorin? *Onkel Klaus und Tante Martha kommen nur einmal in der Jahre*

2. Warum war das damalige Eisenach eine „immer und unabwendbare Endstation"? *Eisenach ist die letzte Station, dass die Autorin und ihre Familie zusammen sein konnten*

3. Was war wohl der Grund für die lauten Diskussionen zwischen Sandra Daßlers Onkel und ihrem Vater? Über welche Themen haben sie wahrscheinlich geredet (Mauer, Kapitalismus, usw.)? Warum hat ihre Mutter damals das Fenster geschlossen?

4. Als Sandra Daßler sich nach vielen Jahren wieder im Eisenacher Bahnhof befindet, kommen ihr die alten Erinnerungen in den Sinn. Warum hat dieser kurze Aufenthalt solch eine schmerzhafte Wirkung?

5. An vier Stellen im Text spricht die Autorin von Traum/Träumen. Arbeiten Sie in einer Kleingruppe und suchen Sie diese Stellen im Text. Erklären Sie die Bedeutung dieser Passagen für den Bericht.

Zur Diskussion

Aufgabe 1: Für Sandra Daßler war der Westen ein Märchenland und Eisenach „das Tor zum Garten der Träume". Haben Sie solche Traumorte auf der Welt? Beschreiben Sie diese Orte so ausführlich wie möglich und stellen Sie sie Ihren Kommilitoninnen/Kommilitonen vor. Erklären Sie auch, warum gerade diese Orte für Sie Traumländer sind.

Aufgabe 2: Am Ende der Geschichte betont die Autorin, dass ihre eigenen Kinder eine Ferienreise nach Frankfurt am Main für selbstverständlich halten. Erklären Sie warum.

Aufgabe 3: Sandra sagt: „Wenn eines Menschen Traum in Erfüllung geht, spürt er auch immer eine gewisse Leere." Wie verstehen Sie diesen Satz? Wie ist Sandras Traum in Erfüllung gegangen? Erklären Sie, was für Sandra bei der Erfüllung ihrer Träume verloren gegangen ist. Was hat sie gewonnen?

Vor dem Lesen

Aufgabe 1: Haben Sie schon einmal an einer Demonstration oder einer Protestaktion teilgenommen? Wenn ja, was war der Grund für den Protest? Beschreiben Sie die Demonstration. War die Protestaktion erfolgreich oder nicht?

Aufgabe 2: Haben Sie jemals etwas unternommen, wovor Sie große Angst hatten? Wie haben Sie Ihre Angst überwunden? Was war Ihnen wichtiger, das Resultat oder der Versuch?

Trabis überqueren die Grenze

An den Text heran

Aufgabe 1: Bilden Sie vier Gruppen. Jede Gruppe erarbeitet zwei bis drei Abschnitte des Textes. Identifizieren Sie alle Angaben zu Zeit, Ort, Personen und Stimmung in diesen Abschnitten und schreiben Sie sie auf. Tauschen Sie die Ergebnisse Ihrer Gruppe im Plenum aus.

Beispiel: Abschnitte 1 und 2
Zeit: Montag, den 9. Oktober 1989
Ort: am Baugitter vor der Nikolaikirche
Person(en): ich (die Autorin)
Stimmung: tierische Angst; im vorzeitigen kalten Wetter

Gruppe A erarbeitet Abschnitte 3–5; Gruppe B Abschnitte 6–7; Gruppe C Abschnitte 8–9; Gruppe D Abschnitte 10–11.

Aufgabe 2: Arbeiten Sie in einer Kleingruppe. Das Schlüsselwort *Angst* erscheint dreimal in den Abchnitten 1–5. Unterstreichen Sie diese Stellen im Text. Diskutieren Sie die folgenden Fragen und vergleichen Sie dann Ihre Antworten mit denen der anderen Kleingruppen.

a. Wann und wo hat die Erzählerin Angst?

b. Wann und wo verschwindet die Angst?

Aufgabe 3: Suchen Sie die Sätze, die in Anführungszeichen im Text erscheinen. Schreiben Sie sie auf und diskutieren Sie, wer jeden Satz gesagt hat oder gesagt haben könnte und wann und warum.

Beispiel: Abschnitt 2, Mitte: *Reib dich nicht auf an etwas, das nicht zu ändern ist*
Die Kollegen Dr. Bönings vor der Wende; als die Autorin Missstände in der DDR kritisierte

Information zum Text

Der Aufsatz erschien in dem Buch *Erinnerung. Literaturwettbewerb für Senioren 1993.* Dr. Renate Böning, eine pensionierte Archäologin und Kunsthistorikerin, schreibt über ihre Erlebnisse bei den friedlichen Protestaktionen in Leipzig kurz vor der Wende. Die sogenannten „Montagsdemos" in Leipzig hatten von September bis November 1989 eine tiefgreifende Wirkung auf die wachsende Bürgerbewegung. Die Bevölkerung wagte durch zahllose Flugschriften, Aufrufe, Resolutionen und offene Briefe öffentlich gegen das SED-Regime zu protestieren.

Die Wende

Dr. Renate Böning

Nein, diesen Tag werde ich niemals in meinem Leben
vergessen, Montag, den 9. Oktober 1989!

Dabei habe ich vorher so große Angst vor diesem Tage
gehabt. Seit einer Woche, als ich das erste Mal am Baugitter vor
der Nikolaikirche gestanden hatte, frierend im vorzeitigen kalten
Herbstwetter, eingekeilt zwischen all den Menschen, unter denen
ich vergebens die Stasi°-Gesichter herauszuspähen versuchte
(waren es nicht vielleicht gerade die Väter mit den kleinen
Kindern?) hatte ich gewußt, daß ich wieder gehen würde, wieder
gehen mußte. Es war das Einzige, was ich tun konnte, tun mußte.
Endlich etwas tun können, nicht immer nur reden und von den
Kollegen belächelt werden als verrückt: „Reib Dich nicht auf
an etwas, das nicht zu ändern ist!" An jenem Montagmorgen
hatte ich Angst, tierische Angst. Zuviel wurde erzählt von
Blutkonserven in den Krankenhäusern, von der Bereitschaft dort,
von Kampfgruppenzusammenziehung, von Schließung der Läden
und Restaurants in der Innenstadt am frühen Nachmittag. Zudem
hatte mir meine Freundin ihre kaum flügge Tochter anvertraut, ein
Mädchen, das dachte wie ich. Welche Verantwortung!

Auf der Suche nach Verbündeten fand ich einen jungen
Kollegen, der bereit war, mit mir diese Verantwortung zu tragen.
So gingen wir gegen 15 Uhr über den Marktplatz in Richtung
Thomaskirche. Über der Stadt hing ein bleierner Himmel und die
Stille auf dem großen Platz war trotz der vielen Menschen, die
schon jetzt dort in kleinen Gruppen beieinanderstanden, so
bedrohlich, daß ich merkte, wie meine Knie weich wurden, ein seit
Jahren nicht mehr durchlebtes Gefühl.

Die Thomaskirche hatte ich gewählt, weil dort Bach begraben
liegt und sie es sicher nicht wagen würden, dort hineinzuschießen,
so bedacht wie sie auf ihr Prestige in der Welt waren.

Als wir in die Kirche kamen, fanden wir nur noch im hinteren
Drittel Platz. Und dabei waren es noch fast zwei Stunden bis zum
Beginn des Gottesdienstes! Als ich hinaufschaute ins Netzgewölbe
fiel alle Angst von mir ab. Ich fühlte mich geborgen in diesem

°*state security forces in former
GDR (Staatssicherheitsdienst)*

Raum, zwischen diesen Menschen, von denen die Mehrzahl—
so hoffte ich—so dachte wie ich. Die zwei Stunden vergingen
schnell mit einer kirchlichen Musikgruppe, mit immer engerem
Zusammenrücken, mit dem gemeinsamen Erlernen des Kanons
„Dona nobis pacem".° Als der Pfarrer auf die Kanzel trat und uns
bat, im Verlaufe des Gottesdienstes nicht zu klatschen, ahnten wir,
daß etwas entscheidenes geschehen würde. Zunächst aber war da
unser Landesbischof Hempel (ich erfuhr später, daß er im Verlaufe
einer Stunde in allen vier innerstädtischen Pfarrkirchen gesprochen
hatte) und ich weiß nicht mehr, ob er es war oder der Pfarrer, der
das Ungeheuerliche aussprach, laut und ohne Angst vor der
Öffentlichkeit „Unsere Geduld ist zu Ende".

    Zum ersten Mal in meinem Leben wagte es da ein Mensch,
öffentlich eine Änderung des Unsäglichen einzuklagen! Zwar
immer wieder die Worte „Keine Gewalt"—doch dagegen stand nun
das Wort „Wir lassen nicht mehr alles mit uns geschehen." Als wir
aufstanden und einander die Hand reichten, um gemeinsam „Dona
nobis pacem" zu singen, ging eine große Bewegung durch den
Raum. Ich sah, daß viele weinten, und auch ich schämte mich
meiner Tränen nicht. Es war ein überwältigendes, tragendes Gefühl
von Gemeinsamkeit, von Zusammengehörigkeit.

    Plötzlich war man nicht mehr allein mit diesem dumpfen
Zorn, der seit Jahren von innen fraß und zu Resignation oder
Verbitterung führte. Das Größte aber sollte noch kommen. Es war
der Aufruf von Masur und den fünf anderen,° der in der Kirche
verlesen wurde und von dem man uns sagte, daß er um 18 Uhr über
den Sender Leipzig° und somit auch aus den Tonsäulen der Stadt zu
hören sein werde. Da wurde doch geklatscht und der Jubel und die
Bewegung waren unbeschreiblich. Die Menschen umarmten sich,
viele weinten. Und ich wußte, daß nach diesem Augenblick nun
nichts mehr so sein konnte, wie es früher war. Vor uns stand ein
altes Ehepaar, ich sah nur die Rücken der beiden. Doch so, wie sie
da standen, Hand in Hand, sahen sie wie alte Klassenkämpfer aus.
Ich stellte es mir jedenfalls vor, erahnte ihre Zweifel und ihren Mut
und hätte sie umarmen mögen.

    Wir verließen die Kirche in Richtung Stadt, entgegen der Bitte
des Pfarrers, um durch die innere Westvorstadt nach Hause zu
gehen. Zu groß war unser Verlangen, das Wunder der Tonsäulen um
18 Uhr zu hören. Doch um 18 Uhr, an der Marktecke war alles still,
nur die vielen Menschengruppen auf dem Markt waren noch
zahlreicher geworden. Wie ein Sog zog es uns in Richtung

°*"Give us peace," Latin liturgical song*

°*reference to other GDR opposition leaders*
°*radio station in Leipzig*

Nikolaikirche, woher von ferne das rhythmische Dröhnen der Sprechchöre zu hören war. Von der Woche vorher erkannte ich am Rhythmus, was sie riefen: „Wir sind das Volk" kam immer wieder. Und dann die eine Zeile der Internationale,° immerzu wiederholt.

°anthem of the International Workers' Movement

Noch immer blieben die Tonsäulen stumm, und als wir am Elefantenhaus° angekommen waren, ertönte so etwas wie ein Schuß, der alle urplötzlich zum Markt zurückrennen ließ. In Angst, über Schnüre und Latten des Oktobermarktes zu stolpern, verlor ich für einen Augenblick meine Begleiter und wußte plötzlich, was Panik ist. Doch alle blieben stehen, es war blinder Alarm gewesen. Wir gingen nun in Richtung Reichshof.° Dort an der Ecke standen merkwürdige Männergruppen, immer zu mehreren und unterschiedlichen Alters. An eben dieser Ecke geschah das Wunder: die Tonsäulen gaben plötzlich die Erkennungsmelodie° von sich und dann folgte, Wort für Wort, der Aufruf, den wir schon in der Kirche gehört hatten. Unmittelbar danach explodierte alles in Jubel. Nur die eigenartigen Männergruppen blieben stumm, wirkten irgendwie hilflos.

°famous building in Leipzig

°Leipzig landmark

°signature or theme song at start of radio show

Und es war Nadja, die Tochter meiner Freundin, die den Gummiknüppel am Hosenbein eines vorgeblichen Punks entdeckte. Sie tat etwas bis dahin Unerhörtes: Zeigte mit dem Finger darauf und rief: „I, guckt mal!" Und alle guckten, schrien und zeigten. Der „Punk" blieb stumm.

Da wußte ich, daß sich wirklich etwas verändert hatte. Dieser Augenblick, es war der 9. Oktober 1989, ca. 18.25 Uhr, war für mich der Augenblick der Wende. Nein, nicht der 9. November, als die Mauer fiel (wir kamen an jenem Abend von einer Demo mit brennenden Kerzen zur Stätte der ehemaligen Synagoge) war der Tag der Wende, sondern der 9. Oktober, als kein Blut floß und uns allen die gefürchtete Staatsmacht plötzlich so hilflos schien.

Meine neuen Vokabeln

Hier können Sie alle Vokabeln
auflisten, die Sie lernen wollen.

_____   _____
_____   _____
_____   _____
_____   _____
_____   _____
_____   _____
_____   _____
_____   _____
_____   _____
_____   _____
_____   _____

Zum Verständnis und zur Diskussion

Zum Wortschatz

Aufgabe 1: Arbeiten Sie zu zweit. Gehen Sie den Text nochmal durch. Suchen Sie alle Wörter, die auf die christliche Religion hindeuten und machen Sie eine Liste.

Beispiel: _die Nikolaikirche_

Aufgabe 2: Arbeiten Sie in einer Kleingruppe. Ihre Professorin / Ihr Professor weist Ihnen eine Wortschatzübung zu. Suchen Sie die passende Definition in Spalte 2 zu den aufgelisteten Ausdrücken, Namen und Begriffen in Spalte 1. Diskutieren Sie dann Ihre Ergebnisse im Plenum.

Gruppe 1

SPALTE 1

1. 9. Oktober 1989
2. Stasi-Gesichter
3. Kampfgruppenzusammenziehung
4. Verbündete

SPALTE 2

a. jemand, der/die mit anderen ein Bündnis schließt
b. Personen, die für den Staatssicherheitsdienst arbeiten
c. der Autorin nach, Tag, Monat und Jahr der Wende
d. Zusammenkommen von verschiedenen militärischen Gruppen

Gruppe 2

SPALTE 1

5. Thomaskirche
6. Landesbischof
7. Aufruf von Masur
8. Sender Leipzig

SPALTE 2

e. Rundfunk in Sachsen
f. Bischof, der eine Landeskirche leitet
g. die Rede eines weltbekannten Leipziger Dirigenten, der zur friedlichen Diskussion über Reform aufforderte
h. Kirche in Leipzig, in der Johann Sebastian Bach begraben liegt

Gruppe 3

SPALTE 1

9. die Tonsäulen der Stadt
10. Klassenkämpfer
11. Sprechchöre
12. die Internationale

SPALTE 2

i. im Marxismus: Repräsentanten der besitzlosen Klasse
j. im Theater: Rezitative
k. Kampflied der internationalen Arbeiterbewegung
l. Lautsprecher; sehen wie Säulen aus

Gruppe 4

SPALTE 1

13. Gummiknüppel
14. der 9. November 1989
15. die Wende

SPALTE 2

m. der Tag, an dem die DDR-Führung die Grenzen öffnete
n. Umkehr, Anfang, Neubeginn, Umschwung einer Entwicklung
o. kurzer Stock aus Hartgummi

Fragen zum Text

1. Warum wollte Dr. Böning so sehr an den Versammlungen in Leipzig teilnehmen? Warum hatte sie Angst mitzumachen?

2. Warum war die Thomaskirche ein sichererer Versammlungsort als die anderen Kirchen in Leipzig?

3. Welche wichtige Mitteilung hörten die Demonstranten in der Kirche? Was für ein Gefühl erlebte man da?

4. Beschreiben Sie die Reaktion der Öffentlichkeit auf den Aufruf von Masur.

5. Welche Parole wiederholten die Menschen in der Nikolaikirche in Sprechchören?

6. Was entdeckte das Kind Nadja bei einem vorgeblichen Punk?

7. Wen meint Dr. Böning, wenn sie in Abschnitt 4 von „sie" spricht? Welche andere Ausdrücke im Text erklären, wer „sie" sind?

Zur Diskussion

Aufgabe 1: Diskutieren Sie, warum die Menschen in der DDR nicht schon früher versucht haben, aus ihrer Misere herauszukommen. Versuchen Sie auch zu erklären, wie und warum Angst und Resignation sich auf einmal in Mut verwandelt haben. Was war dazu nötig?

Aufgabe 2: Können Sie erklären, warum für Dr. Böning der 9. Oktober 1989 als Augenblick der Wende wichtiger ist als der 9. November 1989? Welchen Tag finden Sie als historischen Moment wichtiger? Begründen Sie Ihre Meinung.

TEXT 3b: Für unser Land

Vor dem Lesen

Aufgabe 1: Dieser Text ist ein öffentlicher Aufruf an die Bürgerinnen und Bürger der DDR. Was erwarten Sie von einem Aufruf? Wozu dient er? Welche Sprachelemente kommen in einem Aufruf vor?

Aufgabe 2: Haben Sie selbst eine politische Krise oder Umbruchszeit erlebt? Beschreiben Sie in Kleingruppen den Anlass, die Stimmung, die Themen und die Auflösung der Krise.

Information zum Text

Die Oktober- und Novemberwochen vor und unmittelbar nach der Berliner Maueröffnung am 9. November 1989 waren sehr ereignisreich. Die oppositionelle Volksbewegung befand sich in einer wichtigen Umbruchszeit. Verschiedene Bürgerinitiativen und neue Parteien hatten sich von der herrschenden Staatsmacht der SED befreit. Durch Demonstrationen, offene Briefe, Flugschriften, Resolutionen und Aufrufe verlangten die Menschen in der DDR eine sozialistische Reform von innen. Die Hauptfrage für viele engagierte Intellektuelle war der Kampf um ein eigenständiges sozialistisches Land. Ein Beispiel dafür ist der folgende Text „Für unser Land". Er erschien am 29. November 1989 als Aufruf in der nationalen Tageszeitung der DDR *Neues Deutschland*.

Für unser Land

Unser Land steckt in einer tiefen Krise. Wie wir bisher gelebt haben, können und wollen wir nicht mehr leben. Die Führung einer Partei° hatte sich die Herrschaft über das Volk und seine Vertretungen angemaßt, vom Stalinismus geprägte Strukturen hatten alle Lebensbereiche durchdrungen. Gewaltfrei, durch Massendemonstrationen hat das Volk den Prozeß der revolutionären Erneuerung erzwungen, der sich in atemberaubender Geschwindigkeit vollzieht. Uns bleibt nur wenig Zeit, auf die verschiedenen Möglichkeiten Einfluß zu nehmen, die sich als Auswege aus der Krise anbieten.

°*SED leadership*

Entweder

können wir auf der Eigenständigkeit der DDR bestehen und versuchen, mit allen unseren Kräften und in Zusammenarbeit mit denjenigen Staaten und Interessengruppen, die dazu bereit sind, in unserem Land eine solidarische Gesellschaft zu entwickeln, in der Frieden und soziale Gerechtigkeit, Freiheit des Einzelnen, Freizügigkeit aller und die Bewahrung der Umwelt gewährleistet sind.

Oder

wir müssen dulden, daß, veranlaßt durch starke ökonomische Zwänge° und durch unzumutbare Bedingungen, an die einflußreiche Kreise aus Wirtschaft und Politik in der Bundesrepublik ihre Hilfe für die DDR knüpfen, ein Ausverkauf unserer materiellen und moralischen Werte° beginnt und über kurz oder lang die Deutsche Demokratische Republik durch die Bundesrepublik Deutschland vereinnahmt wird.

°strong economic pressures, due to gap between GDR/ FRG economic productivity

°GDR's material assets and moral principles

Laßt uns den ersten Weg gehen. Noch haben wir die Chance, in gleichberechtigter Nachbarschaft zu allen Staaten Europas eine sozialistische Alternative zur Bundesrepublik zu entwickeln. Noch können wir uns besinnen auf die antifaschistischen und humanistischen Ideale, von denen wir einst ausgegangen sind.

Alle Bürgerinnen und Bürger, die unsere Hoffnung und unsere Sorge teilen, rufen wir auf, sich diesem Appell durch ihre Unterschrift anzuschließen.

Berlin, den 26. November 1989.

Götz Berger, Rechtsanwalt; Wolfgang Berghofer, Kommunal-politiker; Frank Beyer, Regisseur; Volker Braun, Schriftsteller; Reinhard Brühl, Militärhistoriker; Tamara Danz, Rocksängerin; Christoph Demke, Bischof; Siegrid England, Pädagogin; Bernd Gehrke, Ökonom; Sighard Gille, Maler; Stefan Heym, Schriftsteller; Uwe Jahn, Konstruktionsleiter; Gerda Jun, Ärztin/Psychotherapeutin; Dieter Klein, Politökonom; Günter Krusche, Generalsuperintendent; Brigitte Lebentrau, Biologin; Bernd P. Löwe, Friedensforscher; Thomas Montag, Mediziner; Andreas Pella, Bauingenieur; Sebastian Pflugbeil, Physiker; Ulrike Poppe, Hausfrau; Martin Schmidt, Ökonom; Friedrich Schorlemmer, Pfarrer; Andree Türpe, Philosoph; Jutta Wachowiak, Schauspielerin; Heinz Warzecha, Generaldirektor; Konrad Weiss, Filmemacher; Angela Wintgen, Zahnärztin; Christa Wolf, Schriftstellerin; Ingeborg Graße, Krankenschwester

Walter Janka, der—wie bekanntgegeben wurde—aus organisatorischen Gründen an der Pressekonferenz nicht teilnehmen konnte—stimmt dem Aufruf zu, hat diesen noch nicht unterzeichnet.

Meine neuen Vokabeln
Hier können Sie alle Vokabeln
auflisten, die Sie lernen wollen.

_____   _____

_____   _____

_____   _____

_____   _____

_____   _____

_____   _____

_____   _____

_____   _____

_____   _____

_____   _____

_____   _____

Zum Verständnis und zur Diskussion

Zum Wortschatz

Aufgabe 1: Arbeiten Sie zu zweit. Bilden Sie jeweils eine Frage oder einen Satz mit den folgenden Ausdrücken, die das Wort _Aufruf_ enthalten.

Beispiel: einen Aufruf an jemanden richten
> _Wie richtet man am besten einen Aufruf an die Bevölkerung?_

1.   jemanden aufrufen etwas zu tun

2.   jemanden zum Widerstand aufrufen

3.   einem Aufruf zustimmen

Aufgabe 2: Arbeiten Sie in zwei Gruppen. Versuchen Sie mit Hilfe eines Wörterbuchs die Bedeutung der folgenden Zitate zu umschreiben. Jede Gruppe stellt der anderen Gruppe ihre Arbeit vor.

GRUPPE 1

1. sich die Herrschaft über das Volk und seine Vetretung angemaßt

2. vom Stalinismus geprägte Strukturen hatten alle Lebensbereiche durchdrungen

3. den Prozess der revolutionären Erneuerung erzwungen

4. auf die verschiedenen Möglichkeiten Einfluss nehmen

5. in der Frieden . . . und die Bewahrung der Umwelt gewährleistet sind

GRUPPE 2

1. veranlasst durch starke ökonomische Zwänge und unzumutbare Bedingungen

2. ein Ausverkauf unserer materiellen und moralischen Werte beginnt

3. die DDR durch die BRD vereinnahmt wird

4. in gleichberechtigter Nachbarschaft zu allen Staaten Europas

5. noch können wir uns besinnen auf die antifaschistischen und humanistischen Ideale

Aufgabe 3: Arbeiten Sie in Kleingruppen. Der Aufruf bietet eine Gegenüberstellung von zwei politischen Richtungen. Suchen Sie Wörter oder Ausdrücke im Text, die die zwei Alternativen beschreiben. Schreiben Sie Ihren Fund in die passenden Spalten. Wenn nötig, schlagen Sie die neuen Wörter im Wörterbuch nach.

Beispiel:

entweder:
eine tiefe Krise
einen Ausverkauf unserer materiellen
moralischen Werte

oder:
Auswege aus der Krise
eine revolutionäre Erneuerung

Fragen zum Text

1. Wer spricht in diesem Aufruf? An wen ist der Aufruf gerichtet?

2. Warum wird diese Zeit nach der Maueröffnung als Krise bezeichnet?

3. Warum hatte das Volk kein Vertrauen mehr in die Führung der Partei?

4. Welche zwei Alternativen werden hier gegeneinandergestellt? Wie unterscheiden sich die Formulierungen der zwei Alternativen? Listen Sie einige Sprach- und Stilelemente auf.

5. Was könnte ein sozialistisches System den Bürgern bieten?

6. Warum wollten die Unterzeichner keine Anknüpfung an die Bundesrepublik?

7. Welche Berufe werden von den Unterzeichnern des Aufrufs vertreten?

Zur Diskussion

Welche der beiden Alternativen ist in Erfüllung gegangen? Welche Gefühle wird die Wiedervereinigung 1990 bei den Unterzeichnern des Aufrufs ausgelöst haben? Beschreiben Sie.

TEXT 4: **Ich war stolz auf dieses Land**

Vor dem Lesen

Aufgabe 1: Sind Sie stolz auf Ihr Land? Was halten Sie von dem politischen System in Ihrem Land? Sind Sie engagiert, skeptisch, pessimistisch, optimistisch, enttäuscht, hoffnungsvoll? Interviewen Sie Ihre Partnerin / Ihren Partner und teilen Sie der Gruppe mit, was Sie erfahren haben.

Gibt es ähnliche Schilder in Ihrem Land?

Aufgabe 2: Im folgenden Interview werden vier junge Leute aus Leipzig nach ihren Erfahrungen und politischen Meinungen zur Wende gefragt. Im Interview kommen bestimmte Themen zur Sprache. Analysieren Sie die Liste unten. Welche Konzepte sind Ihnen wichtig in Ihrem Alltagsleben? Vergleichen Sie Ihre Meinungen mit denen Ihrer Partnerin / Ihres Partners.

die Sicherheit der Regeln/Gesetze, die Ausbildungschancen, die Karriere, die Träume, die Reisefreiheit, die Familie, die Selbstentfaltung, die Medien

Aufgabe 3: Arbeiten Sie zu zweit und suchen Sie die passende Definition in Spalte 2 für die Namen, Orte und kulturpolitischen Konzepte der Wendezeit in Spalte 1. (Lösung siehe unten.)

SPALTE 1

1. Ossi
2. die Wende
3. Gorbatschow
4. das Leistungsprinzip
5. Christa Wolf
6. die SED-Bonzen
7. Bitterfeld

SPALTE 2

a. eine berühmte Autorin, die für einen reformierten Sozialismus argumentiert hat

b. eine Industriestadt in der ehemaligen DDR

c. eine abwertende Bezeichnung für die Funktionäre der herrschenden politischen Partei der DDR, die vierzig Jahre an der Macht waren

d. der ehemalige Staatschef der Sowjetunion, der in den achtziger Jahren eine politische Reformbewegung einführte

e. eine manchmal negative Bezeichnung für Bürger der ehemaligen DDR

f. die Wende vom Sozialismus zum Kapitalismus, die mit dem Mauerfall begann

g. ein Wirtschafts-/Sozialbegriff: Arbeiter werden nach Qualität und Quantität ihrer Arbeit bewertet

An den Text heran

Aufgabe 1: Arbeiten Sie zu zweit. Überfliegen Sie kurz die Antworten auf die erste *Spiegel*-Reporter-Frage. Die Abiturientinnen und der Abiturient aus Leipzig betrachten sich nicht als Bundesbürgerinnen/Bundesbürger. Als was betrachten sie sich? Listen Sie die Antworten auf.

Claudia: Ich bin _____

Katharina: Ich _____

Franka: Ich _____

Robert: Ich _____

_____

Lösung: 1-e, 2-f, 3-d, 4-g, 5-a, 6-c, 7-b

Aufgabe 2: Je drei Studentinnen/Studenten nehmen eine Abiturientin / den Abiturienten genau unter die Lupe. Ihre Professorin / Ihr Professor weist Ihnen eine Person zu.

a.   Gruppe 1 sammelt Informationen über Claudia aus dem Interview und listet die Information auf.

b.   Mit der gesammelten Information zeichnet Gruppe 1 ein Bild von Claudia.

c.   Gruppe 1 stellt Claudia im Plenum vor.

Gruppe 2 untersucht Katharina und folgt den Anweisungen für Gruppe 1; Gruppe 3 untersucht Franka und Gruppe 4 Robert.

Beispiel: Gruppe 1: *Claudia*

Informationen	Bild von Claudia
Ossi	*Claudia ist eine Leistungsschwimmerin.*
aus der Ex-DDR	*Sie fühlt sich als Ossi.*
Leistungsschwimmerin	
Mutter auf Arbeitsamt ·	

Aufgabe 3: Arbeiten Sie zu zweit. Nummerieren Sie die Fragen des *Spiegel*-Reporters im Text. Unterstreichen Sie dann die Fragen 2, 4, 6, 7, 8, 9 und 17. Analysieren Sie diese Fragen genau. Was für ein DDR-Bild verbirgt sich hinter den Fragen?

Beispiel: Frage 2

Frage des Reporters
Ihr seid die FDJ und Margot Honecker los, ihr habt neue Freiheiten . . .

DDR-Bild des *Spiegel*-Reporters
Die Abiturientinnen / Der Abiturient wollten die FDJ und Margot Honecker los sein.
Es gab keine Freiheit in der ehemaligen DDR.

Information zum Text

Das folgende Interview erschien in der *Spiegel*-Ausgabe vom 11. November 1991, zwei Jahre nach dem Fall der Mauer. Der *Spiegel* ist eine Wochenzeitschrift, die über aktuelle Themen aus Politik, Wirtschaft und Kultur berichtet.

„Ich war stolz auf dieses Land"

SPIEGEL: Ihr seid in der DDR geboren und aufgewachsen. Seit einem Jahr seid ihr nun Bundesbürger. Wie fühlt ihr euch dabei?

CLAUDIA: Ich bin Ossi. Ich will meine Vergangenheit nicht verstecken. Die hat mich geprägt, die macht mich aus. Wenn mich jemand fragt, wo ich herkomme, sag' ich „Ex-DDR". Nicht Deutschland.

KATHARINA: Ich kann nicht sagen „Bundesbürger", denn es ist ja nicht wahr, daß wir die gleichen Rechte haben. Wir verdienen weniger, wir kriegen fremde Gesetze übergestülpt.

FRANKA: Ich fühle mich als Leipziger, das war schon immer so. Verstecken kann man das sowieso nicht, die Sachsen hört man ja überall raus.

ROBERT: Ich fühle mich als Leipzig-Connewitzer.° Deutschland ist mir egal.

°upscale residential neighborhood in Leipzig

SPIEGEL: Was habt ihr dagegen, Deutsche zu sein? Ihr seid die FDJ° und Margot Honecker° los, ihr habt neue Freiheiten . . .

FRANKA: Was habe ich denn davon? Meinen Ausbildungsgang, Berufsausbildung mit Abitur, schaffen sie ab. Und meine Lehrstelle haben sie mir eh gekündigt. Jetzt kann ich froh sein, daß ich noch einen Platz auf dem Gymnasium bekommen habe, und ich muß ein ganzes Schuljahr doppelt machen.

°Freie Deutsche Jugend, *state-sponsored socialist youth organization*   °*Minister of Education, wife of SED party chief Erich Honecker*

CLAUDIA: Ich wollte eigentlich Sport studieren—ich bin Leistungsschwimmerin—und das lasse ich jetzt bleiben. Denn etwas habe ich schon gelernt über den Kapitalismus: Entweder du willst eine Familie und ein ordentliches Heim und ein geregeltes Leben—oder die Karriere. Beides kannst du dir gleich abschminken als Frau. Sehe ich doch an meiner Mutter: Die hat in ihrer neuen Arbeit nicht mal Zeit fürs Mittagessen.

SPIEGEL: Wo arbeitet sie?

CLAUDIA: Auf dem Arbeitsamt. Krisenfester Job.

ROBERT: Ich bin einer der letzten, die noch gleichzeitig Abi und Lehre machen können, meinen Job als Drucker habe ich noch. Und ich finde vieles ziemlich mies, was zur Zeit in der Schule passiert. Zum Beispiel sagt der Gesellschaftskundelehrer neulich, daß wir jetzt nicht mehr Ethik und Philosophie haben. Was soll das? Spielt das denn alles keine Rolle mehr?

SPIEGEL: Immerhin geht es heute in der Schule viel freier und lockerer zu. Oder hättet ihr gern die strammen alten Zeiten zurück?

KATHARINA: Sicher, es war vieles ziemlich übel. Aber vieles war eben auch gar nicht so schlecht.

SPIEGEL: Was denn?

FRANKA: Man wußte, wo es langgeht. Und einen sicheren Job hatte man auch.

SPIEGEL: Habt ihr früher an die DDR geglaubt?

KATHARINA: Mir hat die DDR damals nur Gutes gegeben. Negative Seiten? Die habe ich nicht bemerkt. Ich hatte ja ein klares Ziel, ich wollte Mathematik studieren. Meine Eltern haben gut verdient, das Leben war schön.

CLAUDIA: Ich habe richtig von der DDR profitiert. Also, damals mit 14 fühlte ich mich voll als DDR-Bürger. Ich war sogar stolz auf dieses Land und war fest überzeugt, daß die Staatsführung alles richtig macht. Daß das alles so den Berg runtergeht . . .

ROBERT: . . . das war ein ziemlicher Schock.

SPIEGEL: Kam das Ende denn so plötzlich? Immerhin hat Gorbatschow damals in der Sowjetunion vorgeführt, was am Sozialismus nicht stimmte.

ROBERT: Genau das war ja meine Hoffnung. Ich dachte, wenn es dort geht, warum nicht bei uns?

CLAUDIA: Mir war Gorbatschow ziemlich lange egal, für mich war das so 'ne Mode aus dem Westen. Geändert hat sich das erst später, so ein Jahr vor der Wende. Da bekamen wir eine neue Lehrerin in Staatsbürgerkunde, eine Spitzen-Frau. Die hat uns gesagt, was los ist mit dem System, die hat mit uns ganz offen diskutiert.

SPIEGEL: Was wolltet ihr denn ändern in eurem Staat?

CLAUDIA: Also, wir hätten schnellstens das Leistungsprinzip eingeführt.

SPIEGEL: Wie bitte? Nicht die Reisefreiheit?

CLAUDIA: Klar, die auch. Da habe ich 'ne Menge erlebt, als Sportlerin kam ich ja viel in die Sowjetunion, und wenn ich dann Leute aus der Schweiz oder der BRD getroffen habe, dann durfte ich denen nicht mal schreiben, weil mein Vater in der NVA war. Und die haben uns was von Internationalismus erzählt. Aber trotzdem, die Wirtschaft war wichtiger.

SPIEGEL: Woher wußtet ihr das in eurem jugendlichen Alter?

CLAUDIA: Wir haben doch gesehen, was los war. Die Leute haben gearbeitet, wann sie Lust hatten—keiner hat sich für irgendwas verantwortlich gefühlt. Und um die DDR wieder richtig aufzubauen, mußte erst mal was mit der Wirtschaft passieren, das war klar. Es muß schließlich jeder an seiner Lohntüte merken, wenn er Mist gebaut hat.

ROBERT: Wir haben ja schon in der Schule einen Vorgeschmack davon bekommen, wie das Leben eines Werktätigen ablief. „Praktische Arbeit" hieß das, da sollten sie uns im „Lehrkabinett" einige Grundlagen der Technik beibringen. Das ging voll in die Hose. Wir haben nur Gammeln gelernt. Das war völlig lächerlich—es war einfach keine Arbeit da.

SPIEGEL: Und die Werktätigen?

ROBERT: Die fanden das völlig normal! Da hab' ich zum erstenmal gesehen, wie man als DDR-Bürger in den Trott reingerät, in diese Selbstgefälligkeit, aus der man nicht mehr rauskommt. Man findet sich ab. Man sitzt in der Wohnstube und diskutiert Politik, man guckt Westfernsehen und denkt, daß die das besser haben, aber daß man sich mal zusammengetan hätte, gemeinsam, um aus der Misere rauszukommen—das gab's nicht.

SPIEGEL: Wann ist die DDR für dich gestorben?

ROBERT: Das weiß ich auf den Tag genau: am 7. Oktober 1989 . . .

SPIEGEL: . . . dem 40. Geburtstag der DDR. In Berlin nahm Honecker seine letzten Paraden ab, in Leipzig gab es Straßenschlachten.

FRANKA: Mein Gott, ich werde das nie vergessen. Ich habe gesehen, wie sie einen jungen Mann zusammengeschlagen haben, der überhaupt nichts getan hatte. Und meine Mutti war dabei und hat geheult wie verrückt, da waren die Panzer und die Wasserwerfer in den Straßen . . .

ROBERT: . . . da habe ich zum erstenmal im Leben Polizisten mit Helmen und Visieren und Schlagstöcken gesehen und dachte, solche Szenen. das kennst du doch bloß aus dem Westen. Die schlagen Leute zusammen, die bloß „Gorbi, Gorbi" schreien oder „Keine Gewalt". Da dachte ich plötzlich: Das ist doch nicht mein Staat.

SPIEGEL: Was für Konsequenzen hast du gezogen?

ROBERT: Zwei Tage später habe ich mitdemonstriert. Meine Eltern durften das nicht wissen, die hatten Angst um mich. Ich hatte mein Fahrrad dabei und bin 20mal Leuten auf die Fersen gefahren, und die guckten mich nur freundlich an. Da dachte ich: Das sind meine Leute.

SPIEGEL: Und das war der Abschied vom realen Sozialismus?°

°day-to-day practice of socialism

KATHARINA: Von dem schon. Aber nicht von der DDR. Die wollten wir behalten.

SPIEGEL: So wie Christa Wolf es ausdrückte: „Stell dir vor, es ist Sozialismus, und keiner geht weg"?°

°slogan expressing Wolf's goal to achieve workable socialism

CLAUDIA: Sozialismus, ich weiß nicht. Das war wohl schon vorbei. Ich dachte, Honi muß weg, und die DDR muß raus aus der RGW und rein in die EG,° aber das reicht erst mal. Kein Großdeutschland.°

°Rat für Gegenseitige Wirtschaftshilfe, known in West as COMECON; Europäische Gemeinschaft, predates EU °reference to uniting GDR with FRG

KATHARINA: Der Sozialismus ist vorbei, ganz klar. Aber daß nun der Kapitalismus die Lösung ist, das glaube ich auch nicht. Was tut der denn schon gegen die Umweltzerstörung, gegen den Hunger in der Dritten Welt? Ich weiß einfach nicht, was für ein Ideal man noch haben kann. Das macht diese Zeit für mich jetzt so schwierig.

SPIEGEL: Das klingt sehr pessimistisch. Ist denn wirklich alles schlechter geworden? Keine Partei redet euch mehr in die Berufswünsche, ins Privatleben hinein. . . .

FRANKA: . . . stimmt, man kann sich viel mehr entfalten. Ich kann die Klamotten kaufen, die ich will, meinen eigenen Stil haben.

KATHARINA: Und ich bin jetzt selbständiger. Das tut mir gut.

ROBERT: Bei mir ist der Mut gewachsen, mir nicht mehr alles bieten zu lassen. Aber es gibt eben auch ganz neue Gefahren. Du mußt vorsichtiger sein, weil mehr Rechte und mehr Kriminelle auf der Straße rumlaufen. Du kannst nicht mehr wie früher nachts allein durch Leipzig gehen. Du weißt nicht mehr genau, wer dir alles eins in die Schnauze hauen will: der da mit dem Jogginganzug? Oder der da drüben, der ganz normal mit Jeans und T-Shirt daherkommt?

CLAUDIA: Ich versuche, vom Aussehen und Auftreten aus der Ossi-Mentalität° rauszukommen. Bißchen lockerer werden. Bißchen cooler. Und noch etwas: Ich bin nicht mehr so naiv wie früher. Wenn ich jetzt die Zeitung aufschlage oder fernsehe, nehme ich den Leuten nicht mehr alles ab. Ich bin skeptischer. Auch den Medien gegenüber. Wenn vor der Wende ein paar Leute mit der Kerze vor der Kirche standen, dann war gleich die Westpresse da. Jetzt sind wir für die nicht mehr so interessant.

°East German mind-set

SPIEGEL: Soziologen bezeichnen euch bereits als die „doppelt enttäuschte Generation"—erst vom realen Sozialismus, dann von der brutalen Marktwirtschaft. Seht ihr euch auch so?

CLAUDIA: Ich glaube, viele Träume waren früher falsch. Man hat Westfernsehen geguckt, schöne Autos und schöne Wohnungen. das gab's bei uns nicht, und dann fingen die Maßstäbe an zu verrutschen. Daß die im Westen auch ganz schön ranklotzen mußten und auch auf Sachen verzichten, daß viele Frauen zum Beispiel keine Kinder haben, weil sie es nicht schaffen mit dem Beruf, das wußte ich nicht. Und jetzt: Wie sie uns Ossis über den Löffel geschoben haben, darüber bin ich schon enttäuscht.

SPIEGEL: Sehnst du dich zurück nach der DDR?

CLAUDIA: So wie sie war, bestimmt nicht. Aber manches war einfach gut. Ich habe keine Lust. immer der geknechtete Mensch zu sein und so zu tun, als ob alles schrecklich war. Ich erinnere mich gern an meine, na ja, Jugend zurück. An die Zeit in der DDR.

KATHARINA: Also, ich bin vor allem von den SED-Bonzen von früher enttäuscht, daß die dauernd vom Frieden geredet haben, und dann haben sie mit Waffen gehandelt und Terroristen versteckt— das kann ich einfach nicht fassen. Und heute, wenn ich Städte wie Borna oder Bitterfeld° sehe, wo es schon die Ausnahme ist, wenn du Arbeit hast—das schafft mich.

°industrial towns in Saxony

ROBERT: Für mich gibt es eine Riesenenttäuschung, und das ist die Vergangenheit. Daß der DDR-Sozialismus an sich selber kaputtgegangen ist. Daß er die Ideen von Marx über den Haufen geworfen und dafür gesorgt hat, daß daraus etwas Menschenverachtendes geworden ist. Von der BRD habe ich sowieso nicht viel Gutes erwartet. Ich war ja immer kritisch diesem System gegenüber, da freue ich mich jetzt lieber über die positiven Seiten. Zum Beispiel, daß ich jetzt nicht mehr nur allein Posaune spiele, sondern eine Band habe. Die Wut über vieles habe ich so oder so. Aber ich bin jung, ich kann das ganz gut verkraften.

SPIEGEL: Trotz allem: Du bist optimistisch?

ROBERT: Schlimmer kann es eh nicht kommen.

Meine neuen Vokabeln
Hier können Sie alle Vokabeln
auflisten, die Sie lernen wollen.

Zum Verständnis und zur Diskussion

Zum Wortschatz

Aufgabe: Arbeiten Sie in einer Kleingruppe. Ihre Professorin / Ihr Professor weist Ihnen eine Vokabelspalte zu. Sammeln Sie Informationen zu den folgenden Schlüsselwörtern in dem Interview. Benutzen Sie auch die Zeittafeln Kurze Chronik I und II (s. Seiten 101–104) oder schlagen Sie in einem Wörterbuch nach. Jede Gruppe bereitet ein Vokabelblatt für ihre Kommilitoninnen/ Kommilitonen vor und trägt dann ihr jeweiliges Ergebnis im Plenum vor.

1. die DDR
2. der Bundesbürger
3. Ossi
4. FDJ
5. Margot Honecker
6. der Ausbildungsgang
7. die Berufsausbildung

8. die Lehrstelle
9. die Leistungs-schwimmerin
10. der Kapitalismus
11. das Arbeitsamt
12. der Drucker
13. der Gesellschafts-kundelehrer
14. der DDR-Bürger

15. den Berg runtergehen
16. die Staatsführung
17. der Sozialismus
18. Gorbatschow
19. die Spitzen-Frau
20. das Leistungsprinzip

21. die Reisefreiheit
22. NVA (Nationale Volksarmee)
23. der Internationalismus
24. die Lohntüte
25. Gorbi/Honi
26. RGW/EG
27. Mist bauen

28. einen Vorgeschmack bekommen
29. werktätig sein
30. voll in die Hose gehen
31. das Gammeln
32. in den Trott geraten
33. die Selbstgefälligkeit
34. Panzer und Wasserwerfer

35. Helme, Visiere und Schlagstöcke
36. zusammenschlagen
37. Christa Wolf
38. in die Berufswünsche hineinreden
39. Klamotten kaufen
40. Rechte laufen auf der Straße rum

41. in die Schnauze hauen
42. Aussehen und Auftreten
43. lockerer werden
44. den Leuten etwas abnehmen
45. Maßstäbe verrutschen
46. die Ossis werden über den Löffel geschoben

Fragen zum Text

1. Die vier Schülerinnen und der Schüler betonen ihre Identität als Ossis. Welche Gründe geben die jungen Leute an, sich nicht als Bundesbürgerinnen/Bundesbürger zu bezeichnen? Welche Bezeichnungen sind ihnen lieber? Worauf basiert die ostdeutsche Identität der jungen Leute?

2. Die vier jungen Leute haben gerade eine gewaltige Umbruchszeit miterlebt. Welche positiven und negativen Auswirkungen der Wende werden im Text erwähnt?

3. Was war den Abiturientinnen / dem Abiturienten nach das größte Problem in der DDR? Welche anderen Schwächen gab es im alten System?

4. Welche positiven Aspekte gab es im alten System? Suchen Sie Textstellen, wo positive Gefühle oder Einstellungen gegenüber der DDR zum Ausdruck kommen.

5. Was haben die jungen Leute durch die Wende gelernt? Wie haben sie sich nach der Wende persönlich verändert?

6. Was war für die Schülerinnen / den Schüler am Kapitalismus und am Sozialismus enttäuschend?

7. Warum bleiben sie immer noch optimistisch?

Zur Diskussion

Aufgabe: In einer Kleingruppe wählen und besprechen Sie ein Diskussionsthema (Thema 1, 2, 3 oder 4). Eine Studentin / ein Student protokolliert die Diskussion. Stellen Sie dann das Resultat Ihrer Diskussion im Plenum vor.

Thema 1: Ideale. Ist es heute schwerer als früher Ideale zu haben?

- Was sind Ideale? Wie kann man sie kategorisieren?
- Was meint Katharina zum Thema *Ideale*?
- Welche Ideale haben Sie? Sind einige wichtiger als andere? Wie verwirklichen Sie Ihre Ideale?
- Sind die Ideale Ihrer Generation anders als die Ideale früherer Generationen? Wovon hängt das ab?
- Welche Probleme gibt es für Menschen, die keine Ideale haben?

Thema 2: Karriere und Familie. Kann man beide kombinieren?

- Persönliche Stellungnahme dazu. Ist es Ihnen wichtig, beides zu haben?
- Was sind die Konsequenzen, wenn man beides hat? Und wenn man auf eines von beiden verzichtet?
- Was meint Claudia zum Thema *Karriere und Familie*? Warum ist sie zu dieser Einstellung gekommen?
- Wer soll die Verantwortung für die Erziehung der Kinder tragen? Die Eltern? Der Staat? Jemand anders?
- Persönliche Erfahrung? Welche Menschen und Institutionen haben zu Ihrer Erziehung beigetragen?

Thema 3: Arbeitsmoral. Inwieweit soll man sich für seine Arbeit verantwortlich fühlen?

- Was bedeutet Arbeit für die Gruppe? Wer hat zur Zeit einen Job?
- Was ist die Verantwortung des Arbeitnehmers? Die des Arbeitgebers?
- Was meint die Gruppe zum Leistungsprinzip? Zur Selbstinitiative?
- Wie schildern Claudia und Robert den Arbeitsalltag in der DDR?
- Was macht die Arbeit leicht oder schwer im Kapitalismus? Und im Sozialismus?
- Was erwartet die Gruppe von einem zukünftigen Beruf?

Thema 4: Nostalgie. Welche Funktion hat die Nostalgie im allgemeinen für die Menschen?

- Brainstorming. Wann fühlt man Nostalgie und wer fühlt sie am stärksten?
- Hat die Gruppe schon nostalgische Momente erlebt?
- Warum erlebt Ostdeutschland eine Phase der „Ostalgie"?
- Was hat Nostalgie mit der Einstellung zu der Zukunft zu tun?
- Wie sieht die Gruppe der Zukunft entgegen?
- Haben Sie Verständnis für die Nostalgie der Interviewten? Haben Sie etwas mit ihnen gemeinsam?

WEITERFÜHRUNG DES THEMAS

Journal: Stellen Sie sich vor, Sie sind eine Jugendliche / ein Jugendlicher aus der DDR. Stellen Sie eine top-ten Liste auf: Warum ich froh bin, dass die Mauer jetzt offen ist . . .

Brief: Stellen Sie sich vor, Sie sind Sandra Daßler (die Autorin von „Von Deutschland nach Deutschland") als Kind. Schreiben Sie einen Brief an Ihren Onkel und Ihre Tante, in dem Sie Ihre Freude auf ihren baldigen Besuch zum Ausdruck bringen.

Forschungsprojekt: Die merkwürdigen Männer, die in der Geschichte „Die Wende" herumstanden, waren wahrscheinlich Stasi-Mitglieder (Angestellte der Staatssicherheit). Schlagen Sie das Wort *Stasi* im Lexikon nach oder suchen Sie im Internet Informationen über diese Organisation. Was für einen Dienst leistete die Stasi? Wer war Mitglied? Warum? Was passierte mit den alten Stasiakten? Warum?

Interpretation: Lesen Sie die folgenden Gedichte und beantworten Sie die Fragen.

„Nichts mehr ist von Dauer." Mauerreste am Potsdamer Platz, Berlin, 1994.

als die MAUER fiel

Jose F. A. Oliver

als die MAUER fiel
war ich nicht darauf gefaßt
als die MAUER fiel
mußte ich mich fassen
als die MAUER fiel
war ich fassungslos froh
als die MAUER fiel
und die nationalhymne
angestimmt wurde
wußte ich
als die MAUER fiel
die MAUER steht

1. Was sind die einzelnen Bedeutungen von dem Wort *fassen*?
2. Warum schreibt der Autor das Wort *Mauer* groß und alle anderen Wörter klein?
3. Welche Zeitformen benutzt der Autor? Warum?
4. Welche Bedeutung hat das Spielen der Nationalhymne?
5. Was meint der Autor mit der Aussage „die Mauer steht"?

Domino

Günter Ullmann

erst fällt ein kleines steinchen
dann die mauer
minister paragraphen 40 jahre
nichts mehr ist von dauer

1. Vergleichen Sie die beiden Gedichte. Was ist an der Form ähnlich? Worin unterscheiden sie sich?
2. Was fällt in dem Gedicht „domino"?
3. Ist eines der beiden Gedichte positiver als das andere? Welches Gedicht? Wieso?
4. Warum heißt das Gedicht „domino"?

5

Neue Brücken

HINFÜHRUNG ZUM THEMA

Neue Brücken, über Flüsse voller dummer Arroganz,
neue Brücken, über Täler tiefster Intoleranz,
neue Brücken, neue Wege, aufeinander zuzugeh'n
ganz behutsam, voller Achtung, miteinander umzugeh'n
(Rockgruppe *Pur*)

Aufgabe: Analysieren Sie den Titel des Liedes „Neue Brücken". Was ermöglicht eine Brücke? Was symbolisiert eine Brücke?

In jeder Gesellschaft gibt es eine Vielfalt von Kulturen und Subkulturen. In Zeiten politischer und sozialer Veränderungen kommt es leicht zu Spannungen, die das friedliche Zusammenleben bedrohen. Oft aber auch führen Spannungen und Krisen dazu, dass Menschen miteinander reden und nach neuen Werten und Strategien suchen. Die Texte in diesem Kapitel belegen, wie kulturelle Mehr- und Minderheiten versuchen, neue Brücken zu bauen.

- Rafik Schami, *Das Schwein, das unter die Hühner ging*
- May Ayim, *Deutsch-deutsch Vaterland . . .*
- Rafik Schami, *Die Sehnsucht fährt schwarz*
- Reto U. Schneider, *Mit sprechenden Händen mehr verstehen*
- Pur, *Neue Brücken*

Zum Überlegen

Wissen Sie von politischen und sozialen Veränderungen in Deutschland oder in ihrem Heimatland, die Stabilität und Ordnung untergraben haben? Welche Individuen/Gruppen haben es besonders schwer in Krisenzeiten? Wie können Menschen in Krisenzeiten neue Brücken zueinander bauen? Gibt es Texte in diesem Buch, die Sie hoffnungsvoll gestimmt haben?

TEXT 1: **Das Schwein, das unter die Hühner ging**

Vor dem Lesen

Rafik Schamis Erzählung, „Das Schwein, das unter die Hühner ging", ist eine Fabel. Eine Fabel ist eine kurze, belehrende Erzählung. Typisch hierbei ist, dass Tiere menschliche Charakteristika annehmen und wie Menschen sprechen und handeln. Die Fabeln von Äsop sind das älteste und berühmteste Beispiel einer Fabelsammlung in der westlichen Literatur.

Aufgabe 1: Betrachten Sie die Illustration auf Seite 150. Beschreiben Sie das Bild. Kennen Sie diese Fabel von Äsop*? Wenn ja, fassen Sie die Handlung kurz zusammen.

Aufgabe 2: Welche menschlichen Eigenschaften schreiben Sie den folgenden Tieren zu? Vergleichen Sie Ihre Antworten mit denen Ihrer Partnerin / Ihres Partners.

Katze, Haifisch, Bär, Schwein, Fuchs, Huhn, Löwe, Hund, Esel

Aufgabe 3: Diskutieren Sie in Kleingruppen, welche positiven und negativen Redewendungen es gibt, die sich auf Tiere beziehen.

---

*Im deutschen Sprachraum: „Der Hase und der Igel"; im angelsächsischen Sprachraum: „The Tortoise and the Hare".

Aufgabe 4: Suchen Sie in der zweiten Spalte die passende Umformulierung zu den Tiermetaphern in der ersten Spalte.

SPALTE 1

1. Du hast aber *Schwein* gehabt.
2. Kein *Hund* nimmt ein Stück Brot von ihm.
3. Ich wohne in einem Ort, wo sich *Fuchs* und *Hase* gute Nacht sagen.
4. Was ist das für eine *Schweinerei*?
5. Wer mit *Hunden* zu Bett geht, steht mit *Flöhen* auf.
6. Ich muss meinen inneren *Schweinehund* überwinden.

SPALTE 2

a. Ich wohne in einem einsamen, entlegenen Ort.
b. Wer mit schlechten Leuten Umgang hat, muss die Folgen tragen.
c. Wer hat hier so viel Dreck gemacht?
d. Er wird von allen gemieden.
e. Ich muss gegen mein faules, feiges Ich kämpfen.
f. Du hast Glück gehabt.

An den Text heran

Aufgabe: In wie viele Teile ist die Geschichte gegliedert? Markieren Sie während des Lesens den Text da, wo Ihrer Meinung nach ein neuer Teil anfängt. Geben Sie jedem Teil eine passende Überschrift.

Information zum Text

Rafik Schamis „Das Schwein, das unter die Hühner ging" erschien 1986 in dem Sammelband *Eine nicht nur deutsche Literatur*. Das Besondere an diesem Buch ist, dass alle Texte—Erzählungen, Gedichte und Essays—von Autoren geschrieben wurden, deren Muttersprache nicht Deutsch ist. Insgesamt sechzehn ausländische Autoren aus zehn Ländern, die in Deutschland leben und in Deutschland schreiben, sind in diesem Band vertreten.

Das Schwein, das unter die Hühner ging

Rafik Schami

Auf einem alten Bauernhof lebten viele Hühner und Schweine. Sie lebten dort sehr glücklich. Es gab immer genug zu essen und zu trinken. Der Hahn hatte einen prächtigen Misthaufen, auf dem er jeden Morgen die Sonne mit seinem „Kikiriki" begrüßen konnte, und die Schweine hatten eine große, schlammige Pfütze, in der sie sich nach dem Mittagessen genüßlich suhlen konnten.

Die Hühner und die Schweine waren sehr höflich zueinander. Wenn sie einander begegneten, sagten sie „Guten Tag, Herr Nachbar" oder „Wie geht es Ihnen, Frau Nachbarin?" Und abends riefen sie „Gute Nacht!", bevor sie in ihren Ställen schlafen gingen. Aber trotzdem spielte kein Huhn jemals mit einem Schwein. „Ein Schwein kann nicht einmal über den Zaun fliegen", dachten die Hühner, obwohl viele Schweine in Wirklichkeit davon träumten, eines Tages fliegen zu können.

[handwritten margin notes:] der Misthaufen (-) → dung heap; schlammig → muddy; die Pfütze (-n) → puddle

Hin und wieder ärgerte sich der Hahn über ein Schwein, wenn es versuchte, vom Misthaufen auf den Hof hinunterzurutschen, dabei kopfüber auf die Nase purzelte und den ganzen Misthaufen durcheinanderbrachte.

Auch die Schweine spielten nie mit den Hühnern. Kein Huhn konnte verstehen, wieso die Schweine sich um die Wette im Schlamm wälzten.

„Nein, meine Federn werden schmutzig. Wir Hühner mögen keine dreckigen Federn", antwortete deshalb jedes Huhn schnippisch, wenn ein Schwein es zum Spielen einlud. Die Hühner wollten auch nie „Schubsen" spielen, sie hatten Angst, zerquetscht zu werden.

„Was können sie denn außer dem blöden Eierlegen und Fliegen?" ärgerten sich dann die Schweine und wandten sich grunzend ab.

Manches Huhn wiederum wollte auch so kräftig wie ein Schwein werden, aber sosehr es auch Körner aufpickte, nie wurde ein Huhn so schön rund und kräftig.

Dennoch waren die Hühner sehr zufrieden mit ihrem Leben, und wenn nicht ab und zu ein gemeiner Fuchs durch das kaputte Fenster in ihren Stall geschlichen wäre und eine ihrer Schwestern gerissen hätte, wären sie die glücklichsten Hühner der Welt gewesen. Die Schweine hatten natürlich keine Angst vor dem Fuchs, und so waren sie alle rundherum zufrieden.

Alle?

Nein! Das Schwein Theophil war unglücklich! Theophil hatte von Geburt an eine schneeweiße Haut und nicht so eine rosige wie alle anderen Schweine. Deshalb wurde er von den anderen ausgelacht. Wenn die Schweine Versteck spielten, wurde Theophil immer als erster gefunden, sosehr er sich auch bemühte, still hinter einem Busch zu stehen. Nur einmal blieb er lange unentdeckt. Es war Winter, und überall lag Schnee. Theophil stand ganz still und lächelte zufrieden vor sich hin. Als aber der Hund kam und Theophil für einen Stein hielt, sein Beinchen hob und pinkelte, quiekte Theophil entsetzt. Die anderen Schweine wälzten sich vor Lachen.

„Theophil ist ein Hundeklo!" riefen sie im Singsang, und seit diesem Tag wollte kein Schwein mehr mit ihm spielen. Auch dann nicht, wenn Theophil sich wie die anderen im Schlamm gewälzt hatte. „Ach Gott, wie dreckig du bist!" Die das riefen, waren zwar genauso dreckig, aber bei Theophil sah man den Schmutz sofort.

ärgern - ärgerte - geärgert
to irritate
rutschen ⇒ to slip
purzeln - purzelte - gepurzelt ⇒ to tumble
die Wette (n) ⇒ wager
der Schlamm (Ge) ⇒ mud
die Feder (n) ⇒ feather
zerquetschen - zerquetschte - zerquetscht ⇒ to crumple
wälzten ⇒ to roll
der Fuchs (¨e) ⇒ fox
quieken ⇒ to squeal

So blieb Theophil oft allein und träumte von einer Welt voll weißer Schweine.

Eines Tages sah Theophil ein altes Huhn verschreckt gackernd aus dem Stall rennen. Der Hahn hatte es wütend verjagt, begleitet vom wilden Gekeife der anderen Hühner. „Elende Henne! Du sollst selber Eier legen!" Und noch vom Misthaufen herab verfluchte der Hahn das ängstliche Huhn als Dieb.

Keuchend erreichte das alte Huhn die ferne Ecke, in die sich Theophil bereits zurückgezogen hatte.

„Na, was hast du angestellt?" brummte Theophil gutmütig.

Das alte Huhn holte tief Luft und schüttelte den Kopf. „Ach, nicht der Rede wert, ich bin alt geworden und kann keine Eier mehr legen. Wenn der Bauer das erfährt, wirft er mich in den Topf. Wir sind vierzig Hühner, habe ich ihnen gesagt, und wenn jede Nachbarin mir ab und an ein Ei gibt, wird der Bauer nichts merken."

„Wie denn? Kann er nicht zählen?"

„Der Bauer zählt die Eier nicht, mal sind es fünfundzwanzig, mal neunundzwanzig. Es macht ihm nichts aus. Wenn er aber sieht, daß bei mir immer ein Ei fehlt, dann wird er mir nicht einmal mehr das Wasser zum Trinken geben, und dann . . . " Das Huhn fing bitterlich an zu weinen.

„Ach so!" rief Theophil entsetzt.

„Ich habe ihnen gesagt, ich könnte ihren Küken Märchen erzählen, wenn sie keine Zeit für sie haben", schluchzte das alte Huhn, „aber diese Dummköpfe haben mir nicht einmal zugehört. Der Hahn hat mich verstoßen, sie mögen mich alle nicht mehr!" Eine Träne kullerte aus seinen traurigen Augen.

„Ach was, mir macht es nichts aus. Ich mag dich, auch wenn du keine Eier legst. Wie heißt du denn?"

„Lila!" antwortete das Huhn. „Magst du mich wirklich?" fragte es dann leise.

„Ja, klar, wenn ich es dir sage! Komm, wir spielen zusammen!" rief Theophil, und die beiden spielten vergnügt den ganzen Tag.

„Schaut her! Schaut her! Der Theophil ist übergeschnappt, er hat ein Huhn als Freundin!" Die Schweine schüttelten verständnislos den Kopf.

„Tja, was habe ich gesagt", krähte der Hahn, „Sie ist verrückt geworden, kein Wunder bei dem Alter! Schaut euch nur die dreckigen Federn an. So ist es, wenn ein Huhn ein Schwein zum Freund hat."

Die Hühner fielen natürlich sofort in das Gezeter des Hahnes ein. Aber das machte den beiden Freunden gar nichts aus. Sie erfanden immer neue Spiele und kamen an diesem Tag aus dem Lachen nicht mehr heraus.

Als es Abend wurde, beschlossen beide, draußen auf dem Hof zu bleiben. Sie versteckten sich im Heu, bis der alte Bauer die Stalltüren abgeschlossen und sich mit schweren Schritten ins Haus begeben hatte.

Es war Vollmond. Theophil und Lila saßen auf dem Misthaufen und schauten den Mond, die Sterne und die Felder an. Sie erzählten sich Geschichten von ihren Träumen und spürten nicht, wie schnell die Zeit verging. Als es wieder dämmerte, versteckten sie sich tief im Heu. Bald öffnete der Bauer die Türen, der Hahn krähte, aber Theophil und Lila schnarchten in ihrem Versteck bis zum Mittag. Von Tag zu Tag und von Nacht zu Nacht verstanden sie sich besser.

Eines Nachts schauten beide tief in Gedanken versunken in die Ferne. Der Vollmond hatte die Felder wieder mit seinem schönen, silbernen Glanz überzogen. Theophil und Lila konnten sich kaum sattsehen am prächtigen Bild dieser Landschaft. Plötzlich schreckte Lila auf. Sie reckte sich, um besser sehen zu können, und wirklich, jetzt sah sie ihn, den Fuchs! Vor lauter Aufregung bekam sie Schluckauf.

„Was machst du denn für komische Geräusche? Hast du dich verschluckt?" fragte Theophil.

„Der Fu . . . , der Fu . . . , der Fuchs", stotterte Lila.

„Du brauchst doch keine Angst vor dem Fuchs zu haben! Ich bin doch bei dir", beruhigte Theophil sie stolz.

„Ja, aber die anderen . . . ", flüsterte Lila leise. Alle Federn standen ihr zu Berge.

„Komm, ich habe eine Idee", sagte Theophil und erklärte Lila seinen Plan. Beide kicherten leise und eilten zum Hühnerstall. Lila stieg auf Theophils Rücken und zog den Riegel auf. Und während Theophil vorsichtig in den Hühnerstall schlüpfte, rannte Lila zurück zum Schweinestall, flatterte leise durch das zerbrochene Fenster in den Stall hinein und versteckte sich unter der Fensterbank. Kein Schwein hatte es bemerkt, aber drüben im Hühnerstall wachte der Hahn auf, als Theophil auf dem Weg zum Fenster auf eine Schüssel trat.

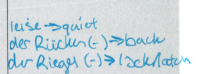

„Jetzt bringt dieses verrückte Huhn auch noch das Schwein mit nach Hause", rief der Hahn verärgert, und die Hühner gackerten zustimmend.

„Psssst! Seid doch leise! Der Fuchs ist draußen", flüsterte Theophil.

„O Gott, der Fu . . . , der Fuchs", krächzten die Hühner ängstlich.

Der Fuchs erreichte den Hühnerstall und wollte wie gewohnt durch das kaputte Fenster schleichen, doch er bekam einen Riesenschreck, als er Theophil dahinter erblickte.

„Na, alter Fuchs! Wie geht's, wie steht's?" fragte Theophil den verdutzten Fuchs.

„Ach, danke, es geht so, aber sage mal, was machst du denn hier? Das ist doch . . . , das ist doch der Hühnerstall!"

„Nein, hier wohnen jetzt wir. Die Hühner sind in den anderen Stall gezogen", antwortete Theophil laut.

Drüben hörte man Lila gackern.

„Ich danke dir", sagte der Fuchs erleichtert, als er das verräterische Gackern hörte. „Ich wußte nicht, daß Schweine den Füchsen helfen, wenn ich das meinen Freunden erzähle, wird keiner mir glauben."

„O doch", erwiderte Theophil. „Aber paß auf, die Hühner sind dicker geworden."

„Na, das ist ja prima! Ich habe riesigen Hunger." Dem Fuchs lief das Wasser im Mund zusammen. Er machte kehrt, lief über den Hof und sprang mit einem Satz in den dunklen Stall hinein . . .

Die Schweine quiekten erschreckt auf, rannten blind im Stall umher und trampelten den Fuchs nieder. Und jedesmal, wenn er sich gerade wieder aufrappeln wollte, wurde er erneut von einem Koloß zu Boden geworfen. Der Fuchs schrie so entsetzt und schmerzerfüllt um Hilfe, daß alle Hühner lachten. Denn sie hatten in dieser Nacht zum erstenmal keine Angst mehr vor dem Fuchs.

„Verfluchter und verhexter Hof! Die Hühner sind zu Schweinen geworden!" Mit größter Mühe hatte sich der Fuchs aus dem Fenster ins Freie gerettet, machte sich davon und schwor laut, diesen Hof nie wieder zu betreten.

„Ich sagte dir doch, sie sind dicker geworden", klang Theophils Stimme noch lange schadenfroh in seinen Ohren.

Der Hahn aber bedankte sich bei Theophil und Lila. Er war beschämt, daß er Lila beschimpft hatte, bloß weil sie keine Eier mehr legen konnte. Und die Schweine waren stolz auf ihren

Theophil, der den schlauen Fuchs reingelegt hatte. Jetzt wollten sie alle mit ihm spielen, aber er spielte weiterhin am liebsten mit Lila.

„Am besten ist es", rief er übermütig, aber auch ein wenig stolz seinen neuen Freunden zu, „jede Sau befreundet sich mit einem Hahn und jedes Huhn mit einem Eber!"

Meine neuen Vokabeln
Hier können Sie alle Vokabeln auflisten, die Sie lernen wollen.

Zum Verständnis und zur Diskussion

Zum Wortschatz

Aufgabe 1: Welches Tier / Welche Tiere machen die folgenden Geräusche oder Bewegungen? Schreiben Sie nach jedem Ausdruck *Huhn, Schwein, Hahn, Fuchs* oder *Hund*.

a. sich suhlen *Schwein* (roll in the mud)
b. flattern *Huhn* (flutter)
c. grunzen *Schwein* (grunt)
d. sich im Schlamm wälzen *Schwein* (roll in the mud)
e. aufpicken *Huhn*
f. schleichen *Fuchs* (sneak)

g. ein Beinchen heben und pinkeln *Hund Schwein*
h. gackern *Huhn* (cackle)
i. krähen *Hahn* (crow)
j. quieken *Schwein Fuchs* (squeal)
k. trampeln *Schwein* (trample)

Aufgabe 2: Mimenspiel—Bilden Sie zwei Gruppen. Jede Gruppe hat zwei Listen mit Vokabeln, die Schami benutzt, um die Reaktionen der Tiere auszudrücken. Gruppe 1 spielt Gruppe 2 etwas aus der ersten Liste vor. Gruppe 2 versucht zu erraten, was gemeint ist, und spielt dann etwas aus der zweiten Liste vor.

LISTE 1

- zufrieden vor sich hinlächeln
- entsetzt quieken
- sich vor Lachen wälzen
- jemanden auslachen
- im Singsang rufen
- keifen
- bitterlich weinen
- übergeschnappt sein
- vergnügt spielen
- sich recken
- sich satt sehen
- den Schluckauf bekommen
- schlüpfen
- sich verstecken
- verdutzt gucken
- Angst haben
- beschämt sein
- schadenfroh sein

LISTE 2

- höflich zueinander sein ✓
- sich ärgern
- schnippisch antworten
- verfluchen
- gutmütig brummen
- verständnislos den Kopf schütteln
- zetern
- schluchzen
- tief in Gedanken versunken sein
- stottern
- flüstern
- kichern
- übermütig sein
- einen Riesenschreck bekommen
- stolz sein auf
- kehrt machen
- trampeln
- sich aufrappeln

Fragen zum Text

1. Was bedeutet *Glück* für die Schweine und Hühner, die auf dem alten Bauernhof leben? **Das Leben ist gut**

2. Wie verhalten sich die Schweine und Hühner zueinander? Was denken sie voneinander? **Sie sind freundlich aber sie spielen nicht miteinander**

3. Warum ist das Schwein Theophil unglücklich? Warum wird Lila aus der Gemeinschaft der Hühner ausgeschlossen? **Theophil hat weiß Hautfarbe** *– sie ist alt, kein mehr Eier legen*

4. Wie erklären Sie die Freundschaft zwischen Theophil und Lila? Warum werden nur diese zwei Tiere mit Namen genannt? **Sie sind unterschiede** *Die Schweine sind ein Teil und die Hühner sind ein Teil.*   *Außenseiter*

5. Wie reagieren die Schweine auf die Freundschaft zwischen Theophil und Lila? Und die Hühner?

6. Wie helfen Theophil und Lila den Hühnern, als der Fuchs kommt?

7. Vergleichen Sie das Ende der Geschichte mit der Ausgangssituation. Was hat sich geändert?

Zur Diskussion

Aufgabe 1: Erklären Sie anhand der folgenden Zitate die Bedeutung und die Rolle der Träume in der Geschichte. Formulieren Sie Ihre Antwort zuerst schriftlich. Diskutieren Sie dann im Plenum.

> „Ein Schwein kann nicht einmal über den Zaun fliegen", dachten die Hühner, obwohl viele Schweine in Wirklichkeit davon träumten, eines Tages fliegen zu können.

> So blieb Theophil oft allein und träumte von einer Welt voll weißer Schweine.

> Theophil und Lila saßen auf dem Misthaufen und schauten den Mond, die Sterne und die Felder an. Sie erzählten sich Geschichten von ihren Träumen und spürten nicht, wie schnell die Zeit verging.

Aufgabe 2: Welche Rolle spielt *Dreck* in den beiden „Gesellschaften"? Untersuchen Sie anhand von Beispielen aus dem Text den unterschiedlichen Gebrauch.

Aufgabe 3:

a. In Kleingruppen: Suchen Sie möglichst viele Beispiele von Ausgrenzung. Erklären Sie in jedem Einzelfall, warum Ausgrenzung stattfindet und was die Tiere tun, um Distanz zu schaffen. Schreiben Sie ihre Antworten auf.

b. In Kleingruppen: Suchen Sie möglichst viele Beispiele von Annäherung.

c. Inwieweit ist dieser Text eine Antwort auf die Fragen: Welche Individuen/Gruppen haben es besonders schwer in Krisenzeiten in einer Gesellschaft? Wie können Menschen in Krisenzeiten neue Brücken zueinander bauen?

d. Können Sie sich für die Geschichte ein glückliches Ende ohne neue Ausgrenzung (die Ausgrenzung des Fuchses) vorstellen? Begründen Sie Ihre Meinung.

Aufgabe 4: Erzählen Sie die Geschichte „Das Schwein, das unter die Hühner ging" aus der Perspektive des Fuchses.

Aufgabe 5: Lesen Sie den folgenden Auszug aus einem Interview mit Claus Leggewie, Politikwissenschaftler an der Universität Gießen:

> *Claus Leggewie:* Wenn Sie sagen, die deutsche Minderheit gibt den Ton an, dann ist es nicht mehr in der Weise der Fall, wie das in der unmittelbaren Nachkriegszeit festzustellen war. Im Bereich der kulturellen Avantgarde spielen die ethnischen Minderheiten bei uns eine geradezu tragende Rolle. In den USA ist dies noch sehr viel deutlicher ausgeprägt: Trends, die die Gesamtgesellschaft erneuert und weitergebracht haben, sind meistens von

Minderheiten ausgegangen. „Multikultur" ist also nicht die Summe nebeneinander lebender Kulturen, sondern was aus ihnen als Konglomerat erwächst.

Geben Sie Beispiele von Außenseitern und Minoritäten in den USA und Deutschland, die wie Theophil und Lila die Gesamtgesellschaft erneuert und weitergebracht haben.

TEXT 2: Deutsch-deutsch Vaterland . . .

Vor dem Lesen

Aufgabe 1: Betrachten Sie das Poster. In welchem Land / welcher Stadt könnten die Leute wohnen? Schreiben Sie die Antwort auf die leere Fläche. (Lösung siehe unten.)

Lösung: Auf dem Poster steht: „Wir sind Berlin. Wir sind helle und Dunkle."

Aufgabe 2: May Ayim bezeichnet sich als *Afro-Deutsche* oder *Schwarze Deutsche*. Was bedeutet diese Bezeichnung? Wer gehört wohl zu dieser Gruppe?

An den Text heran

Aufgabe 1: May Ayims Geschichte hängt eng mit der Zeit vor und nach der Wende zusammen. Während des Lesens unterstreichen Sie alle Ausdrücke, die auf Zeit verweisen, z.B., als die Mauer fiel; zeitweilig; seit 1984; usw. Dann tragen Sie Kommentar/Beobachtung in Spalte 2 des Schemas ein.

SPALTE 1	SPALTE 2
Wann?	May Ayims Kommentar/Beobachtung
als die Mauer fiel	Befürchtung, erschlagen zu werden
seit 1984	in Westberlin zu Hause

Aufgabe 2: Die besondere Ausdruckskraft und Wortspielerei bei May Ayim fallen schon im Titel auf. Was ist Ihre Reaktion auf den dreiteiligen Titel? Welche Wirkung haben die Transponierung der Buchstaben und die Wiederholung der drei Punkte?

Information zum Text

May Ayim wurde 1960 als Tochter eines Ghanaer und einer deutschen Mutter in Hamburg geboren. Ihr Geburtsname war Brigitte Sylvia Gertrud Opitz. 1979 begann sie in Regensburg ein Pädagogikstudium. Ihre Diplomarbeit (1984) über die Geschichte der Afro-Deutschen wurde 1986 in dem Sammelband *Farbe bekennen* veröffentlicht. May Ayim arbeitete bis 1996 im Orlanda Frauenverlag, Berlin-Schöneberg. Im selben Jahr nahm sie sich das Leben. Sie war Mitbegründerin der „Initiative Schwarze Deutsche" und des Black History Month in Berlin.

Viele Schwarze Deutsche lernen sich erst durch die Veranstaltungen der „Initiative Schwarze Deutsche" kennen, weil es in Deutschland weder feste schwarze Gemeinschaften noch etablierte schwarze Nachbarschaften

May Ayim, Autorin von „Das Jahr 1990. Heimat und Einheit aus Afro-Deutscher Perspektive"

gibt. Man schätzt, dass die Zahl von Deutschen schwarzer Herkunft etwa 300 000 bis 500 000 beträgt. Eine genaue Statistik gibt es nicht, weil das Grundgesetz verbietet, dass man im deutschen Zensus nach der rassischen Abstammung der Bundesbürger fragt. Bis heute haben viele Schwarze Deutsche eine binationale Identität, d.h. die Mutter ist meistens Deutsche und der Vater kommt entweder aus den USA, Afrika oder der Karibik. Solche Familiengeschichten schließen sogar mehrere Etappen der deutschen Geschichte ein, z.B. die Geschichte reicht manchmal aus der Vorkolonialzeit in Afrika über die französische Besatzung des Rheinlandes (1918–1933) und die amerikanische Besatzung Deutschlands (1945–1949) bis zu der sozialistischen Unterstützung von Angola, Mosambik und Kuba während der DDR-Zeit. Die Zahl von Schwarzen in Deutschland wächst zunehmend dank der Einwanderung von Afrikanerinnen/Afrikanern und Schwarzen aus Amerika.

Wir über uns:

Die Initiative Schwarze Deutsche (ISD)

Wir sind Schwarze Deutsche/ Afro-Deutsche, die in der Bundesrepublik geboren sind, bzw. oft einen wesentlichen Teil ihres Lebens hier verbracht haben.

Bisher waren wir für die meisten weißen Deutschen lediglich "Neger", "Farbige", "Mischlinge", "Mulatten", "Bimbos", "Besatzungskinder", oder andere exotische Attraktionen.

Schon allein diese Benennungen spiegeln den Rassismus wider, dem wir Schwarze in diesem Land täglich, oft subtil, aber zunehmend ausgesetzt sind und haben nichts mit unserer wirklichen Identität und Lebensrealität zu tun.

Unsere Definition von Schwarz beschränkt sich übrigens nicht auf die Hautfarbe , sondern schließt alle von Rassismus betroffenen Minderheiten ein. Mit Begriffen wie 'Schwarze Deutsche' und 'Afro-Deutsche' als Ausdruck unserer "multikulturellen" Herkunft, bestimmen wir uns selbst, statt bestimmt zu werden.

Uns zu begegnen, uns auszutauschen und aufeinander einzulassen, war und ist für viele ein neues Erlebnis. Gemeinsam ist uns meist die Isolation, das Eingebundensein in vorwiegend weiße soziale Bezüge, ohne Rückenstärkung einer schwarzen Gemeinschaft. Natürlich sind auch wir sehr verschieden, durch unsere Sozialisation, unsere Charaktere, unser Alter, unsere Interessen, durch unsere Erfahrungen in Familie und Beruf, als hetero- oder homosexuelle Frauen und Männer und in unseren Bezügen zum außereuropäischen Teil unserer Herkunft.

Die ISD gibt es seit 1985. Sie hat sich in selbständigen Gruppen in vielen größeren Städten der BRD organisiert. Die einzelnen Gruppen stehen bundesweit in Kontakt und ihr Austausch über die jeweiligen regionalen und überregionalen Aktivitäten findet auf Koordinationstreffen, Redaktionstreffen und auf den jährlichen Bundestreffen statt. Neben anderen Aktivitäten wie dem Black History Month, Schwarze Filmfeste, Frauentreffen, Lesungen, Seminare, gemeinsamen Reisen und vielem mehr, haben wir uns vor allem antirassistische Öffentlichkeitsarbeit zum Ziel gesetzt. Dies soll nicht zuletzt geschehen durch unsere Zeitschrift **afro look** (HerausgeberIn: ISD-Berlin).

Kontaktadresse:
ISD-Berlin e.V. im BAZ
Oranienstr. 159
10969 Berlin
Telefon: 030 / 614 75 02

Deutsch-deutsch Vaterland . . . Täusch-täusch Vaderlan . . . Tausch-täusch-Väterli . . .

May Ayim

Mein Vaterland ist Ghana, meine Muttersprache ist Deutsch, die Heimat trage ich in den Schuhen. Als die Mauer fiel, hatte ich zeitweilig die Befürchtung, erschlagen zu werden. Nicht viel Angst oder keine große Angst, aber mehr als sonst.

Seit 1984 lebe und arbeite ich in Westberlin und bin in dieser Stadt mehr zu Hause als irgendwo sonst. Dank meines nicht ausgeprägten Orientierungssinnes verlaufe ich mich jeden Tag in den Straßen, aber dennoch, im Vergleich zu den Städten, in denen ich bisher gewohnt und studiert habe, war Berlin stets ein Ort, an dem ich mich recht geborgen fühlte. Meine Hautfarbe ist im Straßenbild kein außergewöhnlicher Blickfang, ich werde hier nicht jeden Tag für mein gutes Deutsch gelobt, und nur selten bin ich in Seminaren, bei Veranstaltungen oder Parties die einzige Schwarze inmitten einer unbestimmten Zahl von Weißen. Ich muß mich zwar häufig, aber nicht ständig erklären. Ich erinnere mich an frühere Zeiten, in kleinen westdeutschen Städten, wo ich oft das Gefühl hatte, unter ständiger Beobachtung zu stehen, an stets forschenden und fragenden Blicken zu erkranken. Ich erinnere mich an Tage, an denen ich mich besonders einsam oder unerträglich exponiert fühlte und beim Einkaufen und im Bus nach Schwarzen Menschen

Ausschau hielt. In Berlin, dieser anonymen Stadt mit internationalem Gesicht, verblichen diese Erinnerungsbilder sehr schnell in meinem Gedächtnis. Beim Fall der Mauer und in der Zeit danach fielen sie jedoch, wie aus einer verstaubten Schublade, zurück in meinen Alltag.

In den ersten Tagen nach dem 9. November 1989 bemerkte ich, daß kaum ImmigrantInnen° und Schwarze Deutsche im Stadtbild zu sehen waren, zumindest nur selten solche mit dunkler Hautfarbe. Ich fragte mich, wie viele Jüdinnen (nicht) auf der Straße waren. Ein paar Afro-Deutsche, die ich im Jahr zuvor in Ostberlin kennengelernt hatte, liefen mir zufällig über den Weg, und wir freuten uns, nun mehr Begegnungsmöglichkeiten zu haben. Ich war allein unterwegs, wollte ein bißchen von der allgemeinen Begeisterung einatmen, den historischen Moment spüren und meine zurückhaltende Freude teilen. Zurückhaltend deshalb, weil ich von den bevorstehenden Verschärfungen in der Gesetzgebung für ImmigrantInnen und Zufluchtsuchende gehört hatte. Ebenso wie andere Schwarze Deutsche und ImmigrantInnen wußte ich, daß selbst ein deutscher Paß keine Einladungskarte zu den Ost-West-Feierlichkeiten darstellte. Wir spürten, daß mit der bevorstehenden innerdeutschen Vereinigung eine zunehmende Abgrenzung nach außen einhergehen würde—ein Außen, das uns einschließen würde. Unsere Beteiligung am Fest war nicht gefragt.

Das neue „Wir" in—wie es Kanzler Kohl zu formulieren beliebt – „diesem unserem Lande" hatte und hat keinen Platz für alle.

„Hau ab, du Neger, hast du kein Zuhause?"

Zum ersten Mal, seit ich in Berlin lebte, mußte ich mich nun beinahe täglich gegen unverblümte Beleidigungen, feindliche Blicke und/oder offen rassistische Diffamierungen zur Wehr setzen. Ich begann wieder—wie in früheren Zeiten—beim Einkaufen und in öffentlichen Verkehrsmitteln nach den Gesichtern Schwarzer Menschen Ausschau zu halten. Eine Freundin hielt in der S-Bahn ihre afro-deutsche Tochter auf dem Schoß, als sie zu hören bekam:

„Solche wie euch brauchen wir jetzt nicht mehr, wir sind hier schon selber mehr als genug!" Ein zehnjähriger afrikanischer Junge wurde aus der vollen U-Bahn auf den Bahnsteig hinausgestoßen, um einem weißen Deutschen Platz zu machen . . .

Das waren Vorfälle in Westberlin im November 1989, und seit 1990 mehrten sich dann Berichte von rassistisch motivierten Übergriffen vor allem auf Schwarze Menschen, mehrheitlich im

°*written speech: alternative form that incorporates both the feminine and masculine form of the noun (that is, Immigrantinnen, Immigranten)*

Ostteil Deutschlands. Berichte, die zunächst nur in Kreisen von ImmigrantInnen und Schwarzen Deutschen bekannt wurden, offizielle MedienberichterstatterInnen nahmen von den gewaltsamen Ausschreitungen kaum Notiz. Ich begann das Jahr 1990 mit einem Gedicht:

grenzenlos und unverschämt
ein gedicht gegen die deutsche sch-einheit

ich werde trotzdem
afrikanisch
sein
auch wenn ihr
mich gerne
deutsch
haben wollt
und werde trotzdem
deutsch sein
auch wenn euch
meine schwärze
nicht paßt
ich werde
noch einen schritt weitergehen
bis an den äußersten rand
wo meine schwestern sind—wo meine brüder stehen
wo
unsere
FREIHEIT
beginnt
ich werde
noch einen schritt weitergehen und noch einen schritt
weiter
und wiederkehren
wann
ich will
wenn
ich will
grenzenlos und unverschämt
bleiben.

Meine neue Vokabeln
Hier können Sie alle Vokabeln
auflisten, die Sie lernen wollen.

Zum Verständnis und zur Diskussion

Zum Wortschatz

Aufgabe 1: Kennen Sie Redewendungen, die etwas Abwertendes oder Negatives durch die Farbe *schwarz* vermitteln? Sind die folgenden Redewendungen positiv oder negativ gemeint? Diskutieren Sie in Kleingruppen die Bedeutung der Redewendungen aus der Perspektive von Schwarzen Deutschen.

a. das schwarze Schaf sein
b. der schwarze Markt
c. Schwarzer Peter
d. der schwarze Kontinent
e. schwarz sehen
f. schwarzfahren

Aufgabe 2: In diesem Text vergleicht May Ayim ihre Erfahrungen als Schwarze Deutsche in westdeutschen Kleinstädten mit denen in Berlin. Sammeln Sie Wörter oder Ausdrücke im Text, die zeigen, dass Menschen mit dunkler Hautfarbe tagtäglich mit voreingenommenen Reaktionen konfrontiert werden.

Beispiel: *unter ständiger Beobachtung stehen*

Fragen zum Text

1. Was meint May Ayim wenn sie schreibt: „Die Heimat trage ich in den Schuhen"?

2. Wie hat sie sich vor dem Fall der Mauer in West-Berlin gefühlt? Geben Sie konkrete Beispiele.

3. Was hat sich nach dem Fall der Mauer im Stadtbild Berlins geändert? Geben Sie konkrete Beispiele.

4. May Ayim hatte nach dem Fall der Mauer gemischte Gefühle. Worüber hat sie sich gefreut? Warum war ihre Freude mit Angst und Trauer gemischt?

5. Geben Sie Beispiele von rassistischen Vorfällen, die May Ayim beschreibt.

6. Wie charakterisiert May Ayim *Freiheit* in ihrem Gedicht?

Zur Diskussion

Aufgabe 1: May Ayim ist der Künstlername der Afro-Deutschen Lyrikerin Brigitte Sylvia Gertrud Opitz.

a. Arbeiten Sie zu zweit und diskutieren Sie die möglichen Beweggründe für die Wahl von May Ayims Künstlernamen.

b. Kennen Sie Personen in Ihrer Gesellschaft, die ein Pseudonym angenommen haben? Wissen Sie warum?

Aufgabe 2: Bilden Sie drei Gruppen. Interpretieren Sie das Gedicht „grenzenlos und unverschämt" anhand der folgenden Fragen:

Gruppe 1: Was bedeutet wohl das Wortspiel „ . . . deutsche sch-einheit" im Untertitel?

Gruppe 2: Welche Grenze meint May Ayim im Titel „grenzenlos und unverschämt"?

Gruppe 3: Inwiefern ist dieses Gedicht eine Antwort auf die politischen Umstände im vereinigten Deutschland? Warum hat May Ayim wohl dieses Gedicht 1990 geschrieben?

Aufgabe 3: Ein dreiteiliger Titel für einen Bericht, eine Erzählung oder einen Roman ist recht ungewöhnlich. May Ayim muss sich bei dem Titel etwas gedacht haben. Arbeiten Sie in einer Kleingruppe. Analysieren Sie die Struktur des Textes. Wiederholt sich die Dreiteiligkeit des Titels auch in dem Text? Lässt sich eine Parallele zwischen der Dreiteiligkeit des Titels und dem Schicksal der Schwarzen Deutschen nach der Wende feststellen?

Vor dem Lesen

Aufgabe 1: Stellen Sie sich vor, Sie haben eine eigene Familie. Unter welchen Umständen würden Sie eine Arbeit annehmen, die Sie regelmäßig von Ihrer Familie trennen würde?

Aufgabe 2: Viele Gastarbeiter, die in Deutschland arbeiten, fühlen sich gezwungen ihre Familie im Heimatland zurückzulassen. Zu welchen Schwierigkeiten kann die Trennung von Familienmitgliedern führen?

Aufgabe 3: Betrachten Sie die folgende Tabelle und beantworten Sie die Fragen.

Ausländer nach Wirtschaftszweigen*

	1965	1970	1980	1990	1992	1994	1995	1996
				in %				
Land- und Forstwirtschaft								
Fischerei	3,5	5,9	8,0	8,0	10,9	13,0	13,6	13,6
Baugewerbe	12,0	17,5	12,4	9,8	12,0	13,3	13,3	12,8
Bergbau, Energie	6,7	9,3	7,0	6,9	6,9	6,4	6,1	5,9
Verarbeitendes Gewerbe	7,9	12,5	13,3	10,8	11,3	11,5	11,6	11,4
darunter:								
Chemische Industrie	6,7	9,2	9,2	7,5	7,7	8,1	8,2	8,2
Kunststoffverarbeitung	11,3	18,4	19,6	15,8	16,6	16,5	16,4	16,0
Eisen- und Stahl-								
Erzeugung	8,4	13,7	15,4	14,0	14,7	15,0	15,5	15,4
Gießerei	—	—	27,3	24,3	23,8	23,2	23,6	23,1
Textilverarbeitung	—	—	19,7	17,3	17,5	17,4	17,4	17,2
Dienstleistungen	2,0	3,4	8,5	8,0	9,2	10,4	10,2	10,3
darunter:								
Gaststätten und Beherbergungen	7,6	14,8	21,9	20,2	24,7	30,6	30,4	30,9

*Anteil an den sozialversicherungspflichtig Beschäftigten. Stichtag 30.9., ab 1993 30.6. Nur alte Bundesländer.
Quelle: BA.

a. In welchen Wirtschaftszweigen waren die meisten Gastarbeiter 1965 tätig?

b. In welchen Bereichen haben die meisten Gastarbeiter 1996 gearbeitet?

c. In welchen Bereichen wurde ihr Anteil größer?

d. In welchen Bereichen hat ihr Anteil abgenommen?

An den Text heran

Aufgabe 1: Rafik Schamis Geschichte beschreibt eine Reise. Überfliegen Sie den Text und suchen Sie Antworten auf die folgenden Fragen. Arbeiten Sie zu zweit. Die Zahlen in Klammern weisen auf die entsprechenden Textabschnitte für die Beantwortung der Fragen.

a. Wo fängt die Geschichte an?   (1)

b. Wer befindet sich dort?   (2)

c. Wohin geht die Reise?   (5)

d. Wer fährt mit/möchte mitfahren?   (4–5)

e. Wer wartet auf Yunis, als er ankommt?   (9)

f. Was passiert, als er mit seinen Kindern spricht?   (11)

g. Was meinen Sie, wie die Geschichte weitergeht?

Aufgabe 2: In dieser Geschichte spielt Rafik Schami mit Zeitbegriffen, um die Sehnsucht eines Gastarbeiters zu veranschaulichen. Lesen Sie den Text und unterstreichen Sie Zeit- und Ortshinweise. Tragen Sie Ihre Ergebnisse in eine Tabelle ein.

Beispiel: Zeit   Ort
       17 Uhr 32   *Münchner Hauptbahnhof*

Information zum Text

Rafik Schami wurde in Syrien geboren. Seit 1971 lebt er in der Bundesrepublik, wo er vor allem für seine Märchen bekannt ist. Seine Erzählung erschien 1988 in *Die Sehnsucht fährt schwarz. Geschichten aus der Fremde,* einer Sammlung mit Geschichten über die Lebenserfahrungen von Immigranten in Deutschland.

Die Sehnsucht fährt schwarz

Rafik Schami

Der Zeiger der Bahnhofsuhr springt von einer Ziffer zur anderen, hält eine kurze Weile inne und springt wieder zur nächsten . . . Es ist 17 Uhr 32 auf dem Münchener Hauptbahnhof.

Zwei Gastarbeiter sitzen auf einer Bank, zwei andere lehnen am Geländer. Die vier beobachten schweigend den Zug auf Gleis 8. Viele Gastarbeiter drängen sich an den Zugfenstern, um mit ihren Landsleuten auf Bahnsteig 8 zu reden. Sie versichern ihnen, daß sie nichts vergessen würden, aber die Leute auf dem Bahnsteig haben Zweifel—wie oft haben sie selbst ihre Versprechen vergessen.

Ununterbrochen versuchen die Bleibenden den nach Hause Fahrenden ihre Wünsche einzupauken.

„Vergiß nicht, Mustafa zu grüßen . . . "

„Sag meinem Onkel, ich habe das Geld schon vor einer Woche überwiesen . . . "

„Frage sie, warum sie nicht schreibt . . . "

Die vier Freunde beobachten den Zug aus einiger Entfernung, denn sie kennen niemanden, der heute fährt.

„Der Zug von München–Istanbul über Belgrad–Sofia . . . Türen schließen. Vorsicht bei der Abfahrt", schallt die unverständliche Stimme aus den Lautsprechern, als der Uhrzeiger gerade auf 17 Uhr 34 sprang.

„Die Heimat ist weit weg, verfluchte Frühschicht", seufzt einer der beiden Gastarbeiter laut. „Wenn ich in Izmir schlafen und hier arbeiten könnte—das wäre ein Leben", meint Yunis von seinem Platz auf der Bank aus.

Der Zug fährt auf glänzenden Gleisen, die unter dem Licht der Reklame wie ein Netz von Blutadern aussehen, das sich von Süden über den Bahnhof nach Norden erstreckt. Die Räder der Waggons hämmern die Adern straff und gesund. Die vier Freunde verfolgen den Zug mit ihren Augen.

An diesem Abend entflieht Yunis unbemerkt der kleinen Runde seiner Freunde und versetzt sich schnell in den fahrenden Zug auf einen Stehplatz im Gang.

Die Leute sehen alle gleich aus. Müde, unrasiert, eingeklemmt zwischen Mänteln und Kartons reden sie kaum miteinander. Sie starren auf den Boden.

„Fahrkarte bitte", Yunis lacht auf der Bank: „Die Sehnsucht fährt immer schwarz, sie ist stärker als alle Grenzen und Kontrollen."

Der Zug verschwindet in dem Schlund der Dunkelheit, seine Rücklichter funkeln wie die Augen eines zornigen Stiers in der Arena. Noch bevor der Zug völlig in der Dunkelheit verschwindet, kommt Yunis in Izmir an. Seine Frau Aischa, seine vier Kinder und seine alte Mutter warten dort auf ihn. Die alte Mutter mit ihren hölzernen Krücken, noch tiefer gebeugt als vor zwei Jahren—ein fruchttragender Olivenzweig. Die drei älteren Kinder springen auf vor Freude: „Vater hat viele Koffer dabei", schreien sie. Die Frau weint, zwei Jahre Einsamkeit waren zu lange. Yunis küßt die Hand seiner Mutter, sie flüstert: „Daß ich dich, mein Herz, noch einmal sehe, hätte ich nicht geglaubt, Gott ist gnädig." Ihre warmen Tränen brennen auf seinen Lippen, als er ihre Wangen küßt. Er streichelt schnell den Kopf seiner Frau und kneift sie zärtlich und heimlich in die Wangen. Sie lächelt erwartungsvoll und wischt sich die Tränen ab mit einem kleinen, weißen Tuch.

Ismet, sein zehnjähriger Sohn versucht vergeblich, den schweren Koffer zu tragen.

„Er ist zu schwer für dich, mein Junge", flüstert Yunis.

„Hast du uns alles mitgebracht?" fragt Ismet, denn er hatte den letzten Brief mit seinen Wünschen gefüllt.

„Alles? Es ist doch alles teurer geworden, für deine Hosen habe ich meine Hände verbrannt, denkst du, die Deutschen schmeißen das Geld aus dem Fenster?"

„Ich will mein Kleid sehen", meldet sich Tochter Jasmin.

„Halte den Mund bis wir zu Hause sind, da wirst du es sehen!" fährt die Mutter sie an.

„Nein, jetzt!" stampft Jasmin störrisch mit den Füßen.

Aischa zieht das Mädchen kräftig am Ohr.

„Laß sie doch, sie freut sich", sagt Yunis, als Jasmin anfängt zu weinen.

Alle drei Kinder springen um Yunis und zerren ihn an der Jacke, nur der vierte, jüngste Sohn steht die ganze Zeit und beobachtet seine Geschwister.

„Na, Kleiner, komm her, du bist ja groß geworden, Kemal", sagt Yunis und beugt sich zum dreijährigen Kemal, der sich erschrocken am Kleid seiner Mutter festhält.

„Kennst du mich nicht mehr?"

„Nein, wer bist du denn?"

„Ich bin dein Vater", antwortet Yunis und nimmt das Kind auf den Arm, das sich aber dagegen sträubt und weint.

„Er war ja so klein, als du vor zwei Jahren nach Deutschland fuhrst", entschuldigt Aischa ihren Sohn.

Yunis küßt das Kind, doch Kemal weint bitter, weil der lange Bart des fremden Mannes ihn kratzt. Er wendet sich weinend zur Mutter ab. Yunis muß ihn dieser geben, seine Augen werden feucht:

„Nicht einmal die eigenen Söhne erkennen uns wieder", flüstert er auf der Bank des Münchener Hauptbahnhofs.

„Komm, ich muß morgen früh raus", stupst ihn sein Zimmerkollege Enwer an, der neben ihm auf der Bank sitzt.

„Verfluchte Frühschicht, die verdirbt mir den ganzen Tag!" antwortet Nazim, der ältere Gastarbeiter und schaut Yunis dabei an. Die drei Freunde gehen auf den Ausgang zu. „Bewege dich!" rufen sie nach ein paar Schritten dem noch auf die Gleise starrenden Yunis zu.

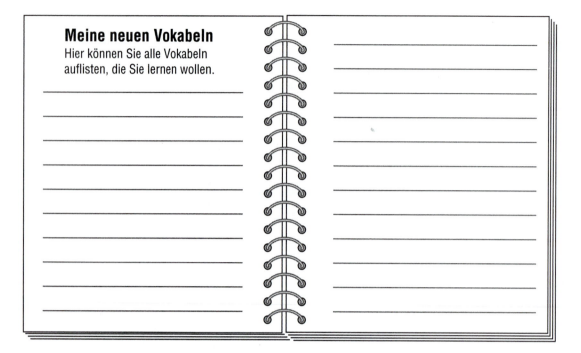

Meine neuen Vokabeln

Hier können Sie alle Vokabeln
auflisten, die Sie lernen wollen.

Zum Verständnis und zur Diskussion

Zum Wortschatz

Aufgabe 1: Was bedeutet der Ausdruck *schwarzfahren*? Der Ausdruck erscheint
im Titel und dann noch einmal im Text: „Die Sehnsucht fährt immer schwarz,
sie ist stärker als alle Grenzen und Kontrollen." Wie unterscheiden sich die
beiden Textstellen in ihrer Bedeutung?

Aufgabe 2: Arbeiten Sie mit einem Stilwörterbuch, um die folgenden Sätze mit
der Stammform *-setz* zu paraphrasieren.

a.   Komm *setz dich* zu uns!

b.   Der Mann meiner Schwester ist Computerfachmann und wird von Chicago
     nach Silicon Valley *versetzt*.

c.   Der Professor musste seine Brille *aufsetzen*, um den Aufsatz zu korrigieren.

d.   Während der Reise hat die Mutter ihr Kind auf den Schoß *gesetzt*.

e.   An diesem Abend hat sich Yunis in den fahrenden Zug *versetzt*.

Fragen zum Text

1. Was erfahren Sie über die Leute im Zug?
2. Was wollen die Gastarbeiter, die sich an den Zugfenstern drängeln?
3. Warum sprechen Yunis und seine drei Freunde nicht mit den Leuten im Zug? Warum sind sie zum Bahnhof gekommen?
4. Was macht Yunis, als der Zug abfährt?
5. Wie stellt sich Yunis seine Ankunft in Izmir vor? Wie sieht seine alte Mutter aus? Warum weint seine Frau?
6. Wie reagieren die älteren Kinder auf die Ankunft ihres Vaters? Wie reagiert der jüngste Sohn?
7. Was vermittelt der Wachtraum über Yunis' Gemütszustand? Was wird Yunis anhand seines Traumes bewusst?
8. Welche Rolle spielen die Bahnhofsgleise in der Geschichte?

Zur Diskussion

Aufgabe 1: In Rafik Schamis Erzählung vermischen sich Realität und Fantasie. Arbeiten Sie zu zweit. Unterstreichen Sie die Stellen im Text, wo dieser Übergang von Realität und Fantasie sichtbar ist. Diskutieren Sie dann, zu welcher von diesen zwei Welten Yunis' Reise gehört. Auf welche Welt verweist der Titel?

Aufgabe 2: Versetzen Sie sich in Yunis. Versuchen Sie sich sein Leben in Deutschland vorzustellen. Warum verfällt er wohl in diesen Wachtraum? Was für ein Ausländerbild vermittelt diese Erzählung?

Aufgabe 3: Versetzen Sie sich in die Lage von Yunis' Familie. Versuchen Sie sich das Leben der Familie ohne Yunis vorzustellen. Wie wirkt sich Yunis' Abwesenheit auf jedes einzelne Familienmitglied aus?

TEXT 4: Mit sprechenden Händen mehr verstehen

Vor dem Lesen

Aufgabe: Der folgende Text behandelt das Thema *Gebärdensprache* (Zeichensprache) und deren Anerkennung als Minderheitsprache und Unterrichtsmethode für gehörlose Schweizerinnen/Schweizer. In der folgenden Übung können Sie Ihr Wissen zu diesem Thema testen.

a. Was ist Gebärdensprache?

b. Gibt es mehr als eine?

c. Wie heißt die Gebärdensprache in den USA?

d. In welchen öffentlichen Situationen ist Ihnen Gebärdensprache begegnet?

e. Wissen Sie, wie amerikanische und kanadische gehörlose Kinder unterrichtet werden? Dürfen diese Kinder in Nordamerika in der Schule die Zeichensprache benutzen?

f. Kennen Sie das amerikanische Fingeralphabet? Einige amerikanische Gebärden?

An den Text heran

Aufgabe 1: Um einen ersten Einblick in das Thema des nachstehenden Berichts zu gewinnen, lesen Sie jeweils den ersten Satz von den ersten fünf Abschnitten. Worum scheint es im Artikel zu gehen?

- Wenn James Tucker in der Schweiz einen Vortrag hält, erinnert sein Auftreten an eine avantgardistische Theaterproduktion.

- So exotisch dieses Bild wirken mag, der Vortrag dreht sich um trockene Materie: um Bildungspolitik, zweisprachigen Unterricht und gehörlose Lehrer.

- Nach Ende des Vortrags streckt einer der anwesenden Schweizer Gehörlosenpädagogen auf.

- Und so wird an Schweizer Hörbehindertenschulen auch in erster Linie gelehrt, was hörende Fachleute für gehörlose Kinder für richtig halten.

- James Tucker hat an seiner Schule den zweisprachigen Unterricht in Laut- und Gebärdensprache eingeführt.

Aufgabe 2: Überfliegen Sie den Text und suchen Sie Informationen, mit denen Sie die folgenden Sätze ergänzen können. Tauschen Sie Ihre Ergebnisse in der Gruppe aus.

a. James Tucker ist . . .

b. Die Gebärdensprache . . .

c. In der Schweiz . . .

Tanja Tissi unterrichtet mit Hilfe von Gebärden an der Kantonalen Gehörlosenschule.

Information zum Text

Reto U. Schneiders Artikel erschien 1995 in der populären schweizerischen Zeitschrift *FACTS*. (NB: Für weitere Information über Gehörlosigkeit in den deutschsprachigen Ländern siehe Deaf-Related German Web Sites, im Anhang B.)

Mit sprechenden Händen mehr verstehen

Reto U. Schneider

Wenn James Tucker in der Schweiz einen Vortrag hält, erinnert sein Auftreten an eine avantgardistische Theaterproduktion: Tucker steht auf einer kleinen Bühne, links und rechts neben ihm eine Frau. Alle drei bewegen unablässig ihre Hände. Einmal explodieren aus einer Faust fünf Finger, dann runzelt sich eine Stirn, und ein Arm wird ausgestreckt. Die Zuschauer nicken. Sie haben verstanden.

So exotisch dieses Bild wirken mag, der Vortag dreht sich um trockene Materie: um Bildungspolitik, zweisprachigen Unterricht und gehörlose Lehrer. James Tucker ist Direktor der Maryland School for the Deaf in den USA. Er ist gehörlos, die zwei Frauen an seiner Seite sind Gebärdensprachdolmetscherinnen, die seinen Vortrag simultan übersetzen aus der amerikanischen in Deutsch- und Westschweizer Gebärdensprache.

Nach Ende des Vortrags streckt einer der anwesenden Schweizer Gehörlosenpädagogen auf. „Sie sind Direktor dieser Schule, und Sie sind gehörlos. Wie geht das?" Tucker zuckt mit den Schultern und lässt übersetzen: „Was ist die Frage?" Die Frage ist ganz einfach: Wie schafft es ein Gehörloser, zum Direktor einer Gehörlosenschule ernannt zu werden? In der Schweiz wäre das ein ungeheuerlicher Vorgang. Gehörlose hier bringen es an den

Sonderschulen allenfalls zum Hilfsgärtner, in Einzelfällen zur Lehrerin, die Direktorenposten aber sind fest in der Hand der Hörenden.

Und so wird an Schweizer Hörbehindertenschulen auch in erster Linie gelehrt, was hörende Fachleute für gehörlose Kinder für richtig halten: Hörtraining, Sprechübungen, Lippenlesen. Die Gebärdensprache ist im Klassenzimmer normalerweise verboten. Die Kinder hörender Eltern lernen sie auf dem Pausenplatz von ihren Kameraden aus gehörlosen Familien.

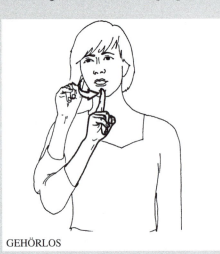

GEHÖRLOS

James Tucker hat an seiner Schule den zweisprachigen Unterricht in Laut- und Gebärdensprache eingeführt. Auch der Schweizerische Gehörlosenbund fordert in einer Resolution die zweisprachige Schulung und Erziehung. Das Centre pour Enfants Sourds de Montbrillant° in Genf ist bisher das einzige solche Projekt in der Schweiz: Hörende und gehörlose Lehrer und Lehrerinnen unterrichten in Laut- und Gebärdensprache. Überdies gilt die Kantonale Gehörlosenschule in Wollishofen als aufgeschlossen gegenüber der Gebärdensprache. Die übrigen Schulen—etwa ein halbes Dutzend—halten an der rein oralen Erziehung gehörloser Kinder fest. Das müsste eigentlich überraschen, denn nach 100 Jahren lautsprachlicher Erziehung und Unterdrückung der Gebärdensprache kann der oralen Methode kein gutes Zeugnis ausgestellt werden:

- Der Kontakt zu gehörlosen Erwachsenen, zum Beispiel Lehrern, die als positives Lebensmodell dienen könnten, fehlt. Es gab gehörlose Schüler, die während ihrer Schulzeit nie einen erwachsenen Gehörlosen gesehen haben und deswegen dachten, Gehörlosigkeit sei bloss eine Jugenderscheinung.
- Durch den ausschliesslich° lautsprachlichen Unterricht wird das gehörlose Kind ständig an seinem Defizit gemessen, was sich negativ auf sein Selbstwertgefühl auswirkt.

°*Center for Deaf Children of Montbrillant*

°*Contrary to standard German, Swiss German does not have the letter "ß" in its alphabet.*

- Vielen Kindern ist es auch nach aufreibendem Sprechtraining nicht möglich, in der Lautsprache differenziert über Gefühle oder Ängste zu sprechen. Es ist, als ob sie ihre Emotionen in einer Fremdsprache ausleben müssten.
- Das durchschnittliche Bildungsniveau lautsprachlich erzogener Gehörloser liegt weit hinter dem gleichaltriger Hörender zurück.

Doch Gehörlose sind nicht weniger intelligent als Hörende. „Wir sind Augenmenschen, wir brauchen die Information in visueller Form, in Gebärdensprache", sagt Peter Hemmi, Regionalsekretär des Schweizerischen Gehörlosenbundes, „im Grunde sind wir eine Sprachenminderheit wie die Rätoromanen,° und so möchten wir auch behandelt werden." Vor zwei Jahren ersuchte der SGB deshalb den Bundesrat in einer Petition, „die Gebärdensprache . . . anzuerkennen und sie, nebst der Lautsprache, in Bildung, Ausbildung, Forschung und Vermittlung zu fördern". Im Brief vom 23. März 1995, den daraufhin Bundesrätin Dreifuss schickte, unter anderem an die Schweizerische Konferenz der kantonalen Erziehungsdirektoren, bezeichnet sie das Anliegen als „sehr berechtigt und unterstützungswert". Doch die Bitte der Bundesrätin wird bei vielen Schulleitungen auf taube Ohren stossen.

°*linguistic group in center of* Graubünden *in southeastern Switzerland*

An der Sprachheilschule St. Gallen wird das orale Konzept konsequent durchgesetzt: Nicht einmal der Samichlaus° darf dort gebärden, obwohl es den Kindern wegen des Bartes kaum möglich ist, von seinen Lippen abzulesen. Ein anderes Beispiel pädagogischer Feinfühligkeit liegt bereits ein paar Jahre zurück. „Anlässlich eines Jubiläumsgottesdienstes der Schule", erinnert sich Ruth Kolb, die Mutter eines ehemaligen Schülers, „versuchte der Schuldirektor Bruno Schlegel Gebärdensprachedolmetscherinnen abzuwimmeln, obwohl sie von gehörlosen Besuchern gewünscht wurden und bestellt waren". Wie die meisten Schuldirektoren und Gehörlosenpädagogen beherrscht Schlegel die Deutschschweizer Gebärdensprache übrigens nicht.

°*St. Nicholas*

KINDER

Auch Susanna Schmid-Giovannini von der Schule für Hörgeschädigte Kinder in Meggen macht keinen Hehl aus ihrer Geringschätzung für die

Gebärdensprache. „Erzählen Sie mal einem Gehörlosen mit einer Gebärde einen Witz! Wissen Sie, wie lang das geht, bis der den kapiert?" Auch gegen die Umgangsformen der Gehörlosen, die mit Gebärdensprache aufgewachsen sind, zieht sie ins Feld: „Die hauen uns auf die Schulter, wenn sie Kontakt aufnehmen wollen." Nach

GEBÄRDEN (viel)

einem Abend in einer solchen Gesellschaft habe sie immer blaue Flecken. „Sie sind furchtbar laut, denn sie sind nicht gewohnt, Rücksicht zu nehmen." In ihrem Buch „Sprich mit mir" holt Schmid-Giovannini dann zum endgültigen Schlag gegen die Gebärdensprache aus: „Die Gebärde ist der Tod der Lautsprache . . . Nur mit der Lautsprache kann das Kind ein vollwertiges Mitglied der Gesellschaft werden."

So gesehen, hätte Ulrike Gotthardt-Pfeiff kein vollwertiges Mitglied der Gesellschaft werden. Als Kind gehörloser können Eltern ist sie gleichzeitig mit Gebärdensprache und Lautsprache aufgewachsen. Heute leitet die junge Fachärztin die Station für psychisch kranke Gehörlose an der Westfälischen Klinik für Psychiatrie und Neurologie im norddeutschen Lengerich. Dort muss sie ausbaden, was sture Verfechter der lautsprachlichen Erziehung einbrocken. Viele Störungen, die sie diagnostiziert, haben immer dieselbe Ursache: die fehlende Kommunikation in der Familie zwischen hörenden Eltern, die nie Gebärdensprache lernten, und ihren gehörlosen Kindern. „Sehr viele Familien sind nicht in der Lage, sich lautsprachlich über mehr zu unterhalten als ‚wir gehen essen', ‚spazieren', ‚gute Nacht'. Gefühlsmässige Inhalte bleiben auf der Strecke." Für die seelische Entwicklung von gehörlosen Kindern hält Gotthardt-Pleiff die Gebärdensprache für äusserst wichtig, denn wenn Kinder gebärden, ist ihre Behinderung schlagartig verschwunden. Doch viele Schulen raten den Eltern vom Gebrauch der Gebärden ab.

Susanne Muralt ist froh, dass sie nicht auf den Ratschlag der Schule gehört hat. Auch ihr wurde nahegelegt, auf keinen Fall Gebärden zu brauchen, um sich mit ihrer gehörlosen Tochter Melanie zu unterhalten. Seit sie jedoch als hörende Mutter die Gebärdensprache gelernt hat, fallen ihr Gespräche mit Melanie viel leichter. Besonders bei komplizierten Themen erweist sich die Gebärdensprache als Vorteil. „Wenn ich meine Tochter lautsprachlich aufklären müsste, sie würde es wahrscheinlich kaum verstehen."

Die Deutschschweizer Gebärdensprache ist so typisch schweizerisch, dass sie über eigene Zeichen für Trumpf Buur° und Rösti° verfügt und in St. Gallen und Zürich aus verschiedenen Dialekten besteht. Doch die erste linguistische Studie darüber veröffentlicht eine gebürtige Amerikanerin. Die Psycholinguistin Penny Boyes Braem wird in zwei Monaten ihre vierjährige Nationalfondsstudie zur Deutschschweizer Gebärdensprache vorlegen. Sie beschäftigt sich darin unter anderem mit den Unterschieden in der Gebärdensprache von Gehörlosen, die die Sprache von klein auf kannten, und Gehörlosen, die sie erst spät lernten. Das Resultat: Spätlerner gebärden weniger schnell, weniger präzise und nutzen die Möglichkeiten der Gebärdensprache generell viel weniger. Die Untersuchung von Boyes Braem legt nahe, dass es ein kritisches Alter für das Erlernen der Gebärdensprache gibt. Auch andere Untersuchungen bestätigen, dass gehörlose Kinder die Gebärdensprache möglichst früh lernen sollten.

Er ist kein Zufall, dass sich die Schweizer Sprachforschung, die sich sonst jedes abgelegenen Bergdialektes bemächtigt, die Gebärdensprache ignoriert. Denn über einen Punkt herrschte lange und weltweit Einigkeit: Eine richtige Sprache konnte sich hinter dem Gefuchtel der Gehörlosen wohl kaum verbergen. Die sonderbaren Handbewegungen, mit denen sie sich verständigen, galten als unzulängliches Hilfsmittel der bedauernswerten Taubstummen.

Als der amerikanische Sprachwissenschaftler William C. Stokoe 1960 die erste moderne analytische Arbeit über die Gebärdensprache verfasste, lachten selbst Gehörlose über ihn. Sie hatten die Ansichten ihrer Pädagogen derart verinnerlicht, dass sie das Resultat der Studie erst gar nicht glaubten: Die Gebärdensprache ist ein vollständiges Sprachsystem, und ihre

°*jack of trumps*
°*Swiss German potato
  specialty*

Möglichkeiten stehen der Lautsprache in nichts nach. Doch die Gehörlosenpädagogik verschloss sich den Erkenntnissen der Linguistik, denn ihr oberstes Ziel war es, gehörlose Kinder in ihre hörende Umwelt zu integrieren, und das Mittel dazu war die Unterdrückung der Gebärdensprache und die ausschliessliche Schulung der Lautsprache.

Peter Hemmi hat die Gebärdensprache versteckt auf dem Pausenhof gelernt. Heute bezeichnet er sie als seine Muttersprache, obwohl seine Mutter sie nie beherrschte. Neun von zehn Eltern gehörloser Kinder sind selbst normalhörend. Verständlicherweise möchten sie, dass sich ihr Kind in erster Linie in der Familie und damit unter Hörenden integriert. Das Misstrauen gegenüber zweisprachigen Schulmodellen ist gross, weil man befürchtet, mit dem Gebrauch der Gebärdensprache würden die Kinder gar nicht mehr sprechen lernen. Dazu gibt es widersprüchliche Untersuchungen. Unbestritten ist, dass Wissen mit Gebärdensprache viel effizienter vermittelt werden kann als mit Lautsprache.

Die offiziellen Beratungsstellen für Eltern mit gehörlosen Kindern werden von medizinischem oder pädagogischem Personal geleitet, das kaum Erfahrung mit der Gebärdensprache hat. Von den möglichen negativen Folgen einer ausschliesslich lautsprachlichen Förderung eines gehörlosen Kindes erfahren die Eltern nichts. Die pädaudiologische Beratungsstelle des Kinderspitals Zürich hat auch kein Interesse an der Mitarbeit der Gehörlosen. So kommt es vor, dass Eltern Entscheidungen für ihre gehörlosen Kinder treffen, ohne je Kontakt mit einem gehörlosen Erwachsenen gehabt zu haben.

James Tucker ist über die Schweizer Verhältnisse erstaunt. Bei ersten Beratungsgesprächen an seiner Schule muss das Team immer aus einem Hörenden und einem Gehörlosen bestehen. „Der direkte Kontakt mit gehörlosen Beratern soll verhindern, dass die Eltern Vorurteile über Gehörlose aufbauen. Sie sollen sofort ein positives Rollenbild vorgesetzt bekommen."

Überhaupt ist es Tucker ein Rätsel, wie die Fachleute ausgerechnet auf die Erfahrungen jener verzichten, die aus erster Hand über alles berichten können, was ihnen als Kind an Gehörlosenpädagogik widerfahren ist.

Meine neuen Vokabeln

Hier können Sie alle Vokabeln
auflisten, die Sie lernen wollen.

Zum Verständnis und zur Diskussion

Zum Wortschatz

Aufgabe 1: Die Wörter *gehörlos*, *Sprache* und *Gebärden* kommen in diesem Artikel als Stammwörter oft vor. Ihre Professorin / Ihr Professor weist jeder Kleingruppe einen Textteil zu. Jede Gruppe schreibt Wortkomposita und Ausdrücke auf, die jeweils eins der oben erwähnten Wörter enthalten. Erklären Sie die Bedeutung der neuen Wörter.

Beispiel: Wörter
        der Schweizer Gehörlosenbund

Bedeutung
eine Schweizer Organisation für Menschen, die nicht hören können

Aufgabe 2: Beantworten Sie die folgenden Fragen zu zweit. Beachten Sie die unterstrichenen Teile in jeder Frage.

a.   Wer hat das Sagen bei Ihnen zu Hause?

b.   Was bedeutet es, wenn man die Schultern zuckt?

c. Für welches soziale oder politische Ziel würden Sie <u>ins Feld ziehen</u>?

d. Welcher Fernseh-/Filmstar <u>macht keinen Hehl daraus</u>, dass er/sie schwul/lesbisch ist?

e. Sind Sie bei einem Gespräch schon einmal <u>auf der Strecke</u> geblieben? Warum?

Fragen zum Text

1. Wer ist James Tucker und worüber spricht er in seinen Vorträgen in der Schweiz?

2. Was fragt einer der Gehörlosenpädagogen James Tucker nach seinem Vortrag? Warum versteht Tucker die Frage nicht?

3. Was hat James Tucker an seiner Schule eingeführt?

4. In welcher Sprache wird in den meisten schweizerischen Gehörlosenschulen unterrichtet? Warum findet Reto Schneider das überraschend? Was sind nach Schneider die vier Nachteile einer rein oralen Erziehung?

5. Was haben Pädagoginnen/Pädagogen wie Susanna Schmid-Giovanni gegen die Gebärdensprache?

6. Wer ist Ulrike Gotthardt-Pfeiff? Wie ist sie erzogen worden? Was sind nach Gotthardt-Pfeiff die Folgen einer rein oralen Erziehung?

7. Womit beschäftigt sich die Psycholinguistin Penny Boyes Braem in ihrer Studie über die deutsch-schweizerische Gebärdensprache?

8. Wie erklärt Schneider die Tatsache, dass die Schweizer Sprachforschung die Gebärdensprache ignorierte?

Zur Diskussion

Aufgabe 1: Lesen Sie noch einmal, was im Artikel über die Vor- und Nachteile der Gebärdensprache und der Lautsprache für Gehörlose steht. Welche Argumente sind überzeugend für Sie? Welche nicht? Diskutieren Sie in einer Kleingruppe.

Aufgabe 2: Gehörlose Menschen, die sich im Café, in einer Einkaufsschlange, im Zug, in der Disco oder bei einem Fußballspiel unterhalten, gehören heute in manchen Städten in den USA schon fast zum Alltagsbild. Wie reagieren Sie, wenn Sie gehörlose Menschen beobachten? Sind Sie fasziniert? Was fühlen Sie? Was entdecken Sie über sich selbst in solchen Augenblicken?

Aufgabe 3: Was haben das Lernen einer Fremdsprache und das Lernen einer Gebärdensprache (z.B. American Sign Language) gemeinsam? Was ist unterschiedlich?

Diskussion: Lesen Sie den Text des Liedes „Neue Brücken". Diskutieren Sie dann die Fragen auf der nächsten Seite.

Neue Brücken

Ich find' auf meinem Globus so viel Flächen ohne Brot
und ehemals bunte Teile färbt ein Blutstrom tödlich rot,
die Gier, Haß, Neid und Rachsucht sind die Seuchen dieser Welt,
das Immunsystem verläßt sich auf den Waren-Gott, das Geld.

Die Klugheit liegt am Boden,
die Vernunft wird noch verrückt,
die niedrigsten Instinkte schlagen zu,
wohin man blickt.

Das alles scheint weit weg, doch es beginnt vor Deiner Tür,
der nächste, der die Kälte spürt, kann meistens nichts dafür.

Neue Brücken, über Flüsse voller dummer Arroganz,
neue Brücken, über Täler tiefster Intoleranz,
neue Brücken, neue Wege, aufeinander zuzugeh'n,
ganz behutsam, voller Achtung, miteinander umzugeh'n.

Brüder gibt's am Stammtisch, Schnaps im Kopf, den Geist im Glas,
in Sorge um ihr Vaterland gedeiht ihr Fremdenhaß,
daß Deutsche bess're Menschen sind, wer's nicht weiß, kann's dort
   erfahren
und daß das alles nicht so schlimm war bei Adolf, in den Nazi-Jahren.

Der Scheich ist hochwillkommen,
wenn er für Panzer Dollars gibt,
sein Landsmann auf der Flucht vor Folter
ist weniger beliebt.

Die Tür wird schnell verriegelt, ist das kein Asylbetrug?
Die paar gut gemeinten Lichterketten° waren noch lange nicht
   genug.

Neue Brücken, über Flüsse voller dummer Arroganz,
neue Brücken, über Täler tiefster Intoleranz,
neue Brücken, neue Wege, aufeinander zuzugeh'n,
ganz behutsam, voller Achtung, miteinander umzugeh'n. →

°*candlelight vigil to show solidarity with victims of oppression*

Neue Brücken,
neue Brücken,
neue Brücken, neue Wege, aufeinander zuzugeh'n,
ganz behutsam, voller Achtung, miteinander umzugeh'n.

a. Welche Brücken hofft die deutsche Rockgruppe *Pur* mit ihrem Lied schlagen zu können?

b. Besprechen Sie im Plenum, wie wirksam ein solches Lied gegen soziale Probleme sein kann. Sind Ihnen andere Lieder, Rockgruppen oder Musikaktionen bekannt, die durch die Musik auf Probleme in der Gesellschaft aufmerksam machen? Was halten Sie davon?

Gruppenforschungsprojekt: Bilden Sie zwei Gruppen. Eine Gruppe erforscht die Gesetze zu Immigration und Asyl in Deutschland und die andere Gruppe in den USA. Präsentieren Sie dann Ihre Ergebnisse im Plenum und diskutieren Sie Gemeinsamkeiten und Unterschiede bei den Gesetzen.

Gruppe 1: Die „bevorstehende Verschärfung in der Gesetzgebung für ImmigrantInnen und Zufluchtssuchende", von der May Ayim spricht, wurde wahr. 1993 verabschiedete der Bundestag eine Grundgesetzänderung zu Immigration und Asylrecht. Finden Sie heraus, wie die Bundesrepublik die Rechte auf Immigration und Asyl einschränkt.

Gruppe 2: Erkundigen Sie sich, wie die USA durch den INS (*Immigration and Naturalization Service*) die Immigration und die Zuflucht in die USA einschränken.

Eine biographische Skizze: In der nachstehenden Liste von ausländischen Autorinnen/Autoren, die auf Deutsch schreiben, wählen Sie eine/einen aus. Mit Hilfe der Bibliothek oder des Internets bereiten Sie für die Gruppe eine biografische Skizze dieser Schriftstellerin / dieses Schriftstellers vor.

Franco Biondi, Emine Sevgi, Zdamar Arasren, Cyrus Atabay, Adel Karascholi, Ota Filip, Gyorgy Dalos, László Cziba, Zehra Çirak, Yoko Tawada, Yüksel Pazarkaya, Gino Chiellino

Schriftliche Stellungnahme: Stellen Sie sich vor, dass an Ihrer Universität die folgende Diskussion geführt wird: (1) Die Gebärdensprache soll als Fremdsprache angeboten werden; und (2) das Erlernen der Gebärdensprache kann die Fremdsprachenpflicht erfüllen. Schreiben Sie einen Artikel für die Uni-Zeitung. Argumentieren Sie entweder für oder gegen diese zwei Vorschläge.

6

Im guten Glauben

HINFÜHRUNG ZUM THEMA

Fast zwei Drittel der deutschen Bevölkerung bekennen sich heute zur christlichen Kirche, davon ziemlich genau je die Hälfte zur römisch-katholischen und zur evangelischen Kirche. Andere religiöse Gemeinden christlicher Denomination in Deutschland sind die Zeugen Jehovas, Mormonen, Methodisten, Quäker und die anglikanische Kirche. Neben den christlichen Religionen hat sich heute auch wieder die jüdische Gemeinde in Deutschland etabliert. Muslimische und andere religiöse Zentren gehören heute ebenfalls zum Alltagsbild in Deutschland, vor allem in größeren Städten. Im multikulturellen Berlin zum Beispiel gibt es zahlreiche buddhistische Gruppen, die in Zen-Tempeln ihre Religion praktizieren; Koreaner kommen zum Jahresanfang zusammen, um das weltliche Gujung-Fest (das Neujahrsfest nach dem Mondkalender) zu feiern und Hindus zelebrieren im März Holi, das Farbenfest, und im Oktober Divali, das Lichterfest.

Die folgenden Texte sollen Ihnen einen Einblick in die Vielfalt der religiösen Gemeinschaften in der Bundesrepublik geben. Diese Vielfalt hat ihre Wurzeln in der spezifischen religiösen, geschichtlichen und politischen Entwicklung Deutschlands (s. Historischer Überblick). Fragen, Debatten und Konflikte aber auch Lernen, Verstehen und Toleranz kennzeichnen das geistig-religiöse Bild Deutschlands und tragen zu einer lebendigen Auseinandersetzung zwischen den verschiedenen Religionsgemeinschaften bei.

Hier die Texte zum Thema Religion:*

- Collage zum Thema Religionsunterricht
  a. *Konfessioneller Religionsunterricht als Nein zur Gleichgültigkeit*
  b. *Religionsunterricht [Bremen]*
  c. *Schulfach Lebenskunde—die Alternative zum Religionsunterricht der Kirchen [Berlin]*
- Christine Herold, *Besuch eines Mittagsgebetes in einer Moschee*
- Karin Levi, *G"tt der Welt!*
- Aaron Knappstein, *To stay or to go?*
- Hans-Martin Große-Oetringhaus, *Sarahs Stein*

Aufgabe 1: Wer feiert was?

1.	römisch-katholische Kirche	a.	Jom Kippur
2.	Koreaner	b.	Holi
3.	Hindus	c.	Weihnachten
4.	Juden	d.	Gujung-Fest
		e.	Lichterfest

Aufgabe 2: Welches Wort passt nicht in die Reihe?

1. Zeugen Jehovas – Quäker – Buddhisten – Methodisten
2. jüdisch – religiös – muslimisch – buddhistisch
3. Zen-Tempel – Synagoge – Rathaus – Kirche
4. Ostern – Karneval – Gujung-Fest – Divali – Rosch Ha-Schana

Historischer Überblick

Die Geschichte des Christentums in Europa und Deutschland ist mit Karl dem Großen (768–814) eng verbunden. Christliche Religion und Lehre dienen ihm als politisches und religiöses Mittel, die germanischen Stämme der Franken, Alemannen, Burgunder, Westgoten,° Sachsen° und Bayern zu vereinigen und dadurch seine politische Macht in Europa zu festigen. Während der Herrscherzeit Karls siedeln sich auch die ersten jüdischen Gemeinden im Rheinland an. Sie tragen zur Entwicklung der bedeutenden mittelalterlichen Metropolen Speyer, Worms, Köln und Regensburg bei. Der erste Kreuzzug (1099) endet die anfänglich glückliche Symbiose christlicher

°Visigoths °Saxons

---

*Nicht alle Religionen, die in Deutschland praktiziert werden, sind hier vertreten.

BEWEGLICHE CHRISTLICHE FESTE

Jahr Schaltjahr	Oster- sonntag	Christi Himmelfahrt	Pfingst- sonntag	Fron- leichnam
1998	12. April	21. Mai	31. Mai	11. Juni
1999	4. April	13. Mai	23. Mai	3. Juni
2000	23. April	1. Juni	11. Juni	22. Juni
2001	15. April	24. Mai	3. Juni	14. Juni
2002	31. März	9. Mai	19. Mai	30. Mai
2003	20. April	29. Mai	8. Juni	19. Juni

FESTTAGE DER KATHOLIKEN 1998

Neujahr	1. Jan.	Fronleichnam	11. Juni
Heilige 3 Könige	6. Jan.	Mariä Himmelfahrt	15. Aug.
Ostersonntag	12. April	Allerheiligen	1. Nov.
Ostermontag	13. April	Mariä Empfängnis	8. Dez.
Christi Himmelfahrt	21. Mai	Christfest	25. Dez.
Pfingstsonntag	31. Mai	Stephan M.	26. Dez.
Pfingstmontag	1. Juni		

FESTTAGE DER PROTESTANTEN 1998

Neujahr	1. Jan.	Pfingstmontag	1. Juni
Erscheinung Christi	6. Jan.	Reformationsfest	31. Okt.
Karfreitag	10. April	Allerheiligen	1. Nov.
Ostersonntag	12. April	Buß- und Bettag	8. Dez.
Ostermontag	13. April	1. Weihnachtstag	25. Dez.
Christi Himmelfahrt	21. Mai	2. Weihnachtstag	26. Dez.
Pfingstsonntag	31. Mai		

HAUPTFESTTAGE DER ISRAELITEN (5757–5758)

Fasten 10. Tewet	8. Jan.	Fasten 9. Aw	2. Aug.
Tu-Bischwat	11. Feb.	Neujahrsfest	21., 22. Sept.
Fasten Esther	11. März	Fasten Gedaljah	23. Sept.
Purim	12. März	Jom Kippur	30. Sept.
Pessachfest	11. bis 18. April	Laubhüttenfest	5., 6. Okt.
Gedenktag Holocaust	23. April	Schlussfest	12. Okt.
Jom Ha'azma'ut	30. April	Thorafreudenfest	13. Okt.
Jom Jeruschalajm	24. Mai	Chanukkah	14. bis 21. Dez.
Schawuoth	31. Mai bis 1. Juni	Fasten 10. Tewet	29. Dez.
Fasten 17. Tamus	12. Juli		

und jüdischer Welt in Deutschland. Die Kreuzzüge bringen auch die ersten Kontakte mit dem Orient und beeinflussen u.a. die Entwicklung der abendländischen Kunst, Philosophie, Literatur, Medizin, Architektur sowie Sitten und Bräuche.

Ein weiterer Meilenstein in der Geschichte des Christentums ist die protestantische Reformation. Diese wird im Jahre 1517 durch den Augustinermönch Martin Luther mit seinem Anschlag der 95 Thesen° an die Schlosskirche von Wittenberg in Sachsen-Anhalt ausgelöst. Die Folge ist die Spaltung in zwei große religiöse Konfessionen:° die römisch-katholische und die evangelisch-lutherische Kirche. Luthers Lehre verbreitet sich in Preußen,

°posting of the 95 theses (positions to be publicly argued)   °denominations

Württemberg, Pommern, Sachsen, Brandenburg und der Pfalz sowie in Island und Finnland und den skandinavischen Ländern.

Das besondere Verhältnis zwischen Staat und Kirche im heutigen Deutschland geht ebenfalls auf die Reformation zurück. Der Augsburger Religionsfrieden° von 1555 verfügte, dass der Herrscher eines Landes das Recht hatte, die Konfession seiner Untertanen zu bestimmen (*cuius regio, eius religio*, d.h. wessen Gebiet, dessen Religion). Dieses Herrscherrecht ging 1648 mit dem Westfälischen Frieden,° d.h. dem Ende des 30jährigen Krieges verloren. Im Zuge der Aufklärung im 18. Jahrhundert kam es zur allmählichen Trennung von Staat und Kirche. Aber erst 1919 vollzog die Weimarer Rechtsverfassung° die vollständige Trennung zwischen Staat und Kirche. Interessanterweise aber übernahm der Staat die Finanzierung der Kirchen. Er tat dies mit der Einführung einer Kirchensteuer, die noch heute alle Bürger, die Mitglieder einer christlichen Gemeinde sind, zahlen müssen.

°*the Peace of Augsburg*

°*Treaty of Westphalia*

°*Weimar Constitutional Law*

Aufgabe zum historischen Überblick: Arbeiten Sie zu zweit. Überfliegen Sie die Fragen auf dieser und der nächsten Seite und suchen Sie die richtige(n) Antwort(en) im Text. Mehr als eine richtige Antwort ist möglich. Student A beantwortet Fragen 1–7, Student B beantwortet Fragen 8–14. Tauschen Sie dann Ihre Antworten aus. (Lösung siehe unten.)

STUDENT A

1. Karl der Große war
   a. ein Herrscher
   b. ein Eroberer
   c. ein Missionar

2. Zu den germanischen Stämmen gehören
   a. die Franken
   b. die Hunnen
   c. die Burgunder

3. Worms und Köln sind Städte
   a. in Bayern
   b. am Rhein
   c. an der Mosel

STUDENT B

8. Wittenberg ist eine Stadt im Bundesland
   a. Nordrhein-Westfalen
   b. Sachsen-Anhalt
   c. Brandenburg

9. Die evangelisch-lutherische Kirche verbreitete sich
   a. in dem heutigen Osten Deutschlands
   b. in Südeuropa
   c. in Nordeuropa

10. Wann fand der Augsburger Religionsfrieden zwischen Protestanten und Katholiken statt?
   a. im 16. Jh.
   b. im 17. Jh.
   c. im 20. Jh.

Lösung: 1. a, b; 2. a, c; 3. b; 4. b; 5. b, c; 6. a, b, c; 7. b, c; 8. b; 9. a, c; 10. a; 11. c; 12. a, b; 13. c; 14. b

4. In welchem Jahrhundert siedelten sich die ersten jüdischen Gemeinden im Rheinland an?

    a. 7. Jh.

    b. 8. und 9. Jh.

    c. 10. Jh.

5. Die Kreuzzüge hatten einen negativen Einfluss auf

    a. die germanischen Stämme

    b. die christlich-jüdische Zusammenarbeit

    c. die jüdischen Gemeinden

6. Die Kreuzzüge beeinflussten die Entwicklung

    a. der westlichen Philosophie

    b. der Medizin

    c. der Sitten und Bräuche in Westeuropa

7. Martin Luther war

    a. ein Politiker

    b. ein Reformator

    c. ein Mönch

11. Der Augsburger Religionsfrieden bestimmte,

    a. ganz Deutschland wird katholisch

    b. Bürger können selbst über ihre Religion bestimmen

    c. jeder Herrscher einer Region hat das Recht, die Konfession der Bürger zu bestimmen

12. Was signalisiert der Westfälische Frieden von 1648?

    a. das Ende des 30jährigen Religionskrieges

    b. Bürger haben jetzt Religionsfreiheit

    c. Herrscher haben noch immer das Recht, die Konfession ihrer Untertanen zu bestimmen.

13. Wann fand die offizielle Trennung zwischen Staat und Kirche in Deutschland statt?

    a. 1555

    b. 1648

    c. 1919

14. Der heutige deutsche Staat hilft den christlichen Kirchen mit der Finanzierung

    a. indem er den Kirchen Geld schenkt

    b. indem er Kirchensteuern für die christlichen Kirchen kassiert

    c. indem er Gelder von nichtchristlichen Gruppen kassiert

Zum Überlegen

Aufgabe 1: Konfession und Religion—Diese Begriffe sind sich sehr ähnlich aber nicht identisch. *Konfession* ist ein spezifisch christlicher Begriff aus der Reformation. Er geht auf das lateinische Wort *confessio* zurück und bedeutet *Bekenntnis* zu einer christlichen Kirche. Zum Beispiel bekennen sich oder gehören im heutigen Deutschland etwa 33,6% der Bevölkerung zur römisch-katholischen und 33,7% zur evangelischen Kirche. Jemand kann auch konfessionslos oder bekenntnisfrei sein. Das bedeutet nicht, dass sie/er unbedingt Atheist ist, d.h. die Existenz von einem Gott verneint. Konfessionslos/bekenntnisfrei bedeutet, dass sie/er sich zu keiner Konfession bekennt oder zu keiner christlichen Konfession/Kirche gehört.

Ein Synonym für *Religion* ist *der Glaube.* Man unterscheidet z.B. zwischen dem jüdischen, christlichen oder mohammedanischen Glauben.

Arbeiten Sie zu zweit und schreiben Sie eine Definition für die folgenden Begriffe:

der Religionsunterricht

die Religionsfreiheit

die Religionsgeschichte

die Weltreligionen

konfessionslos

der Konfessionsunterricht

der Glaubenskrieg

das Glaubensbekenntnis

EKD—Evangelische Kirche in Deutschland: Kirchenzugehörigkeit in Deutschland 1996

Bevölkerung insgesamt	82.012.162
darunter: Christen	56.705.000
Anteil der Christen an der Bevölkerung	69%
Evangelische Kirche in Deutschland	27.659.000
davon: Westliche Gliedkirchen	24.299.000
Östliche Gliedkirchen	3.360.000
Römisch-katholische Kirche	27.533.000
Orthodoxe Kirchen	1.185.000
Andere christliche Kirchen	328.000

Aufgabe 2: Ziehen Sie das Wörterbuch zu Rate und ergänzen Sie die folgende Tabelle.

RELIGION	DIE/DER GLÄUBIGE	ADJEKTIV
	die Katholikin / der Katholik	
der Protestantismus		
		buddhistisch
das Quäkertum		nicht zutreffend
der Judaismus		
		christlich
	die Islamitin / der Islamit	
	nicht zutreffend	anglikanisch
	die/der Hindi	

Aufgabe 3: Welche Wörter/Termini in Spalte 2 passen zu den Religionen und Konfessionen in Spalte 1? Arbeiten Sie zu zweit.

SPALTE 1	SPALTE 2
1. der Islam	das Abendmahl
	die Schwester
	der Mönch
2. das Judentum	der Imam
	der Priester
3. der Katholizismus	der Rabbiner
	der Muezzin
	der Papst
4. die Griechisch-Orthodoxe Kirche	der Gebetsteppich
	das Gebetbuch
5. der Protestantismus	das Gebetskäppchen
	der Tallith oder Gebetsmantel
	das Gotteshaus
	die Kirche
6. die Zeugen Jehovas	die Moschee
	die Synagoge
	der Tempel
7. die Quäker	die Hostie
	die Kommunion
	das Gebet
8. die anglikanische Kirche	Mohammed
	Abraham
	der Messiah
9. der Buddhismus	die Thora
	der Koran
	das Neue Testament

Collage zum Thema Religionsunterricht

Vor dem Lesen

Aufgabe 1: Wo wird Schülerinnen/Schülern in den USA Religionsunterricht erteilt?

Aufgabe 2: Gibt es das Fach Religion als Studium an Ihrer Universität? Wenn ja, was für Kurse sind Bestandteil dieses Studiums?

An den Text heran

Aufgabe 1 zu Text A: Welche Vokabeln oder Ausdrücke in Spalte 2 passen zu den Vokabeln in Spalte 1?

SPALTE 1

1. die Ökumene
2. konfessionell
3. die Toleranz
4. verbindlich
5. eine bewusste Entscheidung
6. grundlegend
7. ausgerichtet sein
8. verwurzelt sein

SPALTE 2

a. etwas akzeptieren, besonders religiöse Dinge
b. verankert sein
c. sich mit vollem Wissen für etwas entscheiden
d. zu einer Kirche gehörend
e. eine Richtung, Orientierung haben
f. obligatorisch
g. fundamental
h. die Vielheit, die Verschiedenheit

Aufgabe 2 zu Text B: Überfliegen Sie den Text und entscheiden Sie dann: richtig oder falsch?

1. Nur Katholiken und Muslime können am ökumenischen Religionsunterricht teilnehmen.
2. Ökumenischer Religionsunterricht bedeutet, dass Schüler aller Konfessionen am Religionsunterricht teilnehmen können.
3. Die Hansestadt Bremen ist das einzige Bundesland, wo es einen ökumenischen Religionsunterricht gibt.

4. Nur Religionswissenschaftler halten ökumenischen Religionsunterricht.

5. Die Religionslehrer und Religionswissenschaftler bekommen die Erlaubnis, an Schulen zu lehren, von den Kirchen.

6. Ökumenischer Religionsunterricht bedeutet Unterminierung der christlichen Religionslehre.

Aufgabe 3 zu Text C: Ergänzen Sie die Definitionen mit der Information aus dem Text.

1. Lebenskunde ist _____.

2. Lebenskunde bedeutet _____.

3. Lebenskunde beruht auf der _____.

4. Zentrale Werte der weltlich-humanistischen Tradition sind

   _____.

5. Im Unterrichtsfach Lebenskunde sprechen Kinder und Jugendliche über

   ihre _____.

6. Lebenskunde ist kein isoliertes Schulfach sondern

   _____.

7. Schüler lernen sich selbst zu erleben durch

   _____.

Aufgabe 4: Im Schüttelkasten finden Sie Schlüsselbegriffe aus allen drei Texten. Ordnen Sie die Begriffe in die drei Spalten ein. Manchmal passt ein Schlüsselbegriff in mehr als eine Spalte.

KONFESSIONELLER RELIGIONSUNTERRICHT	ÖKUMENISCHER RELIGIONSUNTERRICHT	LEBENSKUNDEUNTERRICHT

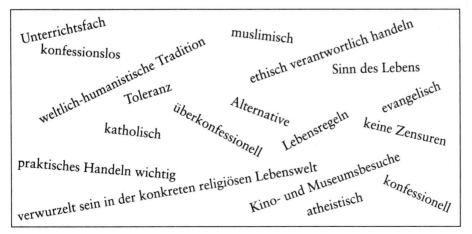

Unterrichtsfach
konfessionslos
muslimisch
weltlich-humanistische Tradition
ethisch verantwortlich handeln
Sinn des Lebens
Toleranz
Alternative
evangelisch
überkonfessionell
Lebensregeln
keine Zensuren
katholisch
praktisches Handeln wichtig
verwurzelt sein in der konkreten religiösen Lebenswelt
Kino- und Museumsbesuche
atheistisch
konfessionell

Information zum Text

Das Besondere an Deutschland ist, dass der Religionsunterricht im Grundgesetz verankert ist. In der Verfassung der BRD (1949) steht, dass der deutsche Staat für die schulische Erziehung der Kinder voll verantwortlich ist. Die Erziehungsberechtigten (z.B. Eltern) haben das Recht zu entscheiden, ob ihr Kind am Religionsunterricht teilnehmen soll. Aber ab 14 können Jugendliche selbst über Zugehörigkeit oder Wechsel ihrer Religion bestimmen. Das bedeutet, dass sie ab 14 auch über die Teilnahme am Religionsunterricht selbst entscheiden können. In öffentlichen Schulen ist Religionsunterricht ein reguläres Unterrichtsfach, genauso wie Deutsch, Geschichte oder Mathematik.

Artikel 7: Auszug aus dem Grundgesetz der BRD

[Schulwesen]
(1) Das gesamte Schulwesen° steht unter der Aufsicht des Staates.   °*educational system*
(2) Die Erziehungsberechtigten haben das Recht, über die Teilnahme des Kindes am Religionsunterricht zu bestimmen.
(3) Der Religionsunterricht ist in den öffentlichen Schulen mit Ausnahme der bekenntnisfreien Schulen ordentliches Lehrfach.°   °*officially sanctioned subject of instruction*

    Vor der Wende gab es in den meisten öffentlichen Schulen der Bundesrepublik nur katholischen und protestantischen Religionsunterricht. In der DDR gab es in den Schulen statt Religionsunterricht Staatsbürgerkunde. Die marxistisch-kommunistische Regierung förderte die Säkularisierung des Religionsunterrichtes. Schüler lernten im Fach Staatsbürgerkunde über die Pflichten und Rechte des Staates und der Staatsbürger.

    In den letzten Jahrzehnten ist die Zahl der Kirchgänger in ganz Deutschland stark zurückgegangen. 1967 gingen 25%, jetzt nur noch 10% der Deutschen jeden oder fast jeden Sonntag zur Kirche.* Gleichzeitig aber wächst die Zahl der Schüler, die zu anderen Religionsgemeinschaften gehören. Vor allem in den Großstädten gibt es viele islamische Schüler.

    Die folgenden Texte aus dem Jahre 1998 sind Auszüge von Diskussionen oder Meldungen aus dem Internet. Sie geben Beispiele von verschiedenen öffentlichen Positionen zum Thema Religionsunterricht. Text A reflektiert die Position der katholischen Kirche und gibt einige Gründe für den konfessionell getrennten Religionsunterricht. Text B, ein Auszug von einem Artikel in der *Morgenzeitung* aus Bremen, argumentiert für überkonfessionellen Religionsunterricht in den Schulen in Bremen. Text C spricht von einer humanistischen Alternative zum Fach Religion in Berliner Schulen.

---

*Aus einer Umfrage des Bielefelder Emnid-Instituts

Konfessioneller Religionsunterricht als Nein zur Gleichgültigkeit

Eine verbindliche Antwort auf die Frage, was man glauben darf und wie man ethisch verantwortlich handeln soll, kann nur vor dem Hintergrund einer bewußten Entscheidung gegeben werden. Der nach Religionen und Konfessionen getrennt erteilte Religionsunterricht macht deutlich, daß diese Entscheidung grundlegend ist.

Heimat in der eigenen Kirche zu haben und Toleranz zu üben sind keine Gegensätze. Der katholische Religionsunterricht, in dem Lernende, Lehrende und Inhalte gleichermaßen auf die katholische Kirche ausgerichtet sind, ist zu ökumenischer Offenheit verpflichtet. Die katholische Kirche hält auch deshalb am konfessionellen Religionsunterricht fest, weil sie die Verwurzelung und Beheimatung der jungen Menschen in ihrer konkreten religiösen Lebenswelt für entscheidend hält. . . .

Ökumene bedeutet Vielheit und Verschiedenheit. Es gibt insofern auch keine „ökumenische Kirche" sondern eine „Ökumene aus konfessionellen Kirchen". Dies bietet Chance zu Toleranz und Verstehen des anderen aus der eigenen Identität heraus.

Religionsunterricht

In Bremen gibt es etwas, wovon viele Religionslehrer träumen, einen ökumenischen Religionsunterricht. Er steht allen Schülern offen, Protestanten und Katholiken, Juden, Muslimen und Konfessionslosen. Karl-Dieter Vrieden, Fachleiter für Religion am Wissenschaftlichen Institut für Schulpraxis in Bremen, hält es für einen Vorzug, daß die Schüler nicht nach Konfessionen getrennt werden, wie das in anderen Bundesländern üblich ist, sondern daß sich „in einem Unterricht unterschiedliche Auffassungen begegnen".

Auch die Konfession der Religionslehrer spielt keine Rolle. In der Freien Hansestadt erteilen nicht nur evangelische und katholische Theologen Religionsunterricht, sondern auch Religionswissenschaftler. Sie brauchen dafür keine spezielle Lehrerlaubnis einer Religionsgemeinschaft, weder eine katholische „missio"° noch eine evangelische „vocatio".° Entscheidend sei, daß sich die Lehrer an die Verfassung und den Lehrplan halten, betont Manfred Spieß, der Vorsitzende des bremischen Religionslehrerverbandes.° Der 46jährige, der an der Universität Religionslehrer ausbildet, sieht keine Gefahr, daß Nichtchristen den Religionsunterricht unterwandern und ihre Schüler mit atheistischem oder sektiererischem Gedankengut indoktrinieren. . . .

°*mission, assignment*
°*vocation, calling*

°*association for teachers of religious education*

Schulfach Lebenskunde—die Alternative zum Religionsunterricht der Kirchen

Lebenskunde—was ist das?

Lebenskunde ist ein freiwilliges Unterrichtsfach ohne Zensuren. Es wird gleichberechtigt neben dem Religionsunterricht an den Berliner Schulen angeboten. Grundlagen des Lebenskundeunterrichts sind Erkenntnisse über die Natur und die Gesellschaft sowie Lebensregeln, die auf weltlich-humanistischen Traditionen beruhen. Verantwortung, Selbstbestimmung und Toleranz sind zentrale Werte der humanistischen Weltanschauung.

Was passiert im Unterricht?

Lebenskunde geht von den Erfahrungen, Problemen und Gefühlen der Kinder und Jugendlichen aus. Ihre Fragen nach dem Sinn des Lebens bestimmen Inhalt und Gestaltung des Unterrichts. Lebenskunde knüpft an das in anderen Schulfächern vermittelte Wissen an, stellt Fragen nach Sinn und Werten.

Praktisches Handeln, spielerische Übungen, Geschichten, Gespräche und Projekte, aber auch Natur- und Stadterkundungen sowie Kino- und Museumsbesuche sollen den Schülerinnen und Schülern helfen, sich selbst zu erleben und auszuprobieren.

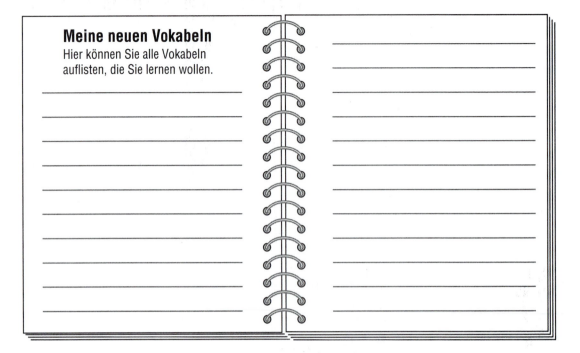

Meine neuen Vokabeln
Hier können Sie alle Vokabeln
auflisten, die Sie lernen wollen.

Zum Verständnis und zur Diskussion

Zum Wortschatz

Aufgabe: Betrachten Sie die Stichwörter aus Text A, B und C. Welches Wort passt am besten zu den in Kursive gedruckten Definitionen?

1. Innerhalb einer Religion gibt es oft verschiedene *Glaubensbekenntnisse.*

2. An Berliner Schulen können Schüler das freiwillige Unterrichtsfach Lebenskunde *wählen.*

3. Tolerieren wir die Vielfalt von Religionen, weil alle uns gleich wichtig oder weil alle uns *gleich unwichtig* sind?

4. Viele Deutsche *glauben an Gott aber haben kein bestimmtes Bekenntnis.*

5. Ein moralischer Mensch ist *jemand, der freiwillig die Folgen für seine Entscheidungen trägt.*

6. Alle Kirchen und Konfessionen, die sich zu Jesus Christus als Gott und Heiland bekennen, bilden zusammen *eine große religiöse Gemeinschaft.*

a. eine Entscheidung treffen

b. verantwortlich

c. Konfessionen

d. konfessionslos

e. Ökumene

f. gleichgültig

Fragen zu den Texten

1. Was ist für die Befürworter des konfessionellen Unterrichts grundlegend? Wie verstehen sie Toleranz? Warum lehnen sie den überkonfessionellen Unterricht ab?

2. Warum findet der Religionslehrer in Bremen es gut, dass die Schüler nicht nach Konfessionen getrennt werden?

3. Wie unterscheidet sich das Schulfach Lebenskunde grundsätzlich von dem konfessionellen und ökumenischen Religionsunterricht? Wie wird Toleranz in den drei Fächern definiert und verstanden?

Zur Diskussion

Aufgabe 1: *Ökumene* ist ein griechisches Wort. Auf Deutsch bedeutet es „bewohnte Erde". Was fällt Ihnen dazu ein? Wie macht religiöse Toleranz die Erde bewohnbar?

Aufgabe 2: Was verstehen Sie unter *Humanismus*? (Benutzen Sie ein Wörterbuch oder eine Enzyklopädie.) Lesen Sie das folgende „Manifesto" des Humanistischen Verbandes Deutschlands (HVD). Was lehnen die Humanisten an der Religion ab? Woran glauben sowohl die Humanisten als auch die Christen?

Herzlich Willkommen beim HVD-Berlin online!!!

HVDBERLIN@aol.com

Wir sind alles andere als Religion

- Humanismus ist Ethik und Moral ohne Gott
- Humanismus heißt, Menschenrechte für jeden einzelnen Menschen
- Humanismus ist die begründete Hoffnung, daß Menschen solidarisch sein können
- Humanismus ist freies Denken ohne Dogmen und Heilsversprechen
- Humanismus übt Toleranz gegenüber Andersdenkenden
- Humanismus heißt, selbst entscheiden wie das eigene Leben gelebt werden soll

Aufgabe 3: Lesen Sie die folgenden Aussagen noch einmal durch. Wer steht hinter den Aussagen? Wählen Sie eine Aussage. Stellen Sie sich eine Debatte über diese Aussage zwischen den Befürwortern der verschiedenen Typen von Religionsunterricht vor. Was würden sie zueinander sagen? Wenn Sie wollen, können Sie auch Ihre eigene Meinung in die Debatte einbringen.

Beispiel: *Ökumene bietet die Chance zur Toleranz und zum Verstehen des andern aus der eigenen Identität heraus.*

Die Konfessionellen: Das stimmt! Daher ist es wichtig, dass man eine Heimat in der eigenen Kirche hat.

Die Überkonfessionellen: Ja, aber um Leute, die anders denken, wirklich kennenzulernen, muss man mit ihnen sprechen. Im konfessionellen Unterricht spricht man nur mit Schülern der eigenen Konfession.

Die Humanisten: Die Ökumene ist eine Ökumene konfessioneller Kirchen. Über Leute, die konfessionslos sind, spricht man nicht.

Ich (wir): . . .

a. Man kann auch ohne Gott ein moralisches Leben führen.

b. Es ist wichtig, dass im Religionsunterricht unterschiedliche Auffassungen diskutiert werden.

c. Religionsunterricht soll neutral sein.

d. Religionsunterricht, der neutral ist, führt leicht zu Gleichgültigkeit.

e. Der Glaube an Dogmen und Heilsversprechen hindert das freie Denken.

f. Es ist wichtig, eine Heimat in der eigenen Kirche zu haben.

g. Jede Person soll selbst entscheiden, wie sie ihr Leben führt.

TEXT 2: **Besuch eines Mittagsgebetes in einer Moschee**

Vor dem Lesen

Aufgabe 1: Beschreiben Sie Ihren Erfahrungen entsprechend, wie man sich in einem Gotteshaus verhält.

Aufgabe 2: Schlagen Sie das Wort *Moschee* in einem Lexikon oder in einer Enzyklopädie nach. Was ist typisch für eine Moschee? Wie unterscheidet sich eine Moschee von einer Synagoge oder einer Kirche?

Können Sie Beispiele von religiösen Bräuchen geben, die verlangen, dass der Kopf bedeckt wird?

Information zum Text

In dem folgenden Bericht, der ursprünglich in einer Schülerzeitung erschien, erzählt die Hauptschullehrerin Christine Herold von einem Schulausflug mit ihrer Klasse. Sie wollte mit ihren Schülern interkulturell arbeiten und besuchte deshalb eine Moschee. Herolds Bericht erschien 1994 in *Miteinander und voneinander lernen,* einem Band für Hauptschullehrer zum Thema interkultureller Unterricht.

Besuch eines Mittagsgebetes in einer Moschee

Christine Herold

Sechs meiner Schüler der Klasse 7b sind Moslems. Wir Protestanten und Katholiken in der Klasse wissen wenig über diese Religion, und so beschließen wir eines Tages, daß wir einmal eine Moschee besuchen wollen. Ahmet vermittelt uns den Kontakt zu seiner Moschee. Der Imam spricht allerdings noch gar nicht Deutsch, er ist erst seit drei Monaten in Nürnberg; so muß ich auf meine türkischen Schüler als Dolmetscher bauen.

Bevor wir losgehen, probieren wir „Frauen" die Kopftücher auf, die man im Gebetsraum tragen muß. Alessandra, eine Italienerin, hat bald ein paar Kameradinnen so geschickt eingebunden, daß nur noch die Augen herausschauen. Ich erkläre, daß es wohl genügt, wenn wir unsere Haare bedecken, als Zeichen dafür, daß man vor Gott äußerlich schlicht und schmucklos treten will. Dann kichern wir uns noch einmal alle richtig aus, damit wir nachher in der Moschee unseren ungewohnten Anblick ertragen können. Wir stecken unsere Tücher wieder ein und machen uns auf den Weg zur Moschee in der Landgrabenstraße.

Es geht durch eine Toreinfahrt in einen Hinterhof. Mülleimer stehen da, Wäsche hängt von Eisenbalkons herunter, vier bis fünf Stockwerke hoch ragen die Häuser über uns auf. Ahmet verschwindet in einer Eisentür vor einem flachen Bau. Ich überlege noch, was da früher wohl einmal untergebracht war—eine kleine Fabrik, eine Lagerhalle—da stehe ich schon mitten unter meinen unbeschuhten Schülern, die mir zuflüstern: „Schnell, die Schuhe ausziehen!"

Und dann stehe ich auch auf Strümpfen in einem Gang, in dem rechts und links in roh gezimmerten Regalen die Schuhe eingeordnet sind. Ahmet klopft an eine Tür, aus der Männerstimmen dringen. Der Imam ist noch beim Koranlesen im Versammlungsraum und danach ist das Mittagsgebet. Sollen wir wieder gehen? Einige Männer kommen und verhandeln mit Ahmet. Schließlich erscheint ein Türke, der sehr gut Deutsch spricht. Er lädt uns ein, an dem Mittagsgebet teilzunehmen. Darauf waren wir gar nicht vorbereitet. Ich merke, wie Ahmet, Ali und Zeynel unruhig werden. Was, wenn sich die Mitschüler nicht ordentlich benehmen? Wir werden in die „Koranschule" geführt, wo wir uns auf dem Boden niederlassen und die neue Situation besprechen. Alle wollen bleiben. Wir sehen uns in dem nur mit Teppichboden ausgestatteten Raum um. Zeynel holt ein

Mohammed Herzog Imam Allemand vor einer Berliner Moschee

Buch aus einem Regal: „Hier, das ist der Koran. Er darf nicht am Boden stehen, nur ab Hüfthöhe darf er aufbewahrt werden." Ich bitte Ahmet, uns ein paar arabische Schriftzeichen vorzulesen. Erschrocken wehrt er ab. Er hat sich nicht die Hände gewaschen, so darf er nicht aus dem Koran lesen. Vorsichtig stellt er das Buch zurück.

Der Mann von vorhin kommt wieder. Er hält uns eine Handvoll Geld hin und bietet uns an, daß wir uns aus dem Automaten im Gang Getränke holen können: Tee, Kakao, Cappucino! Die Schüler nehmen dies begeistert an. Dann kommt er mit einer großen Schachtel Datteln. Drei gläubige Moslems lehnen das Angebot ab. Ramadan hat begonnen, sie müssen fasten. Lächelnd steckt ihnen der Mann ein paar Datteln in die Tasche, „für heute abend". Ich kann gar nicht fassen, wie gastfreundlich wir behandelt werden.

Doch Ali strahlt über das ganze Gesicht: „So ist das auch bei uns in Tunesien. Es gehört sich so, daß man dem Gast zu essen und zu trinken anbietet." Dann kommt der Imam und gibt mir die Hand. Zufrieden sieht er zu, wie wir die Kopftücher aufsetzen. Wir folgen ihm.

Erstaunt bleiben wir im Eingang stehen: Ein großer, lichter, mit Teppichboden ausgelegter Raum tut sich vor uns auf. Genau nach Osten weisend ist eine Nische aufgebaut, in der später der Imam vorbeten wird, die Wände schmücken Teppiche und Bilder mit arabischen Schriftzeichen und Darstellungen der muslimischen Heiligtümer. Die Würde des Raumes, mitten in einem Hinterhof in Steinbühl, versetzt uns plötzlich in einen anderen Kulturkreis. Von einem erhöhten Platz aus singt der Imam den Einladungsruf zum Gebet. Nacheinander kommen die Männer herein, die sich vorher Hände, Füße und Gesicht gewaschen haben.

Es sind etwa vierzig, und ich wundere mich, daß es so viele sind, die an einem normalen Werktag zum Mittagsgebet kommen.

Die Wechselgebete beginnen, unterbrochen von Stille und verschiedenen Gebetsgesten und -haltungen. Ahmet wird uns am nächsten Tag einiges erklären: Die Hände wie lauschend zu den Ohren erhoben drücken aus, daß man die alltäglichen Gedanken hinter sich lassen und nur offen für Gottes Wort sein will. Die Männer, die einzeln verteilt im Raum standen, verlassen einmal ihren Platz, um sich in Reihen vor dem Imam aufzustellen. Die enggeschlossenen Körper bilden eine Wand vor dem „Teufel", das Böse soll nicht durch sie durchkommen. In die ausgestreckten Arme und die geöffneten Hände lassen sich die Betenden von Gott schenken, was sie erbitten. Die Schüler spüren die konzentrierte Atmosphäre und werden von selbst ganz ruhig.

Im Herausgehen sprechen ein paar Männer die Schüler an, woher wir kämen. Ich habe den Eindruck, wir waren willkommen. Wir stellen dem Imam noch ein paar unserer vorbereiteten Fragen. Die türkischen Schüler übersetzen eifrig.

Auf dem Heimweg kommt Ahmet zu mir und seufzt auf: „Jetzt bin ich glücklich. Der Imam war freundlich zu uns, und die Kinder waren in Ordnung!" Mir wird deutlich, welch belastende Aufgabe ich Ahmet zugemutet hatte. Er sollte als Vermittler zwischen zwei Lebensbereichen fungieren—dem Alltagsbereich Schule des Gastlandes und dem Religiösen seines Heimatlandes. Beiden fühlt er sich verpflichtet, und beide laufen normalerweise unverbunden nebeneinander her.

Es war für uns alle gut, daß wir das Gebet in der Moschee besuchen durften.

Meine neuen Vokabeln
Hier können Sie alle Vokabeln auflisten, die Sie lernen wollen.

Zum Verständnis und zur Diskussion

Zum Wortschatz

Aufgabe 1: Ordnen Sie zu. (Lösung siehe unten.)

1.	der Imam	a.	die Gebetsecke, wo der Imam vorbetet
2.	die Moslems	b.	ein islamisches Gotteshaus
3.	der Ramadan	c.	das heilige Buch des Islam
4.	die Gebetsnische	d.	Leute, die an den Propheten Mohammed glauben
5.	der Koran	e.	der Vorbeter in der Moschee
6.	das Kopftuch	f.	der Fastenmonat der Mohammedaner
7.	die Moschee	g.	eine von islamischen Frauen getragene Kopfbedeckung

Aufgabe 2: Suchen Sie die Bedeutung der folgenden Reflexivverben aus dem Text in einem Wörterbuch. Ordnen Sie dann den Sätzen die passenden Verben zu und ersetzen Sie die unterstrichenen Satzteile mit der richtigen Form des Verbes.

sich auskichern   sich aufstellen
sich auftun   sich benehmen
(es) sich gehören   sich etwas schenken lassen
sich niederlassen

Beispiel: Während des Gebets <u>waren</u> die Schüler der Klasse 7b von sich aus ganz ruhig.
Während des Gebets benahmen sich die Schüler der Klasse 7b ganz ruhig.

1. Bei Moslems <u>ist es Tradition</u>, dem Gast zu essen und zu trinken anzubieten.

2. Die Schülerinnen und die Lehrerin probierten die Kopftücher aus und <u>lachten leise vor sich hin</u>.

3. Ein exotischer Gebetsraum <u>öffnete sich</u> den Gästen beim Eingang.

4. Die Männer im Gebetsraum <u>standen in einer Reihe</u> vor dem Imam.

5. Die Schulgruppe hat <u>sich</u> in der Koranschule <u>hingesetzt</u>, um die Einladung zu diskutieren.

6. Die geöffneten Hände der Betenden symbolisieren, dass sie <u>hoffen</u> etwas von Allah <u>geschenkt zu bekommen</u>.

Lösung: 1. e, 2. d, 3. f, 4. a, 5. c, 6. g, 7. b

Türkische Mädchen nach dem
Unterricht in Berlin

Fragen zum Text

1. Warum besucht die Klasse 7b eine Moschee?
2. Wie bereiten sich die Schüler auf den Besuch vor?
3. Warum weigert sich Ahmet aus dem Koran zu lesen?
4. Wie weiß die Schülergruppe, dass sie in der Moschee willkommen ist?
5. Wie wird der Lagerraum im Text zu einem Gotteshaus?
6. Wie verlaufen die Gebete?
7. Warum war der Besuch eine Belastung für Ahmet?
8. Was sind die Respektzeichen, die im Text erwähnt werden? Wovor oder vor wem wird Respekt gezeigt?

Zur Diskussion

Aufgabe 1: Haben Sie Rituale in Ihrem Alltagsleben oder an Festtagen? Welchen Zweck haben diese Rituale?

Aufgabe 2: Was heißt im religiösen Sinn *beten*? Macht es etwas aus, ob man allein oder zusammen mit anderen betet?

Aufgabe 3: Im Gegensatz zu diesem Bericht ist der Kontakt zwischen Deutschen und Moslems aber oft problematisch. Viele Deutsche z.B. haben wenig Verständnis für religiöse Gebote zur Kleiderordnung. Lesen Sie den folgenden Abschnitt eines Berichts:

„Wenn ich in der U-Bahn sitze", sagt Fatma, „gucken mich die Leute so an, als wär ich irgendwie anders. Ich glaub', es ist wegen dem Kopftuch." Fatma ist Türkin und 15 Jahre alt. Seit ihrer Geburt lebt sie in Deutschland. Nach der Schule will sie eine Lehre als Verkäuferin beginnen. Dass es wegen ihrem Kopftuch Probleme geben wird, weiß sie schon: „Einmal wollte ich ein Praktikum machen in einem Kaufhaus am Ku'damm.° Die Frau dort verlangte, dass ich beim Arbeiten das Kopftuch absetze. Das wollte ich aber nicht."

°**Kurfürstendamm,** *a major avenue in Berlin*

Was halten Sie von Fatmas Dilemma? Soll sie das Kopftuch abnehmen, wenn sie auf Arbeitssuche geht? Soll sie sich der westlichen Kleiderordnung anpassen? Ist die Frau im Kaufhaus intolerant?

TEXT 3a: G"tt der Welt!

Vor dem Lesen

Aufgabe 1: Denken Sie an die traditionellen Feste Ihrer Religion, die zu verschiedenen Jahreszeiten gefeiert werden. Tauschen Sie Ihre Erinnerungen und Erfahrungen im Plenum aus. Fallen Ihnen Gemeinsamkeiten der diversen Feste auf, z.B. was, wie und wann in den verschiedenen Religionen gefeiert wird?

Aufgabe 2: Was wissen Sie über die unten aufgeführten Festtage? Welche sind christlich? Welche sind jüdisch? Arbeiten Sie zu zweit und schreiben Sie auf, was Sie darüber wissen. Die Stichworte im Kasten (s. nächste Seite) sollen Ihnen helfen. Mehr als eine Antwort ist möglich! (Lösung siehe unten.)

Beispiel: Chanukkah: *jüdisches Lichterfest im Dezember; feiert die Einweihung des Tempels in Jerusalem*

1. Weihnachten
2. Pessach oder Passah
3. Ostern
4. Purim
5. Fasching
6. Omerzeit
7. Pfingsten
8. Sabbat
9. Sonntag

Lösung: 1. f, g; 2. a, j; 3. b; 4. i; 5. c, l; 6. k; 7. d, e; 8. h; 9. h

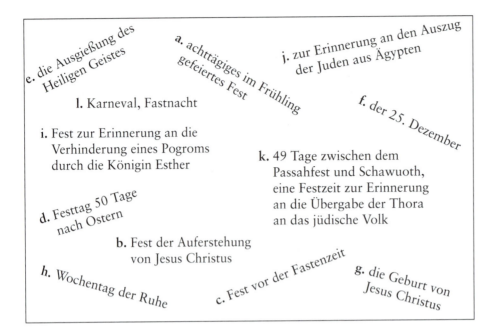

e. die Ausgießung des Heiligen Geistes

a. achttägiges im Frühling gefeiertes Fest

j. zur Erinnerung an den Auszug der Juden aus Ägypten

l. Karneval, Fastnacht

f. der 25. Dezember

i. Fest zur Erinnerung an die Verhinderung eines Pogroms durch die Königin Esther

k. 49 Tage zwischen dem Passahfest und Schawuoth, eine Festzeit zur Erinnerung an die Übergabe der Thora an das jüdische Volk

d. Festtag 50 Tage nach Ostern

b. Fest der Auferstehung von Jesus Christus

h. Wochentag der Ruhe

c. Fest vor der Fastenzeit

g. die Geburt von Jesus Christus

Die Neue Synagoge, Berlin

Information zum Text

Das Gedicht „G"tt der Welt!" wurde von einem jungen Mädchen aus der jüdischen Gemeinde in Deutschland geschrieben. Es erschien in dem Buch *From Horror to Hope. Germany, the Jews and Israel* (*German Information Center, New York*). Nach Angaben der Bundesregierung leben derzeit etwa 67 000 Mitglieder der jüdischen Gemeinden in der Bundesrepublik. Vor dem Holocaust lag die Anzahl der jüdischen Bevölkerung bei 530 000. Die größte jüdische Gemeinde Deutschlands ist in Berlin und hat mehr als 10 000 Angehörige. Auch in Frankfurt am Main und München gibt es größere aktive Gemeinden. Seit dem Ende des Kalten Krieges sind viele Juden aus den ehemaligen Ostblock Ländern, vor allem aus Russland, der Ukraine und den baltischen Ländern, nach Deutschland übergesiedelt. Dank dieser neuen Welle der Immigration hat Deutschland heute die drittgrößte jüdische Bevölkerung in Westeuropa mit ungefähr achtzig etablierten Gemeinden über ganz Deutschland verteilt. Die Mehrheit der jetzigen deutschen jüdischen Bevölkerung sind also nicht Nachkommen der jüdischen Bevölkerung vor dem Zweiten Weltkrieg, sondern Anhänger der orthodoxen jüdischen Tradition aus Osteuropa.

G"tt der Welt!

Die Chanukkah Kerzen flimmern
gegenüber dem Weihnachtslicht.

Die Mazzot° liegen auf dem Pessachtisch
Im Nebenhaus hängen die Ostereier.

°matzoth/matzos, a thin unleavened bread eaten for Passover

Die Purimkostüme werden vorbereitet
kurz nach der Faschingsfeier.

Die Omerzeit wird täglich gezählt
bis zum Schlußtag von Pfingsten.

Das Gebet für den Schabbatausgang wird
    gesagt
kurz vor der Sonntagsruhe.

Und wenn ich zur Synagoge gehe
klingeln die Kirchenglocken.

Haben sie einen anderen G"tt?

    Karin Levi

Meine neuen Vokabeln

Hier können Sie alle Vokabeln
auflisten, die Sie lernen wollen.

_____

_____

_____

_____

_____

_____

_____

Zum Verständnis und zur Diskussion

Zum Wortschatz

Aufgabe: Lesen Sie das Gedicht noch einmal und suchen Sie zu jedem Verb unten das passende Nomen im Text. Listen Sie dann noch zwei bis drei Ausdrücke bzw. Dinge auf, die zu dem jeweiligen Verb passen. Ziehen Sie ein deutsch-deutsches Wörterbuch zur Hilfe.

Beispiel: Was flimmert? _Kerzen flimmern; die Sterne flimmern; der Film flimmert; die Luft flimmert_

Was liegt?

Was hängt?

Was wird vorbereitet?

Was wird gezählt?

Was wird gesagt?

Was klingelt?

Fragen zum Text / zur Diskussion

1. Nach der Lehre der jüdischen Religion ist der Name Gottes heilig. Als Zeichen des Respekts entwickelte sich in der hebräischen Sprache die orthographische Konvention den Namen Gottes abzukürzen, d.h. nicht vollständig auszuschreiben oder auszusprechen. Wo wendet Karin Levi dieses Prinzip in ihrem Gedicht an? Was will sie damit ausdrücken?

2. Welche Wirkung hat die Gegenüberstellung der Feste in jeder Strophe? Was will die junge Dichterin damit betonen?

3. Was meinen Sie: Welche Rolle spielen Traditionen in der Religion?

4. Zum Schluss ihres Gedichtes stellt Karin Levi die Frage „Haben sie einen anderen Gott?" Wie würden Sie auf diese Frage antworten?

TEXT 3b: To stay or to go?

Vor dem Lesen

Aufgabe 1: Was verbindet Sie mit Ihrem Geburtsort? Kreuzen Sie die zutreffenden Stichwörter an und geben Sie eine kurze Beschreibung dazu.

_____ Kindheitserinnerungen

_____ Familie

_____ Freunde in der Nachbarschaft

_____ Sehenswürdigkeiten

_____ Schule

_____ Tiere

_____ Essen

_____ Gebäude

_____ Park

_____ Landschaft

Aufgabe 2: Betrachten Sie den Titel dieses Textes. Könnten Sie sich vorstellen, dass Sie eines Tages Ihr Land oder Ihre Gemeinde verlassen würden? Diskutieren Sie im Plenum unter welchen Umständen Sie das tun würden. Stellen Sie zusammen eine Liste auf.

Beispiel: Heirat mit einer Ausländerin / einem Ausländer

Information zum Text

Der Text ist auf der Internet Webseite *HaGalil onLine* zu finden. HaGalil ist eine private und unabhängige Initiative. Das Forum erteilt Informationen über jüdisches Leben und jüdische Kultur in Deutschland, Österreich, der Schweiz und Tschechien. Der Autor Dr. Aaron Knappstein war Vorstandsmitglied von Yachan Deutschland, eine Gruppe lesbischer Jüdinnen und schwuler Juden in Deutschland. Er schrieb seinen Essay als Antwort auf die Fragen, die ihm amerikanische Juden immer wieder stellten.

To stay or to go?

Aaron Knappstein

New York, Januar 1997—Erev° Shabbat in der Synagoge der schwul-lesbischen Gemeinde Beth Simchat Thora (die groesste° der Welt mit ca. 1500 Mitgliedern) nach dem G"ttesdienst. Ich stehe ein wenig schuechtern herum und erwarte die Dinge, die da kommen sollen. Zwar bin ich nun das dritte Mal innerhalb von zwei Jahren in der Gemeinde, aber natuerlich kennt mich niemand. Gerade will ich in ein kleines, verlockendes Stueck Kuchen beissen, da spricht mich jemand an. Schnell hat man Informationen ausgetauscht und dann kommt sie, die immer wieder gestellte Frage, auf die man aber nie richtig vorbereitet ist: warum lebt man als Jude und gerade als schwuler Jude in Deutschland?

Nie wuerde ich auf die Idee kommen, eine solche Frage nicht zu beantworten und ich bin auch von der Berechtigung ueberzeugt, mit der man diese Frage stellen darf, aber trotzdem faellt es mir immer schwerer sie zu beantworten.

Oft wird diese Frage auch schon so eindeutig bewertet gestellt, dass man kaum eine Chance hat, mit Argumenten dagegen anzugehen. Und hat sich nicht jedeR° von uns schon einmal selber gefragt, warum er/sie in diesem Land wohnt? Ich habe mich jedenfalls schon tausendundeinmal gefragt und bin mittlerweile zu dem Schluss gekommen, dass dies hier meine Heimat ist. Ich spreche nicht von Deutschland, denn es gibt Teile in diesem Land, die mir nicht gefallen und Teile, die ich nicht kenne. Ich spreche

°eve

°The umlaut characters "ä," "ö," "ü" appear in this text as "ae," "oe," "ue." The letter "ß" appears here throughout as "ss."

°combines the masculine (jeder) and feminine (jede) forms

von Koeln. In dieser Stadt bin ich geboren und aufgewachsen, ich konnte meine ersten Worte koelsch bevor ich etwas ueber mich und mein Judentum wusste und sich meine enge Beziehung dazu entwickelt hat. Dies soll nun hier kein Lobgesang auf Koeln werden, denn mancheR von Euch wird verstaendlicherweise aehnliches ueber andere Staedte in der Republik sagen koennen. Es soll einfach nur erklaeren, wie ein Gefuehl zu einem Gebiet oder zu einer Stadt entstehen kann, welches es sehr schwer macht, diesen Teil seines Lebens zu verlassen.

Gerne bringe ich auch an, dass ich gar nicht wuesste wohin ich gehen soll. Meine Mutter ist oesterreichisch-ungarische Juedin, mein Vater ist schottisch-niederlaendischer Jude und ich bin in Deutschland geboren. Wohin also? Nach Israel? Dies kommt zur Zeit fuer mich nicht in Frage, da ich von vielen Israelbesuchen weiss, dass dies nicht das Land ist, in dem ich zur Zeit leben moechte. Und muessen wir uns denn immer wieder damit auseinandersetzen, weil Menschen aus anderen Laendern danach fragen? Ich glaube, dass es sehr einfach ist unser Hierbleiben in Frage zu stellen, wenn man diese Frage selbst nie gestellt bekommt.

   Meine Grosstante ist nach Auchschwitz [sic] wieder in ihre Stadt Wien zurueckgekehrt. Immer wieder versucht sie mir zu erklaeren weshalb, und sie bricht am Ende in Traenen aus. Und dies alles ohne die Frage nach dem „Warum"! Denn unglaublicherweise sind oesterreichische Juedinnen und Juden viel weniger von dieser Frage betroffen. Die Maehr° Oesterreich sei das erste Opfer Hitlers gewesen, scheint in vielen Koepfen Fruechte getragen zu haben. „Wiener Schmaeh° war meine erste Sprache" versucht dann meine Grosstante zu erklaeren, „hier lebt meine Musik, meine Gedichte, meine Sprache und meine Vergangenheit".

°Märchen *(tale)*

°*Viennese dialect*

All dies sind vielleicht Erklaerungsversuche, die nicht mehr Stand halten nach dem Holocaust werden viele sagen. Aber hat man das Recht zu versuchen diese Entscheidung anderen Menschen abzunehmen?

Fuer mich persoenlich habe ich diese Frage mittlerweile beantwortet. Koeln ist zur Zeit meine Stadt. Fuer mich als Schwuler, als Jude, als Mensch. Ich glaube, dass es sehr wichtig ist zu zeigen „Mir sajnen do".°

°*(dialect)* Wir sind da. = *We are there.*

Es gibt viele Juedinnen und Juden in diesem Land (ob schwul, lesbisch, bi oder hetero), die hier ihr Judentum praktizieren moechten. Solange die Gegebenheiten vorhanden sind, sollten wir ohne grosse Selbstzweifel in diesem Land leben. **Wir muessen uns aber auch darueber klar sein, dass wir nicht um jeden Preis hierbleiben sollten (und dies gilt meiner Ansicht nach auch fuer jedes andere Land auf dieser Welt—auch dort wo sich Juden zur Zeit so sicher fuehlen, dass sie uns immer wieder diese Frage stellen—).**

Meine neuen Vokabeln
Hier können Sie alle Vokabeln auflisten, die Sie lernen wollen.

Zum Verständnis und zur Diskussion

Zum Wortschatz

Aufgabe 1

a. Suchen Sie im Text die folgenden idiomatischen Redewendungen. Versuchen Sie aus dem Kontext die Bedeutung der Redewendung zu umschreiben. Dann überprüfen Sie Ihre Umschreibung im Wörterbuch. Haben Sie aus dem Kontext die richtige Bedeutung geraten?

1. etwas fällt einem schwer

2. etwas trägt Früchte

3. etwas hält nicht Stand

4. etwas um jeden Preis tun

b. Wählen Sie eine der vier Redewendungen und schreiben Sie eine kleine Geschichte, in die Sie die Redewendung einbauen. Tauschen Sie Ihre Geschichte in den Kleingruppen aus.

Aufgabe 2: Ordnen Sie die Ausdrücke im Kasten den folgenden Sätzen zu. Schreiben Sie dann die unterstrichenen Satzteile mit den passenden Ausdrücken neu. Suchen Sie im Text die Stellen, wo diese Ausdrücke vorkommen.

auf etwas (nicht) vorbereitet sein

von etwas überzeugt sein

sich über etwas klar sein

zu dem Schluss kommen

auf die Idee kommen

von etwas betroffen sein

sich mit etwas auseinandersetzen

etwas über etwas wissen

Beispiel: Die Frage habe ich nicht erwartet.
Auf die Frage war ich nicht vorbereitet.

1. Ich würde nie daran denken, die Frage nicht zu beantworten.

2. Ich zweifele nicht an der Berechtigung, die Frage stellen zu dürfen.

3. Das Ergebnis meines langen Nachdenkens darüber ist, dass Köln meine Heimat ist.

4. Ich habe schon kölsch gesprochen, bevor ich eine Ahnung von meinem Judentum hatte.

5. Warum müssen wir immer damit konfrontiert werden, dass wir als Juden in Deutschland leben?

6. Unglaublicherweise geht diese Frage Juden und Jüdinnen in Österreich weniger an.

7. Wir müssen genau wissen, dass wir nicht unter allen Umständen hier bleiben werden.

Fragen zum Text

1. Was ist besonders an der Gemeinde Beth Simchat Thora?
2. Was passiert nach dem Gottesdienst?
3. Wie beantwortet Dr. Aaron Knappstein die Frage, warum er in Deutschland lebt?
4. Warum stellt man diese Frage viel weniger an österreichische Jüdinnen und Juden?
5. Was meint der Autor wohl, wenn er behauptet, es sei „sehr wichtig zu zeigen, ‚Mir sajnen do'" (Wir sind da)?
6. Wie erklären Sie den englischen Titel des Berichts?
7. „ . . . ich konnte meine ersten Worte koelsch [kölsch] bevor ich etwas über mich und mein Judentum wusste." Auf welche Stadt weist kölsch hin und was bedeutet es hier?

Zur Diskussion

Aufgabe 1: „Warum lebt man als Jude in Deutschland?" Aaron Knappstein meint, dass dies eine berechtigte Frage von Juden sei. Wie stehen Sie dazu? Glauben Sie, dass wenn diese Frage von Nicht-Juden gestellt würde, Aaron ebenso offen reagieren würde?

Aufgabe 2: Aaron Knappstein spricht von einem „Gefühl zu einem Gebiet oder zu einer Stadt", das Menschen an diese Orte bindet. Erklären Sie, wie und wodurch diese Gefühle entstehen können. Spielen Religion, ethnische, sprachliche oder kulturelle Zugehörigkeit eine Rolle? Was macht es schwer, Verbindungen zur Heimat abzubrechen?

Aufgabe 3: Der Autor spricht von Jüdinnen/Juden, die sich in anderen Teilen der Welt sicher fühlen. Nennen Sie solche Orte und erklären Sie, warum sich Jüdinnen/Juden dort wohl und sicher fühlen. Was bringt dieses Gefühl der Sicherheit mit sich?

TEXT 4: Sarahs Stein

Vor dem Lesen

Aufgabe 1: Diskutieren Sie mit einer Partnerin / einem Partner wohin Sie gern gehen, wenn Sie alleine sein oder in Ruhe nachdenken oder lesen wollen.

Aufgabe 2: Haben Sie je einen Friedhof besucht? Listen Sie Adjektive auf, die zu einem Friedhof passen. Beschreiben Sie, was Sie auf einem Friedhof sehen können und wie die Stimmung dort ist.

Aufgabe 3: Welche Rolle spielt die Kleidung unter Jugendlichen mit unterschiedlichen Lebenseinstellungen? Geben Sie konkrete Beispiele. Arbeiten Sie zu zweit.

An den Text heran

Aufgabe 1: Lesen Sie den Titel der Erzählung und reflektieren Sie über seine mögliche Bedeutung. Sammeln Sie in der Gruppe Ihre Assoziationen zu den Wörtern im Titel.

Aufgabe 2: Das Leitmotiv der Erzählung lautet: „Mitlieben, nicht mithassen ist mein Teil". Was könnte das bedeuten? Versuchen Sie das Zitat zu umschreiben.

Aufgabe 3: Die folgenden Namen, die in der Geschichte vorkommen, beziehen sich auf menschliche Eigenschaften. Ordnen Sie die Adjektive im Schüttelkasten den Figuren zu. Welche anderen Adjektive passen zu ihnen?

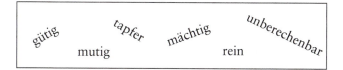

gütig   tapfer   mächtig   unberechenbar
    mutig   rein

Sarah, die Ehefrau Abrahams

Wotan, der germanische Hauptgott

Antigone, eine griechische Heldin

Information zum Text

Hans-Martin Große-Oetringhaus, 1948 geboren, lebt in Duisburg und ist als Schriftsteller und Mitarbeiter von *terre des hommes* (Hilfsorganisation für Kinder in der Dritten Welt) tätig. Seine Erzählung erschien 1993 in der Anthologie *Morgen kann es zu spät sein. Texte gegen Gewalt—für Toleranz.*

Sarahs Stein

Hans-Martin Große-Oetringhaus

Ist das ein Herbst! Sarah spürt die Nachmittagssonne warm auf ihrem Rücken. Sie tritt in die Pedale und klingelt übermütig, obwohl die Straße ziemlich leer ist. Schnurgerade führt sie auf den alten Friedhof zu. Am Wochenende stauen sich hier die Wagen, und die Fahrer suchen verzweifelt nach einem Parkplatz. Aber jetzt, mitten in der Woche, ist hier kaum etwas los. Darum fährt Sarah immer hierher, wenn sie ihre Ruhe haben will. Vor allem zum Lesen. Bei sich zu Hause kann sie keine drei Sätze lesen, ohne von ihren beiden kleinen Brüdern gestört zu werden. Kein Wunder, wenn man zu fünft in einer kleinen Drei-Zimmer-Wohnung wohnt und zudem zwei Brüder hat, die nur eines können: nerven. Wie oft hat sich Sarah schon vorgestellt, wie es sein muß, wenn man ein eigenes Zimmer hat. Sie beneidet ihre Klassenkameradinnen. Die haben fast alle ein Zimmer für sich ganz allein, können ihre Freundinnen und Freunde mit nach Hause bringen und die Tür hinter sich zuschließen. Oder in Ruhe lesen.

Wenn Sarah nicht gestört werden will, muß sie zum Waldfriedhof fahren. Sie mag die Alleen mit den alten Eichen dort, die hohen Buchen, Rhododendrondickichte und stillen Nischen. Wenn man an die richtigen Stellen fährt, kann man glatt vergessen, auf einem Friedhof zu sein.

Sarah hat das große Eingangstor fast erreicht und setzt zum Endspurt an. Da sieht sie, wie ihr eine Gestalt entgegenkommt. Diesen Gang kennt sie doch! Das kann nur Wotan° sein! Der? Hier am Friedhof? Kein Zweifel! Das ist er! Wotan in seiner schwarzen Lederjacke und den Lederjeans, die er neuerdings ständig trägt. Obwohl er klein und eher zierlich ist, kommt er ihr entgegen, als ob er in einer Phalanx anmarschiert. Der geht immer so, selbst wenn sie nach der Pause wieder in ihre Klasse zurückkehren. Darum nennen sie ihn in der Klasse manchmal auch Zwergendampfwalze. Dann kann er fuchsteufelswild werden. Wotan dagegen hört er mit offensichtlichem Gefallen, denn so nennen ihn auch jene, die er seine *Kameraden* nennt und die sich nachmittags immer am Rathausbrunnen treffen. So wie die will Wotan auch gerne sein. Er möchte zu ihnen gehören. Darum trägt er seit einiger Zeit auch nur

°*Woden, the highest germanic god*

noch diese schwarzen Ledersachen. Und die Länge seiner Haare nimmt von Monat zu Monat ab. Weil er ständig zu den Glatzköpfen am Brunnen geht, hat irgend jemand in der Klasse eines Tages den Namen Wotan aufgebracht. Aber das ärgert ihn keineswegs. Er scheint sogar ein bißchen stolz darauf zu sein.

Als Wotan Sarah erblickt, sieht es für einen Augenblick so aus, als wolle er in eine Seitenstraße abbiegen. Aber da hat Sarah auch schon den Daumen an der Klingel. Hat der etwa Angst vor ihr, obwohl er ein ganzes Jahr älter ist als sie?

„Was machst du denn hier?" ruft sie ihm zu.

„Und du?" fragt er zurück.

„,Antigone'° lesen. Die Bauer will morgen doch den Test schreiben lassen."

°*Greek tragedy by Sophocles*

Daß Wotan die Deutschlehrerin nicht ausstehen kann, weiß jeder. Und daß er die Lektüren, die sie lesen sollen, gar nicht erst aufschlägt, ist auch bekannt.

„Scheiß Test", ruft Wotan zurück. „Als ob es nichts Wichtigeres in Deutschland zu tun gibt!"

Am liebsten würde Sarah ihm noch was Passendes zurufen. Von wegen Deutschland. Das kommt bei Wotan in jedem dritten Satz vor. Aber Sarah fällt so schnell nichts ein. Und da ist sie auch schon an ihm vorbeigefahren.

Am Tor blickt sie sich um, ob einer der Friedhofsgärtner in der Nähe ist. Sonst würde sie besser absteigen. Aber keiner ist zu sehen, und so bleibt sie sitzen, folgt noch ein Stück dem Hauptweg und biegt dann links ab. Mit Absicht lenkt sie das Rad über den geharkten Wegrand. Sie mag die gekämmte Aufgeräumtheit der Gräber nicht. Kein Halm, der aus dem gestreuten Torf hervorlugt. Statt dessen Marmor. Kalt. Glänzend. Glattpolierte Einsamkeit. Sterile Uniformität. Sie erinnert sie irgendwie an Schule. Leblos. Langweilig. Streng. Erdrückend. Sarah fröstelt es stets bei diesem Anblick. Vor allem dieser geharkte Boden! Selbst nach dem Tod noch aufgeräumt, geputzt und geharkt. Im Leben geht mir das schon auf den Keks, denkt sie. Und das hört nach dem Tod nicht auf? Geharkte Ewigkeit!

Sarah fährt Schlangenlinien über die Harkenmuster und biegt dann ab. Denn jetzt kommt gleich die Stelle, die ihr gefällt. Eine Nische im Gebüsch. Nur wenige Gräber liegen hier. Daneben Rasen mit Laub darauf. Efeu, den man in Ruhe gelassen hat. Und eine Bank. Das Holz ist schon etwas morsch. Aber sie hat eine Lehne. Hierhin zieht sich Sarah gerne zurück. An heißen Sommertagen ist es herrlich kühl hier. Da kann man in Ruhe lesen, wenn man sich nicht allzusehr von den Eichhörnchen, Finken, Meisen, Tauben und Eichelhähern ablenken läßt.

Jetzt strahlt die Lichtung einen ruhigen, warmen Glanz aus. Wenn ein vorsichtiger Wind die Wipfel der hohen Buchen streift, wirbeln ein paar leuchtend gelbe Blätter herunter und schaukeln torkelnd auf den Boden. Zum Glück finden Harkwütige selten hierher.

Sarah lehnt das Rad an eine Buche, holt den „Antigone"—Text aus der Tasche und setzt sich quer auf die Bank, daß sie die Sonne im Rücken spüren kann. Dann hebt sie die Beine hoch und winkelt sie an. Ihren rechten Arm legt sie auf die Lehne. So liest sie am liebsten.

Sophokles, denkt sie. Ist verdammt lange her, daß der gelebt und geschrieben hat! Und heute werden seine Texte in der Schule gelesen. Das hat der sich bestimmt nicht träumen lassen! Ob der das toll finden würde, wenn er wüßte, daß seine Verse heute für einen Test herhalten müssen? Zum Beispiel die über Antigone. Irgendwie beknackt! Da schlagen sich die Typen die Köpfe ein. Antigones Bruder erwischt es. Und Kreon verbietet ihr, den eigenen Bruder zu bestatten. Sie tut es trotzdem. Und zahlt den Preis. Einen ziemlich hohen. Kreon läßt sie lebendig begraben. Irgendwie bescheuert, denkt Sarah. Und doch! Diese Courage, nicht auf den Typen zu hören! Sich von dem nichts sagen zu lassen, sondern das zu tun, was sie selbst für richtig hält! Ganz schön mutig und konsequent, diese Frau. Und was die sagt! Mitlieben, nicht mithassen ist mein Teil. Etwas antiquiert ausgedrückt. Aber nicht schlecht. So blöde ist die gar nicht gewesen, überlegt Sarah. Nur die Typen haben mal wieder nichts kapiert! Zweitausend Jahre und nichts dazugelernt!

Sarah springt auf. Ihr wird kühl. Und sie muß noch ein Stück lesen. Sicher ist sicher. Man weiß ja nie, was diese Bauer im Test so wissen will. Langsam geht Sarah mit dem Heft in der Hand den Weg rauf und runter. Und wieder rauf. Aber im Gehen kann sie nicht richtig lesen. Ständig verliert sie die Zeile. Verärgert klappt sie das Heft zu. Sie blickt auf, um sich zu orientieren, wo sie ist. Da fällt ihr Blick auf drei umgestürzte Grabplatten. Passiert schon mal bei alten Steinen. Und die hier sind alt. Aber Sarah weiß sofort, daß dies hier keine Frage des Alters ist. Auf den mittleren Stein ist mit dickem, schwarzem Filzstift ein Hakenkreuz gemalt. Aber den Namen darunter kann man noch deutlich erkennen.

„Sarah Liebstadt", steht da. Und darunter: „Geboren 1920. Umgebracht in Auschwitz 1937".

Sarah, wie ich, denkt Sarah. Nur ein Jahr älter. So alt wie . . . Entsetzt starrt sie auf das Hakenkreuz. So alt wie Wotan. Ob er wirklich . . . Sie wagt den Gedanken kaum zu Ende zu denken. Am hellichten Tag? Ob er vorher die Inschrift gelesen hat: Sarah Liebstadt. Ihr Gedenkstein in einer Haßstadt! Mitlieben, nicht mithassen ist mein Teil? Sarah steckt das Heft in die Jackentasche. Wie soll sie hier weiterlesen können. Plötzlich hat sie es eilig, zu ihrem Rad zurückzukehren und nach Hause zu fahren.

Wie das schon riecht im Flur! Dieser penetrante Geruch von Putzmitteln kann Sarah den Unterricht verleiden, noch bevor sie den Klassenraum betreten hat. Steril. Sauber. Poliert. Gekämmt. Wie die Gräber auf dem Waldfriedhof. Und da fallen sie ihr wieder ein, die drei Grabplatten. Und das Hakenkreuz auf dem Stein, der an ihre Namensschwester erinnert. Sarah Liebstadt. Unwillkürlich blickt Sarah zu Wotan hinüber. Als sich ihre Blicke treffen, sieht Wotan zur Seite. Etwas sehr schnell, findet Sarah. Wenn sie bloß wüßte . . . !

Sie kramt das Schreibetui hervor. Selbst wenn ich es mit Sicherheit wüßte, denkt sie, vor den Glatzköpfen vom Brunnen muß man sich in acht nehmen. Ich muß ja nicht unbedingt eine Heldin spielen. Als Antigone bin ich nicht geboren. Darum protestiert sie auch nur im Stillen, als die Lehrerin Wotan nach vorne holt und auf den Platz neben Sarah setzt.

„Das ist besser so", sagt die Lehrerin. „Beim Test möchte ich dich vorne haben."

Dieser Kotzbrocken! Ausgerechnet neben mir, denkt Sarah. Vermutlich hat er wieder nichts gelesen. Oder nur die Zusammenfassung im Literaturlexikon. Aber den wird sie nicht abschreiben lassen. Den nicht. Der soll spüren, was sie von ihm hält.

Die Fragen, die die Bauer an die Tafel schreibt, sind gar nicht so ohne! Sarah ist froh, daß sie gestern auf dem Friedhof war und den Text gelesen hat. Als die Bauer sich am Pult über einen Stapel Hefte beugt, spürt Sarah, wie sie am Fuß angestoßen wird. Sie blickt zu Wotan hinüber. Der schiebt ihr einen Zettel zu. „Frage 2" steht da. Sarah tut so, als ob sie den Zettel nicht sieht. Wieder spürt sie, wie Wotans Fuß sie anstößt. Er blickt sie bittend an. Das sind nicht Blicke voller Haß. Aus ihnen spricht nichts als Angst. Angst vor dem Sitzenbleiben.

Sarah zögert. Gerade schreibt sie: „ . . . mitlieben . . . "
Manchmal ist das verdammt schwer! Dann holt sie plötzlich ein
leeres Blatt hervor. Während sie schreibt, blickt sie vorsichtig zum
Pult. Doch die Bauer ist in die Hefte vertieft.

„O.K.", kritzelt sie aufs Papier. „Aber nur, wenn du sie wieder
aufstellst. Und saubermachst."

Sarah schiebt den Zettel zu Wotan hinüber. Der hebt ihn von
der Tischplatte. Sarah kann erkennen, wie er leicht in Wotans Hand
zittert. Wotan blickt auf sein Heft, dann zum Pult und wieder auf
den Zettel. Zögernd nickt er, kaum merklich. Sarah schiebt ihr
Heft in Wotans Richtung und zeigt mit dem Füller auf die Antwort
von Frage zwei: „Mitlieben, nicht mithassen ist mein Teil!"
Aufmerksam beobachtet sie Wotan beim Lesen. Der sieht sie lange
an. Nickt dann noch einmal, etwas deutlicher als beim ersten Mal,
und beginnt zu schreiben.

Meine neuen Vokabeln
Hier können Sie alle Vokabeln
auflisten, die Sie lernen wollen.

Zum Verständnis und zur Diskussion

Zum Wortschatz

Aufgabe 1: In diesem Text gibt es eine Spannung zwischen Ordnung (Ruhe, Kontrolle . . .) und Bewegung (Chaos, . . .).

a. Suchen Sie im Text alle Wörter, Sätze und Redewendungen, die Ordnung ausdrücken oder mit Ordnung assoziiert werden. (z.B. Die Straße ist *leer*. Hier ist *kaum etwas los*.)

b. Suchen Sie Wörter und Redewendungen, die zeigen, was Sarah (oder der Autor) über Ordnung (Kontrolle . . .) denkt oder was sie dabei empfindet. (z.B. Sie mag die gekämmte Aufgeräumtheit der Gräber nicht. Sie mag . . . die stille Nische.)

c. Suchen Sie im Text Wörter, Sätze und Redewendungen, die mit Unordnung assoziiert werden. (z.B. Am Wochenende stauen sich hier die Wagen, und die Fahrer suchen verzweifelt nach einem Parkplatz.)

d. In welchen Sätzen stellt der Autor Unordnung als etwas Positives dar? In welchen Sätzen stellt er sie als etwas Negatives dar?

Aufgabe 2: In diesem Text gibt es viele Wörter, die eine starke emotionale Reaktion ausdrücken. Paraphrasieren Sie die folgenden Sätze, indem Sie die unterstrichenen Wörter durch andere Wörter ersetzen oder umschreiben. Ändern oder ergänzen Sie die Sätze wo nötig.

a. Sarah fühlt sich zu Hause oft ein wenig genervt.

b. Sarah beneidet ihre Klassenkameradinnen, die ein Zimmer für sich allein haben.

c. Wenn man ihn Zwergendampfwalze nennt, wird Wotan fuchsteufelswild.

d. Auf den Namen „Wotan" ist er ein wenig stolz.

e. Wotan kann seine Deutschlehrerin nicht ausstehen.

f. Sarah fröstelt es immer ein wenig, wenn sie die gekämmte Aufgeräumtheit der Gräber sieht.

g. Weil sie im Gehen nicht richtig lesen kann, klappt Sarah verärgert ihr Buch zu.

h. Sarah starrt entsetzt auf die Hakenkreuze.

i. Der Geruch von Putzmitteln verleidet Sarah manchmal den Unterricht.

j. Sarah nennt Wotan einen Kotzbrocken.

Fragen zum Text

1. Warum fährt Sarah regelmäßig zum Waldfriedhof?
2. Warum heißt der Klassenkamerad mal *Wotan* mal *Zwergendampfwalze*? Wie reagiert er darauf?
3. Beschreiben Sie Sarahs Lieblingsort auf dem Friedhof. Wie gefallen ihr die Gräber?
4. Was hält Sarah von Antigone?
5. Was ist die Bedeutung der umgestürzten Grabplatten, die Sarah auf einmal bemerkt? Was hat Wotan auf den Grabstein geschrieben?
6. Warum hat Sarah Angst, Wotan zu konfrontieren? Welchen Pakt schließt sie mit ihm?

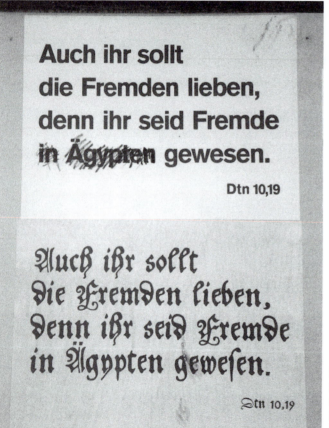

Plakat in Dillingen (Bayern). Was bedeutet „Dtn 10,19"? Wer sind die Fremden in Ägypten gewesen? Warum ist „in Ägypten" hier durchgestrichen?

Zur Diskussion

Aufgabe 1: Wie unterscheiden sich die Proteste von Sarah und Wotan? Wogegen protestieren sie? Warum? Diskutieren Sie in einer Kleingruppe.

Aufgabe 2: Was haben Sarah und Antigone gemeinsam? Sarah und Sarah Liebstadt? Sarah und Wotan? Haben Sie etwas gemeinsam mit Sarah und/oder Wotan? Diskutieren Sie im Plenum.

Aufgabe 3: Was ist der Unterschied zwischen Liebe und Toleranz, zwischen mitlieben und mitleben? Welches Wort beschreibt Sarahs Beziehung zu Wotan? Diskutieren Sie im Plenum.

Aufgabe 4: Was denken Sie darüber, dass Sarah Wotan abschreiben lässt? Ist das Ihrer Meinung nach in Ordnung? Was hätten Sie in einer ähnlichen Situation getan? Diskutieren Sie zu zweit und tauschen Sie dann Ihre Meinungen im Plenum aus.

WEITERFÜHRUNG DES THEMAS

Aufsatz—Wählen Sie ein Thema

a. „Mitlieben, nicht mithassen ist mein Teil." Dieser Satz erscheint als Leitmotiv in der Erzählung „Sarahs Stein". Waren Sie selbst schon einmal in einer Situation, wo Sie solch einen inneren Konflikt gefühlt haben? Wo Sie nicht wussten, ob Sie hassen oder lieben, verachten oder versöhnlich sein sollten? Schreiben Sie einen kurzen Aufsatz zu diesem Thema.

b. Gehören Sie einer Religionsgemeinschaft an? Wenn ja, fassen Sie zusammen, was charakteristisch für diese Religion ist und was Ihnen Ihre Religion bedeutet. Wenn nein, erklären Sie, was Sie mit Religion assoziieren und warum Sie keiner Religionsgemeinschaft angehören.

Gruppendiskussion

1. Haben Sie schon einmal das Gebetshaus einer Ihnen nicht bekannten religiösen Gemeinde besucht? Warum sind Sie dort gewesen? Hat man Sie eingeladen? Waren Sie einfach neugierig? Beschreiben Sie Ihre Reaktion. Haben Sie sich fremd gefühlt? Wollten Sie mehr über diese Religion wissen? Diskutieren Sie in einer Kleingruppe.

2. An Oberschulen in dem Stadtstaat Bremen gibt es ein neues
   Unterrichtsfach: den ökumenischen Religionsunterricht. Er steht allen
   Schülern offen, Protestanten und Katholiken, Juden, Muslimen und
   Konfessionslosen. Schüler sind also nicht nach Konfessionen getrennt,
   wie das in anderen Bundesländern üblich ist, sondern sie kommen im
   ökumenischen Religionsunterricht alle zusammen. Hier lernen die Schüler
   über Weltreligionen und setzen sich mit ethischen Fragen auseinander. Was
   halten Sie von diesem neuen Unterrichtsfach an deutschen Oberschulen?

Stellungnahme: Im Jahre 1997, während seiner Amtszeit als Bundeskanzler, hielt
   Helmut Kohl eine Rede auf der Synode der Evangelischen Kirche
   Deutschland (EKD). Die EKD ist ein Kirchenparlament mit 120
   Abgeordneten, die 28 Millionen evangelische Christen in Deutschland
   repräsentieren. In seiner Rede über die Partnerschaft von Kirche und
   Staat in einer demokratischen Gesellschaft sagte Kohl, dass
   konfessioneller Religionsunterricht kein überholtes Privileg der Kirchen

Evangelischer Kirchentag, Erfurt

sei, sondern eine notwendige Aufgabe des säkularen Staates. Er fügte hinzu, dass soziale Probleme in der Gesellschaft nicht nur mit materiellen Mitteln gelöst werden können, sondern dass die Lösung der gesellschaftlichen Probleme von der geistigen Verfassung des Landes abhänge.

1. Was bedeutet „kein überholtes Privileg der Kirchen" und „die geistige Verfassung des Landes" in diesem Kontext?

2. Was glauben Sie? Lernt man Werte wie Freiheit, Familie, Tugend und Glauben am besten in der Familie, in der Schule, unter Freunden oder in der Kirche?

3. Stellen Sie sich vor, dass der amerikanische Präsident öffentlich behaupten würde, dass der konfessionelle Religionsunterricht in der Schule eine notwendige Aufgabe der Demokratie wäre. Gäbe es Einwände dagegen? Von wem? Wie würden Sie darauf reagieren?

7

Junge Welt

HINFÜHRUNG ZUM THEMA

Wie sehen deutsche und europäische Jugendliche die Zukunft? Sehen sie der Zukunft ruhig oder besorgt entgegen? Welche politischen, kulturellen und sozialen Fragen beschäftigen die jungen Leute heute? Welchen Einfluss haben Medien, Musik, Computertechnologie, Technisierung oder Internet auf ihre Lebenswelt?

Diesen und anderen Fragen geht Kapitel 7 nach. Zu Wort kommen sieben Studentinnen/Studenten der Johannes Gutenberg-Universität Mainz; der Schüler Lasse und zwei Finnen, die seit Jahren zur Love Parade nach Berlin kommen; Lee, Ricky und Jazzy von der Rapgruppe *Tic Tac Toe* und Jörn Möller, ein „Computerfreak". Außerdem unterhalten sich in diesem Kapitel ein 24-jähriger deutscher Autor und die Vizepräsidentin der Grauen Panther Basel über den sogenannten Generationskonflikt.

- *Welche großen Herausforderungen hält die Zukunft bereit? Sechs Studenten haben eine Meinung.*
- Lasse, *Love Parade '96; We Are One Family*
- Stefan Krempl, *Cyberspace auf der Straße*
- Tic Tac Toe, *das geht mir auf'n sack*
- Nicole Tabanyi, *Die Jungen beissen zurück*
- Jörn Möller, *Ihr habt keine Ahnung von unserer Welt*

Zum Überlegen

Aufgabe 1: Entwerfen Sie mit Ihrer Kleingruppe anhand von Fotos und anderem visuellen Anschauungsmaterial ein Poster zum Thema *Was hält die Zukunft bereit?* Benutzen Sie Schlagzeilen, Slogans, Symbole, Bilder, usw. Jede Gruppe stellt dann den anderen ihr Poster vor. Die ganze Gruppe wählt das interessanteste Poster.

Aufgabe 2: Sehen Sie sich die Ergebnisse der IBM-Umfrage „Wer ist ihr Vorbild?" an. Die Umfrage wurde 1996 mit deutschen Jugendlichen im Alter von vierzehn bis fünfundzwanzig durchgeführt.

a. Wer sind die Vorbilder der Jugendlichen? Was sind ihre häufigsten Sorgen und Probleme?

b. Arbeiten Sie zu zweit und diskutieren Sie jede Aussage unter der Überschrift „Gesellschaftliche Tendenzen". Was ist Ihre Meinung? Stimmen Sie mit den Aussagen überein?

Häufige Sorgen

- Ausbildung, Arbeitsplatz — **40%**
- Umweltverschmutzung — **37%**
- Kriege — **16%**
- Familie, Partnerschaft, Freunde — **14%**
- Kriminalität — **8%**
- Materielles (Geld, Auto, Wohnung) — **6%**
- Sonstiges — **19%**

Herausragende Gruppen oder Personen

- Umweltschutz: Greenpeace — **38%**
- Kino: Tom Hanks — **26%**
- Politik: Helmut Kohl° *chancellor of the FRG 1982–1998* — **16%**
- Sport: Henry Maske° *German boxer from the former GDR* — **15%**
- Michael Schumacher° *German race car driver* — **15%**

Quelle: IBM Jugendstudie 1996
Graphik: Christoph Blumrich

Gesellschaftliche Tendenzen

Die Menschen müssen sich gegenseitig mehr helfen und nicht alle sozialen Angelegenheiten dem Staat überlassen.
78%

Mit Arbeitslosengeld und Sozialhilfe wird häufig Missbrauch getrieben.
67%

Ich mache mir häufig Sorgen, dass ich später einmal abeitslos werde oder keinen Job finde.
58%

Ich bin bereit, finanzielle Einbußen hinzunehmen, wenn dadurch Arbeitsplätze gesichert oder geschaffen werden können.
56%

Wenn ich einmal arbeitslos würde, bekäme ich bestimmt schnell wieder eine neue Stelle.
38%

a. Die folgenden Kurzinterviews erschienen in *unicompact spezial* (oder *UC Spezial*). *Unicompact* ist ein Hochschulmagazin und erscheint im Raum Mainz, Frankfurt und Darmstadt. Das Magazin bietet aktuelle Information zu Themen aus Musik und Film, Technik, Ökologie und Politik. Sieben Studentinnen/Studenten sagen ihre Meinung zu der Frage „Welche großen Herausforderungen hält die Zukunft bereit?"

Welche großen Herausforderungen hält die Zukunft bereit?

Sechs Studenten haben eine Meinung.

Birgit, 8. Semester Amerikanistik: Ganz wichtig ist vor allem der Umweltschutz. Das ist die globale Herausforderung der Zukunft überhaupt. Denn sonst haben wir bald nichts mehr, was uns herausfordern könnte. Jeder Einzelne kann seinen Müll trennen und für Greenpeace Geld spenden. Insgesamt ist es global gesehen vor allem wichtig, daß das Geld nicht mehr so im Vordergrund steht. Der Umweltschutz sollte wichtiger sein als alle wirtschaftlichen Interessen.

Christian, 14. Semester evangelische Theologie: Das Nord-Süd-Gefälle müßte verringert werden. Das geschieht sicherlich nicht allein durch die Kirche, denn um das zu schaffen, ist sie leider zu schwach.

Aber sie ist auf jeden Fall ein Instrument, das darauf ganz wesentlichen Einfluß nimmt. Das gilt in besonderem Maße für die katholische Kirche in Südamerika, aber auch die evangelische Kirche kann sich da herausnehmen. Auch die Jugendarbeit ist sehr wichtig.

Maren und Jule, 5. Semester Sport: Für die Zukunft ist ganz wichtig: Kinder weg vom Computer und hin zum Sport. Die Hauptsache ist, daß sie sich bewegen. Sie sollten radfahren oder schwimmen, alles, nur nicht einseitig. Wir brauchen keine Grobmotoriker° mehr und auch keine Spezialisten. Die Devise heißt: Nach der Schule raus auf die Wiese. Dafür müßte es ein größeres Angebot an Sportstätten in der Stadt geben, mehr Spielplätze, Bolzplätze° oder Fußballplätze.

°*someone with basic motor skills*

°*playing fields for pick-up games*

Martin, 14. Semester Jura: Das wichtigste wäre eine Wirtschaftspolitik, die allen dient, damit etwas mehr Gleichheit zwischen den Staaten entsteht. Dazu müßte die Weltbank mit ihren Krediten besser umgehen. Im Moment verschulden sich die Entwicklungsländer immer mehr. In der Entwicklungshilfe müßten neue Konzepte entstehen, die die Hilfe zur Selbsthilfe verstärken. So könnten die Staaten selbst etwas für ihren Aufschwung tun und müßten sich nicht immer weiter verschulden.

Joseph, 3. Semester Informatik: Die Leute sollten mehr Menschlichkeit zeigen, mehr Freundlichkeit im Umgang miteinander. Das gilt besonders für die Deutschen. In meinem Land, in Indien, sind die Leute sehr viel freundlicher. Hier dagegen sind die meisten Menschen eher zurückhaltend. Sie fangen beispielsweise nicht sofort mit einem Fremden ein Gespräch an. In Indien dagegen grüßt man auch im Bus und spricht miteinander.

My Dang, 5. Semester BWL:° Das größte Problem ist momentan die Rente. Ich gehe nicht mehr davon aus, daß ich überhaupt jemals Rente bekomme, und auch mein Vater beschwert sich ständig. Was man genau dagegen tun kann, weiß ich nicht. Die Leute werden immer älter, und immer weniger junge Menschen zahlen ein. Deswegen denke ich, daß die Menschen länger arbeiten müßten, anders ist das Problem wohl nicht in den Griff zu bekommen.

°*Betriebswirtschaftslehre*

In Kleingruppen analysieren Sie je eine Person. Stellen Sie ihre Person im Plenum vor.

Beispiel: Wer?   *Birgit*
              Studienfach?   *Amerikanistik*
              Im wie vielten Studienjahr?
              Seine/ihre größte Sorge?
              Herausforderung/Problem?
              Definition des Problems
              Wie kann das Problem gelöst werden?

b. Erarbeiten Sie ein Interview für die Person, die Sie ausgewählt haben. Spielen Sie dann Ihren Kommilitoninnen/Kommilitonen die Interviews vor. Tipp: Die Kurzinterviews enthalten jeweils eine längere Antwort. Ihre Aufgabe ist es, die Antwort in mehrere Fragen und Kurzantworten aufzubrechen.

Beispiel: *Interviewerin/Interviewer: „Birgit, was studierst du und in welchem Semester bist du?"*
Birgit: „Ich ..."
Interviewerin/Interviewer: „Worin siehst du die größte Herausforderung für die Zukunft?"

TEXT 1: Love Parade '96: We Are One Family

Vor dem Lesen

Aufgabe 1: Finden in Ihrer Heimatstadt Umzüge statt? Zu welchen Anlässen? Arbeiten Sie zu zweit und beschreiben Sie solch einen Umzug. Zum Beispiel: Wie viele Leute machen mit? Wie viele Zuschauer gibt es? Tragen die Zuschauer besondere Kleidung/Haartracht? Gibt es Paradewagen? Was sonst?

Die Love Parade— ein urbanes Festival

Aufgabe 2

a. Was für Musik hören Sie am liebsten? Welche Sängerinnen/Sänger oder Gruppen mögen Sie? Was ist für Sie am wichtigsten an der Musik—der Beat, der Klang oder der Text?

b. Wissen Sie was Technomusik ist? Wenn ja, beschreiben Sie sie. Was sind Raver? Beschreiben Sie ihren Kleidungsstil, Körperschmuck, Tanzstil.

Information zum Text

Jedes Jahr im Sommer kommen hunderttausende von Jugendlichen für ein paar Tage in Berlin zusammen um an der Love Parade teilzunehmen. Diese Tradition begann 1989 und wurde von dem Berliner DJ „Dr. Motte" ins Leben gerufen. Im ersten Jahr kamen 150 Technomusik-Fans spontan auf dem Berliner Kudamm unter dem Motto „Friede, Freude und Eierkuchen" zusammen.* Dieser „Szenentreff" wiederholt sich jährlich mit einer stetig wachsenden Teilnehmerzahl. Nach Schätzungen der Veranstalter waren 1997 über eine *die Schätzung (-en)* *estimate* Million dabei. Und jedes Mal gibt es ein neues Motto, z.B. „The Future is Ours" (1990), „The Worldwide Party People Weekend" (1993), „We Are One Family" (1996), „Let the Sun Shine In Your Heart" (1997) und „One World, One Future" (1998). Zuschauer klettern auf Bäume, Straßenlaternen oder WC-Container um das Schauspiel zu beobachten. Die Radiosender verlosen auch Ausschauplätze auf den Club- und Sponsorenwagen. Die sind natürlich am besten und begehrtesten.

Die Parade geht immer mit einem Umzug von „Liebestrucks", die die wummernden Beats ausstrahlen, los. Nach einer Abschlusskundgebung an der bekannten Berliner Siegessäule gehen die Raver auf eine der vielen Clubparties oder Openairveranstaltungen. Ein ständiges und großes Problem des Szenentreffs ist der große Müllberg, den die Teilnehmer immer hinterlassen. 1994 hatte der Berliner Stadtrat die Versammlungsgenehmigung wegen dieses Problems fast nicht erteilt.

Im folgenden Text berichtet Lasse, etwa 18 Jahre und ein Reporter für *Prawda Online,* eine Schülerzeitung des Trave-Gymnasiums in Lübeck, über seine Erlebnisse bei der Love Parade '96.

---

*So erklärt *Frontpage,* ein Technofan Magazin, die Bedeutung dieses seltsamen Mottos: „Friede steht für Abrüstung, Freude für bessere Verständigung der Völker durch Musik und Eierkuchen für die gerechte Verteilung der Nahrungsmittel in der Welt." (*www.techno.de/frontpage/9506/1p.html*)

Love Parade '96

We Are One Family

Lasse, 12. Jahrgangsstufe

Nachdem wir die Love Parade im letzten Jahr wegen Fahrermangels verpaßt hatten, wollten wir dieses Jahr die größte Jugenddemonstration der Welt auf keinen Fall verpassen. Unser erster Gedanke, mit dem Wochenendticket° zu fahren, wurde aufgrund der schlechten Zugverbindung (Abfahrt 4.51—Ankunft 14.35 Uhr) von uns schnell wieder verworfen, und wir meldeten uns auf einen Flugzettel, der im Pressezentrum rumlag. Am Samstag um 7 Uhr sollte es losgehen und am Sonntag um 7 Uhr zurück.

Wir [gingen] also um 6.45 Uhr hin und erkannten leicht unseren Bus an den kultigen Leuten. Kommentar eines Elternteils: „Da steht ein Kerl im Rock!" Im Bus wurde dann sofort Mucke° auf Diskolautstärke hochgedreht, wobei alle den Sound im Bus—über jedem Sitz ein Lautsprecher—gut fanden, außer ein älterer Fotograf, der sich später Ohrstöpsel gönnte. Die Fahrt war absolut geil, denn jedes Auto, das auch zur Love Parade unterwegs war, hupte uns an, und es war super Stimmung. Während der zwei Pausen wurde getanzt, denn aus vielen Autos schallten laute Bässe, und die Insassen tanzten um ihre Autos.

Als wir die Stadtgrenze von Berlin überfuhren, startete ein kleiner Spontanrave hinten im Bus, und als wir zwischen Ernst-Reuter-Platz° und Bahnhof-Zoo° parkten, konnten wir uns kaum noch halten. Wir zogen uns um und stürzten uns ins Getümmel. Um 14.30 Uhr hörte man auf einmal ein dumpfes Grollen, und die Leute jubelten vor Begeisterung, sowas kann man sich nicht vorstellen. Also los ging's!

Wir sind Richtung Siegessäule° gegangen, um die 40 Wagen an uns vorbeifahren zu lassen, doch es waren zu lange Pausen zwischen den einzelnen Wagen, so daß wir am MTV-Wagen ein paar hundert Meter kleben blieben und dann in der Masse bis kurz vors Brandenburger Tor gingen. Der Park am Rand der Straße, der Tiergarten, war genau der richtige Ort für eine Rast—leider für die meisten auch Gruppenklo, Grund: nur 26 Klos, und dann machten wir uns auch schon wieder auf den Rückweg zum Bus, da wir um 20 Uhr das letzte Mal in den Bus konnten.

°reduced fare train ticket

°music (slang)

°major intersection named after the first post-World War II mayor of Berlin   °major Berlin subway and train station

°19th-century victory column

So viele Leute habe ich noch nie gesehen, man kann sich einfach nicht 750.000 Menschen auf etwa fünf Kilometer Straße verteilt vorstellen, wenn man nicht da war. Am Bus waren alle ziemlich kaputt, und wir tauschten unsere Eindrücke aus. Einer war die ganze Zeit auf einer Laterne und hatte Westbam° getroffen, und der Fotograf hatte Lübecker getroffen, die eine Stunde später als wir losgefahren sind und wegen des Staus erst um 19 Uhr in Berlin ankamen. Wir waren die Einzigen, die es in dem Gedränge weiter als bis zur Siegessäule geschafft hatten. Die Pläne der Leute waren Clubs—alle total überfüllt, doch wir wollten zur Schlußkundgebung an der Siegessäule und uns dann ein Open-Air-Rave suchen, da wir keine Lust hatten, 30 DM oder mehr für Clubkarten auszugeben. Um 21.30 Uhr gingen wir wieder los, und gerade als die Stimmung am besten war und die Leute super drauf waren, gingen die Musik und das Licht aus, und die Schluß[kund]gebung war beendet.

Wir waren total kaputt, denn wir haben außer Energy Drinks, Nikotin und Traubenzucker nichts konsumiert und mußten nun irgendwie die sechs Stunden bis zur Abfahrt totschlagen. Wir gingen also durch den Müll, insgesamt 150 Tonnen, zu einem Getränkestand, holten uns Pappkartons und setzten uns, wie die Penner, vor die Hochschule der Künste und später vor die Berliner Börsengesellschaft. Am nächsten Morgen trudelten fast alle wieder ein, viele saßen gerade mal fünf Sekunden im Bus, dann schliefen sie, und wir fuhren mit allen bis auf zwei—irgendwo versackt, einer war mit zwei Kumpels° unterwegs, doch die wußten noch nicht mal mehr, wo sie waren—zurück nach Lübeck. Der Busunternehmer meinte, daß er im Vorjahr einige aus dem Krankenhaus holen mußte.

Mich persönlich hat am meisten diese Friedlichkeit unter den Leuten beeindruckt; natürlich gab es auch Verletzte (1350 Leute), doch sind das für die hohe Teilnehmerzahl verschwindend wenige. Die Stimmung war einfach toll, man konnte jeden wie einen alten Freund behandeln und wurde auch so von jedem behandelt; das diesjährige Motto beschreibt die Stimmung am besten: „We are one family!"

°techno-music DJ. full name: Maximilian Lenz

°friends (slang)

Meine neuen Vokabeln

Hier können Sie alle Vokabeln auflisten, die Sie lernen wollen.

der Mangel(∸) shortage

der Kerl(e) → guy

der Ohrstöpsel → earplug

Zum Verständnis und zur Diskussion

Zum Wortschatz

Aufgabe 1: Im Text kommen viele Ausdrücke aus der Jugend- oder Umgangssprache vor. Suchen Sie die folgenden Wörter im Text und wählen Sie dann jeweils die passende Erklärung dafür.

1. geil *e*
2. der Rave *d*
3. das Klo *f*
4. der Stau *g*
5. super drauf *h*
6. der Penner *b*
7. der Kumpel *c*
8. auf Diskolautstärke *a*

a. sehr laut
b. Mensch, der obdachlos ist und auf der Straße schläft
c. Freund
d. Tanzstil der Technoszene
e. toll
f. WC (Toilette)
g. der Verkehr kommt zum Stehen
h. in bester Stimmung

der Duftekumpel

Aufgabe 2: In der deutschen Sprache, besonders zu den Themenbereichen *Jugendkultur* oder *Musik*, gibt es heute zahlreiche Anglizismen.

a. Suchen Sie im Text die englischen und dem Englischen verwandte Wörter. Stellen Sie eine Liste auf.

Beispiel: *die Love Parade*
das Ticket

b. Diskutieren Sie im Plenum, welchen Effekt diese Anglizismen auf Sie, als Leserin/Leser, haben. Wie erklären Sie den Gebrauch dieser Anglizismen im Deutschen?

Aufgabe 3: Markieren Sie auf dem Stadtplan von Berlin, wo Lasse und seine Mitreisenden Folgendes machen:

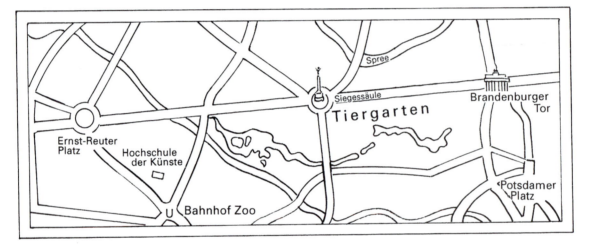

a. parken

b. laufen

c. eine Rast machen

d. der Schlusskundgebung beiwohnen

e. auf der Straße sitzen

Fragen zum Text

1. Wie ist die Stimmung auf der Reise nach Berlin?

2. Was für Leute fahren mit?

3. Beschreiben Sie den Tagesablauf von 6.45 Uhr morgens bis zur Schlusskundgebung am Abend.

4. Fand Lasse das ganze Erlebnis positiv oder negativ? Wenn positiv, welche Wörter und Ausdrücke benutzt er? Wenn negativ, welche?

Zur Diskussion

Aufgabe 1: Kurz vor der Love Parade '97 interviewte Stefan Krempl, ein Reporter für das Online-Magazin *Telepolis* (ein „Magazin der Netzkultur"), zwei finnische Sozialwissenschaftler, Sam Inkinen und Hannu Eerikäinen. Die beiden „Technoszientisten" erforschten die Love Parade und die Philosophie von Techno und schrieben ihre Gedanken darüber in dem Buch *Tekno: die Geschichte, die Philosophie und die Zukunft der digitalen Tanzmusik* nieder. Lesen Sie das Interview. Dann beantworten Sie die folgenden Fragen.

„Cyberspace auf der Straße!"

Stefan Krempl   Heute werden als Höhepunkt einer ständig zunehmenden Vermassung und Kommerzialisierung der Technoszene rund eine Million Raver und Zuschauer zur Love Parade erwartet. Ist das für Euch bedenklich?

Sam Inkinen   Ich war von 1992 an fast jedes Jahr auf der Love Parade. Und tatsächlich finde ich, daß damals, als Techno noch eine Underground-Bewegung gewesen ist, die Stimmung unter den Leuten auf dem Kùdamm viel besser war als in den beiden vergangenen Jahren. Schon 1994 war allerdings ein Wendepunkt, als Techno langsam von der Avantgarde zum Mainstream wechselte.

Hannu Eerikäinen   Das war genau das Jahr, als erstmals die Love Parade durch die allgegenwärtige Präsenz von Sponsoren gekennzeichnet wurde: Camel schmiß mit Zigaretten und Flyern um sich, und Puma hatte einen eigenen Wagen, von dem es ab und zu auch ein paar T-Shirts regnete. Es war klar, daß erstmals eine Menge Geld hinter der Parade steckte. Was aber nicht hieß, daß die Parade nicht auch eine Menge Spaß machte.

Stefan   Wie seht Ihr die Parade heute?

Sam   Meine Einstellung zur Love Parade ist eindeutig ambivalent. Einerseits ist sie ein wichtiges Happening: Gerade die Leute, die von weit her kommen, planen Wochen im voraus ihre Fahrt nach Berlin, verabreden sich mit Freunden und sparen das nötige Geld für die Reise. Das ist bei vielen schon zum Ritual geworden. Andererseits kann man der Parade kaum noch unkritisch gegenüberstehen: Die Clubparties werden immer teurer, es kommen immer mehr Jugendliche, die mit Techno das ganze Jahr über sonst nichts zu tun haben, und die „Botschaften" der Veranstalter werden immer schwammiger und von den Kommerzverhandlungen mit den

Sponsoren überstrahlt. Dennoch spiegelt die Love Parade viele Aspekte der gegenwärtigen Jugendkultur und der zeitgenössischen postmodernen Kultur überhaupt wieder: Das Eindringen der Maschine und des Computers in immer mehr Lebensbereiche, die Notwendigkeit, alles unter Marketingaspekten zu betrachten, aber auch den Versuch, aus den gewohnten Verhältnissen auszubrechen.

Hannu   Wir fragen uns auch immer wieder, inwieweit man die Love Parade mit Woodstock vergleichen kann. Und ich finde schon, daß auch in der Love Parade in ihrer heutigen Form noch ein wenig utopische Energie steckt, ein Rest von Hippie-Mentalität. Es geht eben immer noch darum, eine Gegenkultur zu feiern.

Stefan   Ist der Vergleich mit Woodstock nicht etwas sehr weit hergeholt angesichts der marketingmäßig aufgezogenen Parade im Tiergarten, die sogar von der Berliner CDU° als wichtiger Wirtschafts- und Imagefaktor für Berlin begrüßt wird? Welche Botschaften gehen denn tatsächlich von einer solchen Show aus?

°Christlich-Demokratische-Union: *major conservative political party*

Hannu   „We are one family"—ist das nicht identisch mit dem Gefühl von Woodstock? Es ist natürlich klar, daß der Love Parade solche Slogans „von oben" übergestülpt werden. Und kaum ein echter Techno-Anhänger würde je daran glauben. Ironischerweise wird ein solcher Slogan dann aber doch auf der Love Parade in vielfältiger Weise gelebt. Aber natürlich bleiben große Unterschiede. Bei Woodstock stand der „revolutionäre" Gedanke viel mehr im Vordergrund: „Change the world!" war damals das Motto. Heute gilt höchstens noch „Change yourself!" oder einfach nur: „Let's have fun!". Die Love Parade ist im Gegensatz zu Woodstock ein rein hedonistisches Party-Event.

Sam   Die Ravers gehen dorthin, weil sie Spaß haben an der Verrücktheit und an der Irrationalität des stundenlangen Tanzens in der Masse. Sie wollen sich für einen Moment lang in der Community aufgehoben fühlen. Allerdings ist das nur eine sehr kurze Ad-Hoc-Gemeinschaft, die die Technos untereinander eingehen. Fast wie im Internet: Man trifft sich, hat Spaß miteinander und geht dann genauso schnell wieder auseinander. Außerdem steckt da auch eine große Massenpsychose dahinter. Man möchte einfach dabeigewesen sein, die Sache gut finden und den Eindruck bekommen, daß man Geschichte gemacht hat.

Stefan   Und zum Vergleich mit Woodstock: Neu ist heute sicherlich, daß Techno insgesamt und auch die Love Parade ein durch und durch urbanes Festival ist. Es geht da nicht mehr um Natur und das Leben auf dem Land, sondern um städtische, computerindustrielle Kultur. Und ein weiterer Unterschied zu Woodstock ist, daß die Love Parade keine zentrale Idee hat. Sie ist im tiefsten Sinne postmodern: Ihre Slogans sind—angefangen von Friede, Freude, Eierkuchen bis zum diesjährigen Sonnenscheingeplänkel—offen für die unterschiedlichsten Interpretationen. Sie schließen keinen aus und lassen sich aus fast jeder Perspektive betrachten. . . .

Was geht in den Leuten vor, die Tausende Kilometer zurücklegen und aus den unterschiedlichsten Ländern extra für die Love Parade anreisen? Was verspricht Techno seinen Jüngern?

Hannu Free your mind and free your body—und zwar gleichzeitig! Das ist einer der größten Widersprüche, der mit der Technomusik verbunden ist. Einerseits nimmt das Tanzen zu den harten Rhythmen aus dem Computer den Körper völlig in seinen Besitz. Man wird sich seines Körpers auf eine ganz neue Weise bewußt. . . . Gerade in einer Zeit, in der sich viele Internet-Addicts und Technologie-Spiritisten nichts sehnlicher wünschen, als den eigenen Körper im Netzwerk hinter sich zu lassen, ist das Tanzen zur Techno-Musik, die ironischerweise aus denselben Computern stammt, wie das Internet, vielleicht auch eine Chance und eine Gegenbewegung, sich seines eigenen Körpers wieder bewußt zu werden. Auf der anderen Seite gibt es auch im Techno eine Tendenz, sich selbst und seinen Körper zu überwinden, einzutauchen in den Raum der Soundbits, sich in der Menge zu verlieren. In diesem Sinne kann man die Love Parade geradezu als eine Erfahrung des Cyberspace auf der Straße auffassen. . . .

---

a. Wie hat sich die Love Parade über die Jahre geändert? Warum, meint Sam Inkinen, war die Stimmung früher besser? *es wird Mainstream* *mehr und mehr Kommerverhandlung*

b. Welchen Vergleich macht Hannu zwischen der Love Parade und *LP mehr Marketing* Woodstock? Was ist gleich? Anders? *utopische energy, Gegenkultur*

c. Warum, meint Sam Inkinen, gehen die Ravers zur Love Parade? *Für Spaß und an der Verrücktheit und Irrationalität teilnehmen*

d. Welcher Widerspruch liegt in der Technomusik? Erklären Sie diesen Widerspruch.

Aufgabe 2: Was meinen Sie? Warum sind die Love Parade und die Technomusik so attraktiv für die Jugend? Warum ist Lasses Beurteilung der Love Parade eher positiv und warum ist das Urteil der zwei finnischen Sozialwissenschaftler eher negativ?

Aufgabe 3—Aufsatz: Das Motto der Love Parade '96 war „We Are One Family". Inwiefern dienen die Love Parade und die Technoszene als Familienersatz für Jugendliche? Warum ist Gruppenzugehörigkeit wichtig für sie? Schreiben Sie zuerst Ihre Gedanken nieder und diskutieren Sie dann im Plenum.

Vor dem Lesen

Aufgabe 1: Arbeiten Sie in Kleingruppen. Denken Sie an Popsongs, die Sie im Radio hören. Welche Themen kommen in diesen Songs vor? Stellen Sie eine Liste auf. Sammeln Sie Ihre Ergebnisse an der Tafel.

Aufgabe 2: Was wissen Sie über Rapmusik? Arbeiten Sie weiter in Kleingruppen und tauschen Sie Information zu den folgenden Fragen aus. (Lösung siehe unten.)

a. Wo und wann hat Rap begonnen?

b. Kennen Sie die Namen von einigen Rapbands?

c. Was ist charakteristisch für den Rapstil? Denken Sie an Musikstil, typische Kleidung, Künstlernamen, Sprache, usw.

d. Welche Themen kommen häufig vor?

An den Text heran

Aufgabe 1: Die charakteristischen Stilelemente für Rap sind Reime und Lautmalerei. Um diese Stilelemente herauszuhören, machen Sie die folgende Übung. Arbeiten Sie in Kleingruppen. Jede Gruppe bekommt eine oder zwei Strophen.

a. Markieren Sie die auffälligen Reime im Text.

Beispiel: *hey ihr da OBEN heute schon geLOGEN*

b. Üben Sie Ihre Strophe(n) ein.

c. Präsentieren Sie den anderen Gruppen Ihre Strophe(n), wenn möglich, im Rapstil wie Tic Tac Toe. Viel Spaß!

Lösung: a. In den späten 70er Jahren; in den großen amerikanischen Städten wie Washington DC, New York City and Los Angeles   b. *Amerikanische Rapper:* Ice T; LL Cool J; Salt'N'Peppa; 2 Live Crew; Run DMC; the Fugees; Public Enemy; Puff Daddy. *Deutsche Rapper:* die Fantastischen Vier; das Rödelheim Hartheim Projekt; Tic Tac Toe; Sabrina Setlur; Moses P; Sons of Gastarbeita c. Sprechgesang in Reimen, kurze Phrasen, Ausrufe, Scat-Sprache, besondere Künstlernamen wie LL Cool J, kodierte Sprache, Schimpfwörter, Breakdancing, weite Hosen   d. Probleme in den armen Wohnvierteln; Themen wie Dissidenz, Widerstand, Gewalt, Sex, Drogen, Rassismus, Ausgrenzung, Wut, Frustration

Tic Tac Toe

Aufgabe 2: Machen Sie die folgenden Aufgaben in der Kleingruppe.

a. Markieren Sie Stellen im Lied, wo Buchstaben fehlen. Was wird dadurch bewirkt?

b. Markieren Sie Stellen im Lied, wo die Interpunktion fehlt. Vervollständigen Sie den Text mit Kommas, Fragezeichen, Ausrufezeichen oder Punkten. Warum wohl haben Tic Tac Toe die Interpunktion weggelassen?

c. Versuchen Sie die Stimmung des Songs zu beschreiben, z.B. fröhlich oder traurig, usw.

Information zum Text

„Wie Cola, Hamburger und Baseball ist auch Hip Hop ein Kulturimport aus den USA. Seit amerikanischer Hip Hop jedoch auf deutschen Boden fiel, ist daraus etwas völlig Neues erwachsen. Denn angefangen von der Sprache . . . bis zum sozialen Hintergrund . . . hierzulande sind die Bedingungen einfach andere als jenseits des großen Teiches." So beschreibt Stefan Steinhäuser die deutsche Hip-Hop Szene in *Musik online: Hip Hop „Made in Germany"*. „Das geht mir auf'n sack" ist ein Lied der deutschen Rapgruppe Tic Tac Toe. Es erschien 1997 auf der CD „Klappe die 2te" und beschreibt soziale Bedingungen aus der Sicht der jungen Rapperinnen Lee, Jazzy und Ricky.

das geht mir auf'n sack (auch wenn ich keinen hab')

Tic Tac Toe

hey ihr da oben heute schon gelogen
ich kann es nicht mehr hörn und darum wollt ich mal kurz störn
es ist fünf nach zwölf und es fängt an sich zu rächen
es nützt nämlich nichts nur was zu versprechen
und nicht zu halten die probleme zu verwalten
und auf stur zu schalten

fragen fragen fragen
doch ihr habt's super drauf mit vielen worten nichts zu sagen
ihr seid glatt wie die aale doch was nützt das geprahle
wenn dann nichts passiert obwohl ihr's garantiert
es wird alles gut nur mut nur mut
ich sag euch was mich packt die wut

wenn ich sehe wie der wald stirbt wie die gewalt regiert
wie man ohne arbeit zu menschen zweiter klasse wird
wie menschen an hunger sterben
und bei uns die schönsten sachen in den regalen verderben

könnten die da oben mal mit kinderaugen sehn
würden sie vielleicht verstehn dass sie die träume zerstörn
die den kindern gehörn

stören, störte, gestört →
to disturb
rächn, rächte, gerächt →
to take revenge

der Regal(-en) → shelves

das geht mir auf'n sack
das geht mir auf'n sack
das geht mir auf'n sack
auch wenn ich keinen hab'

politik politik für den augenblick und nicht für morgen
denn es sind nicht eure sorgen was in 20zig 30zig jahren passiert
weil euch nur interessiert
dass ihr die nächsten wahlen nicht verliert

sagt doch einfach die wahrheit was ist daran so schwer
zu sagen was man denkt denn eure worte klingen leer
wenn man euer gesülze hört
weiß man hinterher genausoviel wie vorher

wir ham die qual der wahl zwischen nichts und wieder nichts
legal illegal scheißegal
aber ihr garantiert uns alles wird gut nur mut nur mut
ich sag euch was mich packt die wut

wenn ich seh dass es fast keine wale mehr gibt
wenn man vor lauter dreck die sonne nicht mehr sieht
wenn ich seh wie wir in unserm müll ersticken
und menschen neue wesen schaffen die die welt erblicken

könnten die da oben mal mit kinderaugen sehn
würden sie vielleicht verstehn dass sie die träume zerstörn
die den kindern gehörn

das geht mir auf'n sack . . .

auf den Sack gehen → to
get on somiône's nerves

die Wahrheit (-en) → truth

Meine neuen Vokabeln

Hier können Sie alle Vokabeln auflisten, die Sie lernen wollen.

stören → to disturb

rächen → to take revenge

die Wahrheit (en) → truth

Sülze → baloney

verderben: to spoil

zerstören: to destroy

ersticken: smother, choke

Zum Verständnis und zur Diskussion

Zum Wortschatz

Aufgabe 1

a. Arbeiten Sie zu zweit. Ordnen Sie die idiomatischen Redewendungen aus dem Lied den Definitionen in Spalte 2 zu. (Lösung siehe unten.)

1. etwas geht einem auf'n Sack a

2. fünf nach zwölf sein b

3. auf stur schalten f *stubborn switch*

4. glatt wie die Aale sein / aalglatt sein c

5. jemanden packt die Wut d

6. Menschen zweiter Klasse g

7. Politik für den Augenblick e

a. (vulgär) Etwas nervt jemanden; etwas geht jemandem sehr stark auf die Nerven.

b. Es ist schon zu spät, etwas Schlimmes zu verhindern.

c. übertrieben höflich und schmeichlerisch sein; auch clever *ingratiating*

d. eine starke, emotionelle negative Reaktion haben

e. Reden/Tun, das nur die aktuelle Situation betrifft

f. unflexibel reagieren

g. Gesellschaftsmitglieder, die nicht als gleichberechtigt betrachtet werden *social member* *equal rights*

Lösung: 1. a, 2. b, 3. f, 4. c, 5. d, 6. g, 7. e

b. Wählen Sie eine Redewendung und schreiben Sie einen kurzen Dialog, der mit der Redewendung endet. Spielen Sie dann der Gruppe Ihren Dialog vor.

Aufgabe 2

a. Tragen Sie in den Wortigel die Wörter und Ausdrücke aus dem Text ein, die zum Wortfeld *Sprache/Sprechen* passen.

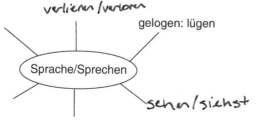

verlieren /verloren

gelogen: lügen

Sprache/Sprechen

sehen/siehst

mit vielen Worten nichts (zu) sagen

b. Welche Wörter sind positiv? negativ? neutral?

Fragen zum Text

1. An wen ist der Song gerichtet? Wer ist „ihr"? Woher weiß man das?
2. Worüber beklagt sich Tic Tac Toe? Welche Verhaltensweise nervt die Gruppe? lügen; haben die Macht, macht nichts
3. Welche Sozial- und Umweltprobleme stellt Tic Tac Toe in den Vordergrund? Geben Sie konkrete Beispiele aus dem Text. Wem gibt die Gruppe die Schuld dafür?
4. Wie beschreibt die Rapband Politiker? Seien Sie spezifisch! (z.B. *Politiker sprechen viel, aber sagen nichts . . .*)
5. Welche Lösungen wünscht sich Tic Tac Toe?
6. Im Refrain taucht der Konjunktiv auf. Was könnte das bedeuten? Welchen Effekt will die Gruppe damit erzielen?

Zur Diskussion

Aufgabe 1: Betrachten Sie noch einmal das Wortfeld *Sprache/Sprechen,* das Sie in Zum Wortschatz, Aufgabe 2 erarbeitet haben. Welche Aussage macht der Text über Sprachgebrauch?

Aufgabe 2: Was meinen Sie: Wer trägt die Schuld und die Verantwortung für die Probleme, die im Song zum Ausdruck kommen? Tragen auch andere Teile der Gesellschaft dafür Verantwortung? Teilen Sie Tic Tac Toes Meinung zu diesen Problemen? Stimmen Sie mit den Vorschlägen zur Lösung der Probleme überein? Gibt es andere Lösungen? Schreiben Sie eine kurze Stellungnahme und diskutieren Sie dann im Plenum.

Aufgabe 3: Was könnten die folgenden Zeilen bedeuten? Interpretieren Sie sie und diskutieren Sie Ihre Ergebnisse im Plenum.

„Wir ham die qual der wahl zwischen nichts und wieder nichts
legal illegal scheißegal"

Wer spricht hier? Welche Emotionen kommen hier zum Ausdruck? Was will das Lied mit dem Reim „legal, illegal, scheißegal" betonen? Was für ein Zukunftsbild malen diese Worte? Was sind die Konsequenzen für eine Gesellschaft, wenn ihre junge Generation desillusioniert ist? Wie ist das in Ihrem Land?

TEXT 3: Die Jungen beissen zurück

Vor dem Lesen

Aufgabe 1: Haben Sie regelmäßigen Kontakt mit alten Leuten? Was wissen Sie über die Lebensgeschichte und die jetzige Lebenssituation dieser Leute? Sind Ihnen Kontakte mit alten Leuten wichtig? Warum (nicht)?

Aufgabe 2: Wie misst man den Lebensstandard einer Gesellschaft?

a. Hier sind einige Maßstäbe: Gesundheitsversorgung, Wahlrecht, Umweltfreundlichkeit, reiches Angebot an kulturellen Darbietungen, Arbeitsmöglichkeiten. Haben Sie weitere Ideen? Sammeln Sie alle Ideen an der Tafel.

b. In der Kleingruppe ordnen Sie die verschiedenen Maßstäbe nach Wichtigkeit. Jede Kleingruppe erklärt im Plenum, wie sie zu ihrer Rangordnung gekommen ist.

Aufgabe 3: Wie unterscheiden sich Ihre Wünsche und Interessen von denen Ihrer Eltern und Großeltern? Führen diese Unterschiede zu Konfliktsituationen? Zu welchen? Tauschen Sie mit einer Partnerin / einem Partner Ihre Erfahrungen aus.

Information zum Text

In dem folgenden Interview spricht Elisabeth Brand mit Jörg Tremmel über den vermeintlichen Konflikt zwischen Alt und Jung. Tremmel, ein Deutscher, ist der 24-jährige Autor des Buches *Der Generationsbetrug*. Die Schweizerin, Brand, ist die Vizepräsidentin der Grauen Panther Basel. Nicole Tabanyi repräsentiert die Schweizer elektronische Zeitschrift *Ernst* (*http://www.ernst.ch*).

Die Jungen beissen° zurück

°Contrary to standard German, Swiss German does not have the letter "ß" in its alphabet.

In seinem neuen Buch *Der Generationsbetrug* meldet sich der 24jährige deutsche Autor Jörg Tremmel als Anwalt der Jugend zu Wort und beschreibt die Gedanken einer Generation, die um ihre Zukunft bangt. In deutlichen und scharfen Worten hält er den Eltern- und Grosseltern den Spiegel vor und fordert: Mehr Mitspracherecht für Jugendliche und Kinder, gemeinsame Strategien für eine ökologische Wende, Abbau der Staatsverschuldung und Rentenkürzungen. Elisabeth Brand, Vize-Präsidentin der Grauen Panther° Basel, hat sich mit dem jungen Autor unterhalten.

°Gray Panthers: advocacy group for senior citizens

ERNST: Herr Tremmel, Sie fordern mehr Rechte für die Jungen. Gleichzeitig machen Sie die ältere Generation für die hohe Staatsverschuldung und die fortschreitende Umweltzerstörung verantwortlich. Wollen Sie mit den Alten ins Gericht gehen?

JÖRG TREMMEL: Das ist leider nicht möglich, aber es gibt genug Argumente, um belegen zu können, dass die Älteren auf Kosten der Jungen und späteren Generationen leben. Das ist ungerecht, unsolidarisch und kann auf Dauer gar nicht gutgehen.

ERNST: Ein Hauptthema Ihres Buches ist die Rentenfinanzierung.

TREMMEL: Gerade was die Rente anbelangt, denke ich, dass die Alten heute auf Kosten der Jungen leben. Das Rentensystem wurde eingeführt, als die Bevölkerung noch gewachsen ist. Heute sind die Rahmenbedingungen völlig anders. Die Geburten stagnieren, das heisst, es gibt immer mehr Alte, denen immer weniger Junge gegenüberstehen. Da kann man nicht so tun, als hätte sich nichts geändert, sondern muss diesen Generationenvertrag auch an die neuen Wirklichkeiten anpassen. Darum fordere ich: Man erhöht die Rente für die Jungen und senkt dabei im gleichen Mass die Renten für die Alten. Das wäre eine gerechte Teilung der Lasten.

ELISABETH BRAND: Wenn Sie behaupten, dass die Jungen für uns bezahlen müssen, stimmt das einfach nicht. Unsere Generation hat die AHV° aufgebaut, und wir haben mit unseren Beiträgen die Renten vorfinanziert. Natürlich waren die Beiträge kleiner, weil auch die Löhne viel niedriger waren. Aber wenn man in der Schweiz und in Deutschland immer mit dieser Angstmacherei kommt, malt man ein Gespenst an die Wand. In diesem ständigen Kampf und Schlechtmacherei der Alten sehe ich auch einen gewissen Rassismus.

°Alters- und Hinterbliebenenvorsorge: *social security for senior citizens and dependents*

TREMMEL: Aber das macht ja niemand. Ich sage ganz klar, dass ich keinen Krieg der Generationen will, sondern, dass man sich auf etwas einigen muss, das für beide Seiten akzeptabel ist. Eine gerechte Teilung der Lasten eben.

BRAND: Eine alleinstehende Frau in Deutschland, nicht in Kaderposition,° bezieht heute eine Einzelrente von ungefähr 880 Mark. In der Schweiz beträgt die Mindestrente 970 Franken. Und diese Renten wollen Sie noch senken?

°*management position*

TREMMEL: Da werden immer die armen Alten vorgeschickt, dabei haben die über 60jährigen im Durchschnitt doppelt soviel Vermögen wie die 30jährigen. Und wenn Sie sagen, es gibt auch arme Alte, dann muss man eben innerhalb dieser Altersgruppe Umverteilungen machen.

ERNST: *Eine Möglichkeit zur Entlastung der Jungen wäre doch, dass die reichen Rentnerinnen und Rentner künftig etwas geringere AHV-Beiträge bekommen würden.*

BRAND: Das ist völlig undenkbar. Wenn jemand 12000 Franken im Monat verdient, bezahlt er auch mehr AHV. Selbstverständlich will derjenige, der viel Rente bezahlt hat, auch eine Rente erhalten. Wir können auf die Beiträge der Reichen also nicht verzichten. Man könnte sich auch andere Finanzierungsmöglichkeiten vorstellen, um die Renten ein wenig zu erhöhen. Zum Beispiel durch Kürzung der Militärausgaben.

TREMMEL: Da bin ich ganz Ihrer Meinung.

ERNST: *Frau Brand, bekommt man als Rentnerin heute vermehrt von Jugendlichen zu spüren, dass man lediglich ausgehalten wird?*

BRAND: Die Jugendlichen, die ich kenne, empfinden das nicht so. Der Graben zwischen Jung und Alt wird meines Erachtens künstlich geschürt. Nicht zuletzt durch solche Publikationen wie Ihr Buch, Herr Tremmel.

TREMMEL: Hören Sie mal: Wenn alle Forderungen, die ich in meinem Buch stelle, nämlich die Teilung der Lasten, der Abbau der Staatsverschuldung und die gemeinsamen Strategien zur Lösung der Umweltproblematik, erfüllt werden, dann geht es den Alten immer noch besser als jeder anderen alten Generation zuvor. Ich verlange ja keine unzumutbaren Opfer. Es geht nicht darum, der alleinstehenden armen Rentnerin etwas wegzunehmen, sondern um die, die sich auch etwas einschränken können. Von ihnen verlange ich einen kleinen Solidaritätsbeitrag.

BRAND: Wissen Sie, ich finde die Kultur eines Staates misst sich daran, wie man mit den Alten umgeht. Früher hatte man in Japan die Alten in einen Vulkan geworfen und das Problem war beseitigt. Oder in Grönland wurden die Alten im letzten Iglu zurückgelassen, dort sind sie dann eingeschlafen. Dass wir ein Krebsübel im Sozialsystem sind, das hören wir immer wieder.

ERNST: Eine Ihrer weiteren Forderungen, Herr Tremmel, sind die Jugendparlamente. Eine Nachbildung des echten Parlamentes auf kommunaler Ebene, wo Jugendliche ihre Anliegen formulieren können und in Form von Anträgen in die wirklichen Parlamente einbringen können.

TREMMEL: Schauen Sie sich doch einmal die Machtverteilung im Land an. Alle Politiker gehören zur älteren Generation. Wie viele Jugendliche sind denn im Parlament? Deswegen mache ich auch den Vorschlag der Jugendparlamente, aber vielleicht sollte man es mit einer Jugendquote versuchen.

BRAND: Und wer soll das ins Leben rufen? Sollen die Alten dann die Initiative ergreifen, damit die Jungen eine Jugendquote bekommen? Glauben Sie wirklich, dass genügend Interesse bei Jugendlichen besteht, aktiv Politik zu machen? Jugendliche haben doch ganz andere Interessen: das Auto, Auslandsferien, Sport.

TREMMEL: Wir sollen hier die Jugendlichen nicht so abqualifizieren. Wenn tatsächlich die Möglichkeit besteht etwas zu verändern, dann würden sich auch viele Jugendliche engagieren.

BRAND: Das sollte doch umgekehrt sein. Die Jugendlichen sollen sich zuerst engagieren, um dann etwas zu erreichen

TREMMEL: Ja, aber die Jugendlichen haben doch keine Macht im Land. Im Parlament sind sie ja auch nicht vertreten. Zunächst müssen wir den Jugendlichen eine Möglichkeit geben ihre Interessen zu artikulieren. Und das ist nur möglich durch Jugendparlamente.

BRAND: Haben Sie schon etwas in diese Richtung unternommen?

TREMMEL: Ich fördere das, wo ich kann, zum Beispiel mit meinem Buch. Aber ich bin nicht in der Position, wo ich etwas beschliessen kann.

Sie versuchen doch auch Druck zu machen auf die Politiker, damit die Interessen der Alten durchgesetzt werden. Ich finde das auch toll, dass die Senioren noch so rüstig sind. Alleine durch das Wahlrecht haben die Alten aber eine immer grössere Macht, weil es eben immer mehr Alte gibt. Im Moment ist das Verhältnis Alte und Junge noch gleich, doch im Jahre 2040 wird sich dieses Verhältnis zugunsten der Alten verschieben. Ich will nicht in einem Land leben, wo alles für die Alten zurechtgeschnitten ist—die Nachrichten, Freizeitangebote.

BRAND: Sie kommen mir vor wie ein Theaterkritiker. Die kritisieren immer, und sie wissen auch immer, was falsch ist, aber sie haben keine konkreten Vorschläge, wie man es besser machen könnte.

TREMMEL: Doch, ich mache sehr genaue Vorschläge. Gegen die Staatsverschuldung beispielsweise brauchen wir gesetzliche Schranken. Die Schweiz muss einen ausgeglichenen Haushalt vorlegen, und die Neuverschuldung muss verboten werden. Den Schuldenberg haben wir auch nur, weil die ältere Generation 40 Jahre über ihre Verhältnisse gelebt hat. Ich denke, es ist einfach logisch und einsichtig, dass keine Generation über ihre Verhältnisse leben kann.

BRAND: Ihre Generation hat während dieser Zeit nicht gerade schlecht gelebt.

TREMMEL: Ich bestreite gar nicht, dass meine Generation vergleichsweise luxuriös aufgewachsen ist. Aber wir haben auch keinen gesunden Wald oder kristallklare Bäche mehr gekannt, so wie früher.

ERNST: *In Ihrem „Plädoyer für das Recht der Jugend auf Zukunft" heisst es in einer Passage: „Wir hatten niemals das Vergnügen, ein unbeschwertes Bad in der Ost- oder der Nordsee geniessen zu*

*können. Wir kannten kein Pilzesammeln, das nicht von Misstrauen
gegenüber Umweltgiften geprägt ist. Ihr Alten lebtet doch im
Paradies—und habt es nicht einmal bemerkt." Denken Sie, dass die
Jugendzeit früher wirklich schöner war?*

BRAND: Ich kann mir kaum vorstellen, dass ein Kind meiner
Generation zu jener Zeit glücklicher war. Mein Freund ist etwas
jünger als ich und in Deutschland aufgewachsen. Er hat die Not der
Nachkriegsjahre erlebt, mit sehr schlechter Nahrung, Unterer-
nährung. Er musste die alten, zu grossen Kleider seiner Brüder
austragen. In Ihren Augen mögen das Kleinigkeiten sein, die aber
eine Jugend bestimmt nicht schöner machen. Gehen Sie oft Pilze
suchen im Wald?

TREMMEL: Die sind noch radioaktiv verseucht.

BRAND: Sind Sie ein Naturfreund?

TREMMEL: Na ja, ich denke schon.

BRAND: Ich bin ein Naturfreund, ich gehe fast jeden Sonntag in
den Wald. Und ich finde, dass die Naturzerstörung bei uns nicht so
furchtbar schlimm ist. Wenn ich an die Wälder des Bünderlandes°
denke, dann sind diese nicht von der Bevölkerung, die dort lebt,
zerstört worden. Das kommt eher von den Flugzeugen. Es ist
natürlich eine Ansichtssache, was einem in der Jugend wichtig
erscheint und was eben nicht. Für Sie ist heute die Möglichkeit, zu
studieren oder einen Beruf zu erlernen, doch viel besser als damals
in meiner Zeit.

°*short for* Graubünden

TREMMEL: Aber die Arbeitslosigkeit gerade unter Jugendlichen
ist doch viel höher heute.

BRAND: Jetzt haben Sie ein Problem angesprochen, das mich nach
der Lektüre Ihres Buches sehr beschäftigt hat. Denken Sie nicht,
dass in Deutschland heute ein viel vordringlicheres Problem
herrscht, nämlich die Arbeitslosigkeit? In einem Land mit 4
Millionen Arbeitslosen scheint meiner Meinung nach eine
Zeitbombe zu ticken. Und wäre es nicht am wichtigsten, sich dafür
einzusetzen, dass die Wirtschaft angekurbelt wird? Damit die
jungen Menschen wieder Zukunftschancen haben?

TREMMEL: Doch, das glaube ich schon.

BRAND: Aber wie soll man das bewerkstelligen ohne Industrie? Und ohne das Risiko einzugehen, doch ein wenig die Umwelt dabei zu zerstören? Wir können das Rad ja nicht zurückdrehen.

TREMMEL: Moment mal. Ich bin ja nicht gegen die Abschaffung der Industrie. Ich bin gegen umweltschädliche Technologien, zum Beispiel die Kernenergie oder auch die Chemie zum Teil. Was sagen Sie denn zur Naturzerstörung? Niemand der älteren Generation kann doch behaupten, nichts von dem ökologischen Niedergang gewusst zu haben.

BRAND: Die Zerstörung der Natur geschah langsam und schleichend. Am Anfang hat man das gar nicht wahrgenommen. Wir haben mit Holzkohle geheizt, hatten keinen Boiler, keinen Kühlschrank, keine Autos, keine Flugzeuge. Und nach dem Krieg war das Bedürfnis nach einem besseren Lebensstandard vorhanden. Man hat sich das alles angeschafft, ohne zu wissen und ohne daran zu denken, was das für Folgen haben könnte. Als man sich dessen bewusst geworden ist, war es schon sehr spät.

TREMMEL: Heute weiss man es, und was tun Sie denn jetzt persönlich gegen die Umweltzerstörung?

BRAND: Ich persönlich habe kein schlechtes Gewissen. Ich fahre kein Auto, fliege sehr wenig, brauche wenig Zentralheizung und gehe meistens zu Fuss. Im kleinen Rahmen bemühe ich mich sehr umweltbewusst zu leben.

TREMMEL: Das ist genau ein Punkt, den ich ja anstrebe: Eine neue Partnerschaft zwischen Jung und Alt, um die Umweltprobleme gemeinsam zu lösen.

Meine neuen Vokabeln

Hier können Sie alle Vokabeln
auflisten, die Sie lernen wollen.

_____

_____

_____

_____

_____

_____

_____

_____

_____

Zum Verständnis und zur Diskussion

Zum Wortschatz

Aufgabe 1: Die unterstrichenen Begriffe beziehen sich alle auf den Bereich der Wirtschaft oder der Staatswirtschaft. Erarbeiten Sie mit Hilfe der folgenden Definitionen die Bedeutung dieser Begriffe. Ziehen Sie auch ein Wörterbuch zu Rate.

A. HERR TREMMEL . . .

1. macht die ältere Generation für die hohe Staatsverschuldung verantwortlich.

2. fordert, dass man die Rente für die Jungen erhöht und die Rente für die Alten senkt, damit die Teilung der Lasten gerechter wird.

3. meint, dass über 60-Jährige im Durchschnitt doppelt soviel Vermögen wie die 30-Jährigen haben.

4. will, dass die Schweiz einen ausgeglichenen Haushalt vorlegt.

5. behauptet, dass die ältere Generation 40 Jahre über ihre Verhältnisse gelebt hat.

Definitionen:

a. regelmäßiges Einkommen durch Versicherung für ältere Leute, Behinderte, usw.

b. Die Ausgaben sind nicht größer als das Einkommen

c. mehr konsumieren als das, was man besitzt

d. Geld und Besitz

e. das, was der Staat noch nicht zurückbezahlt hat

B. FRAU BRAND . . .

1. sagt, dass ihre Generation durch ihre Beiträge die Renten vorfinanziert habe.

2. fragt Herrn Tremmel, ob er die Renten noch senken wolle.

3. hält es für sehr wichtig, dass die Wirtschaft angekurbelt wird.

Definitionen:

a. Einzahlungen

b. aktivieren, beleben

c. niedriger machen

Aufgabe 2: Suchen Sie die folgenden Redewendungen im Text und rekonstruieren Sie den Kontext, in dem sie benutzt werden.

Beispiel: *ein Gespenst an die Wand malen (Brand)*
Brand wirft Tremmel vor, er male ein Gespenst an die Wand, d.h. er übertreibe und errege dadurch Angst.

a. mit jemandem ins Gericht gehen (Ernst)

b. auf Kosten der . . . leben (Tremmel)

c. ein Krebsübel im Sozialsystem sein (Brand)

d. ins Leben rufen (Brand)

e. das Rad zurückdrehen (Brand)

Fragen zum Text

1. Für welche sozialen Probleme macht Tremmel die ältere Generation verantwortlich?

2. Warum soll nach Tremmel das Rentensystem geändert werden? Was sagt Frau Brand dazu?

3. Warum ist Tremmel für ein Jugendparlament?

4. Frau Brand meint, dass die jüngere Generation eine schöne Jugend hat. Welche Argumente führt sie an, um ihre Meinung zu belegen? Was für Gegenargumente führt Tremmel an?

5. Brand wirft Tremmel vor, dass er keine konkreten Vorschläge habe, wie man es besser machen könnte. Tremmel dagegen behauptet, dass er sehr konkrete Vorschläge habe. Was sind Tremmels Vorschläge?

6. Obwohl Tremmel und Brand sich streiten, stimmen sie in einigen Punkten überein. Lesen Sie den Text noch einmal durch und versuchen Sie, die Übereinstimmungen zu finden.

7. Auf welche Argumente von Tremmel gibt Frau Brand keine Antwort? Welche Argumente von Frau Brand beantwortet Tremmel nicht?

Zur Diskussion

Aufgabe 1: Wie bringen Tremmel und Brand das Bedürfnis nach Naturschutz und das Bedürfnis nach mehr Arbeitsplätzen unter einen Hut? Gibt es andere Lösungen? Welche Lösung(en) finden Sie am besten?

Aufgabe 2: Wählen Sie in einer Kleingruppe eine der folgenden Aussagen und nehmen Sie zu dieser Aussage Stellung. Teilen Sie nachher Ihren Kommilitoninnen/Kommilitonen die Ergebnisse der Gruppendiskussion mit.

- Die ältere Generation ist für die Probleme der Gegenwart verantwortlich.
- Die Alten leben auf Kosten der Jungen.
- Die Kultur eines Staates misst sich daran, wie man mit den Alten umgeht.
- Jugendliche interessieren sich nicht für Politik, sondern für Autos, Auslandsferien und Sport.
- Es ist ein großes Problem, wenn es in einem Land mehr alte als junge Menschen gibt.
- Die ältere Generation hat 40 Jahre lang über ihre Verhältnisse gelebt.

TEXT 4: Ihr habt keine Ahnung von unserer Welt

Vor dem Lesen

Aufgabe 1: Für viele Leute ist der tägliche Umgang mit Computern heute selbstverständlich. Wozu benutzen Sie einen Computer? Arbeiten Sie zu zweit und interviewen Sie sich gegenseitig. Fassen Sie dann die Antworten schriftlich zusammen und stellen Sie sie Ihren Kommilitoninnen/Kommilitonen im Plenum vor.

a. Hast du einen Computer? Wie viele Stunden sitzt du täglich vor dem Computer? Warum? (Textverarbeitung, E-mail schreiben und lesen, Nachrichten lesen, an Chats teilnehmen . . .)

b. Wie oft gehst du online? Welche Webseiten besuchst du am häufigsten?

c. Mit wie vielen Suchmaschinen kennst du dich aus? Welche Suchmaschine findest du am besten? Warum?

d. Hast du eine Webseite? Wenn ja, beschreib sie. Wenn nicht, möchtest du eine haben? Wie würde sie aussehen?

e. Betrachtest du dich als „Computerfreak" oder eher als „Computermuffel" (jemand, die/der wenig mit Computern zu tun haben will)?

Wie viele „Computerfreaks", wie viele „Computermuffel" gibt es unter Ihnen?

Aufgabe 2: Diskutieren Sie in der Kleingruppe: Welchen Einfluss hat die Computertechnologie auf die moderne Gesellschaft? Denken Sie an den Einfluss auf Kommunikation, die Arbeitswelt und die Gesundheit der Menschen. Stellen Sie eine Liste auf und schreiben Sie sie an die Tafel.

An den Text heran

Aufgabe 1: Lesen Sie den ersten Abschnitt. Wer spricht? Was erwarten Sie von dem Text? Tauschen Sie Ihre Ideen mit einer Partnerin / einem Partner aus.

Aufgabe 2: Überfliegen Sie den Text. Erstellen Sie eine Liste von Ausdrücken zum Thema *Computer*.

Beispiel: *der Computer*
der Cyberspace
sich mit Computern auskennen

Information zum Text

Der alltägliche Umgang mit Computern unterscheidet die junge Generation in industriellen Staaten wie den Vereinigten Staaten und Deutschland immer mehr von der älteren Generation. In seinem Essay „Ihr habt keine Ahnung von unserer Welt" beschreibt Jörn Möller, ein junger Journalist, den Zauber der Computerwelt aus der Sicht eines sogenannten „Computerfreaks". Der Artikel erschien 1996 in der Dezember-Ausgabe des *PZ Magazins*.

Ihr habt keine Ahnung von unserer Welt

Jörn Möller

Jedesmal wenn ich euch über den Computer reden höre, lache
ich still in mich hinein. Ihr, die ihr analog nicht von digital
unterscheiden könnt, habt plötzlich eine Meinung, was
Cyberspace ist und wie es dort zugeht. Auf Szeneparties,° in
Wirtschaftsberichten, in Talkshows—plötzlich plappert ihr alle
über Multimedia-Dies und interaktives Das, als sei es irgendein
neuer Trend. In Wirklichkeit habt ihr keine Ahnung von uns, von
unserer Welt.

     Wer wir sind, ist schwer zu sagen. Es gibt nicht mal ein
richtiges Wort für uns. Wir kennen uns mit Computern aus, deshalb
nennt ihr uns Computerfreaks. Aber das sagt weniger über uns als
über euch. „Freaks", das heißt eigentlich Anormale, Abartige; in
sogenannten Freakshows wurden um die Jahrhundertwende
Mißgebildete einem johlenden Publikum vorgeführt. Seitdem
Computer ein hippes Gesprächsthema sind, mischt sich zwar
gelegentlich so etwas wie Bewunderung in eure Stimmen, aber
eigentlich sind wir euch nach wie vor suspekt. Wirklich freundlich
klingt „Du bist doch so ein Computerfreak" nur dann, wenn ihr
„abgestürzt" seid und wir euch die gelöschte Festplatte° wieder in
Ordnung bringen sollen.

     Im Grunde eures Herzens findet ihr Computer immer noch
häßlich und furchterregend. Ihr seht in ihnen komplizierte,
undurchschaubare Maschinen, die nichts als Ärger bereiten. Aber in
unseren Computerfreak-Köpfen, glaubt ihr, gehe es ständig um
Dinge wie Schaltkreise° oder DOS-Befehle. Ihr haltet uns allesamt
für vereinsamte Klemmer,° die mit Hingabe an Platinen° schrauben
und denen es dabei gar nicht kompliziert genug zugehen kann.

     Wenn ihr nur verstehen würdet, daß uns Computer an sich
egal sind.

°insider parties

°hard drive on a computer

°circuitry
°inhibited persons
°motherboard

Die Japaner sind die einzigen, die einen Begriff für uns gefunden haben. „Otaku" nennen sie uns, Besessene, Träumer. Einem Otaku gelten Genetik oder Astronomie genauso viel wie Techno, „Star Trek"-Kult oder die phantastischen Reiche von Tolkien. Entscheidend ist das Verlangen, eine Ideenwelt mit seinem Computer ganz zu durchdringen und sich daran zu berauschen.

Wie Touristen bei einer Folkloreshow starrt ihr über unsere Schultern auf den Monitor. Geht es da bunt und zappelig zu, dann murmelt ihr so etwas wie „Ah, Multimedia". Ist aber nur Text zu sehen, findet ihr es langweilig. So oder so, verstanden habt ihr nichts. Was draußen auf dem Monitor zu sehen ist, ist nur ein schwacher Abglanz von dem, was drinnen passiert, drinnen im Kopf.

Um zu verstehen, müßtet ihr erst mal die Hände auf die Tastatur legen und anfangen, was einzugeben. Mit Computern kann man intuitiv und elegant umgehen wie mit einem Musikinstrument. Aber dazu braucht man Übung. Am Anfang hält man sich an ein paar Standardgriffe. Diese Eingaben erzeugen ein Feedback, und wenn man es lange genug macht, wird daraus ein Rhythmus. Irgendwann hat man Tastatur und Maus vergessen. Die Gedanken verbinden sich, wie Noten zu einer Melodie, und die Welt hinter dem Bildschirm und die Welt im Kopf werden eins. Und so gerät man in den Cyberspace.

Schon 1984 hatte der Sciencefiction-Autor William Gibson diesen Begriff erfunden, aber wir wußten schon davon, lange bevor wir es benennen konnten. In den Achtzigern, als die ersten von uns eigene Computer in die Finger bekamen, dauerte es nicht lange, bis Fragmente unserer digitalen Welten über die Bildschirme geisterten—Bilder, Texte, Programme.

Dann, eines Abends 1991, schloß ich zum ersten Mal meinen Computer über das Modem an. „CONNECT" las ich auf dem Schirm, und mit der ersten Sekunde, die ich so verbunden war, war mir, als ob ein Schleier gehoben würde: Hier ist es. Hier ist der Ort, wo die anderen sind, wo die Wörter, die Ideen herkommen. Das Modem hat unsere Welt greifbar gemacht. Es verbindet alle unsere Computer über die Telefonleitung zu Netzen. All diese Netze bilden ein Mega-Netz, das Internet. Wie, das müßt ihr nicht verstehen. Wichtig ist nur dies: im Netz kommen alle unsere Welten zu einem gemeinsamen Universum zusammen. Jetzt sind wir nicht mehr alleine mit unseren Ideen. Und das ist es, was Cyberspace wirklich bedeutet.

Es gibt eine Menge Leute, die verstehen viel von Computern und Modems, aber nichts von dem, was Cyberspace zu so einem magischen Ort macht: Medienmanager, Kommunikationswissenschaftler, Zukunftsforscher, sie sprechen viel von „Datenfernübertragung", „Teleshopping" und vom „Informations-Superhighway", aber sie denken dabei an Märkte, Arbeit und Profit. Und nicht, wie wir, an Spaß.

Unsere Netze gehören uns selbst. Wir entscheiden, worüber wir reden, und jeder kann dort anbieten, was er mag. Im Netz kann jeder seine Ideen, seine Musik, seinen Roman selber verbreiten. Das ist das Ende der Vermarktung geistigen Eigentums, und für die Verlage heißt das, sie können einpacken.

Und das ist erst der Anfang. Die Netze werden alles verändern: Erziehung, Wirtschaft, Medien, Wissenschaft, Demokratie. Die „Digitale Revolution" nennt John Barlow das, und einige von uns verbringen lange Zeit damit, in den Netzen über die Auswirkungen dieser Revolution zu diskutieren. In einem Punkt aber sind wir uns alle einig: Aufhalten kann sie niemand mehr.

Meine neuen Vokabeln

Hier können Sie alle Vokabeln
auflisten, die Sie lernen wollen.

°prepackaged sliced cheese

Wortspiel: Scheiblette – Diskette
3,5 Zoll = Diskettengröße

Zum Verständnis und zur Diskussion

Zum Wortschatz

Aufgabe 1: Im Bereich Computersprache hat die deutsche Sprache technische Begriffe direkt aus dem Englischen übernommen. Schreiben Sie eine phantastische Geschichte, die sich im Computerbereich abspielt. Benutzen Sie mindestens fünf von den unten aufgelisteten Wörtern und Ausdrücken. Seien Sie kreativ!

Beispiel: *Eines Tages wollte Martin im Netz surfen . . .*

- sich online treffen
- chatten – die Chatbox – die Chatter – im Chat
- das Modem
- die Software
- Zeit im Netz verbringen
- im Netz surfen
- die User – die Nutzer
- das geheime Passwort eingeben
- etwas in den Computer eingeben
- sich einloggen

- die E-mail / die elektronische Post schreiben/schicken
- das Internet
- die Maus klicken
- etwas auf dem Monitor / dem Bildschirm lesen
- der Computer stürzt ab
- die Tastatur / das Keyboard

Aufgabe 2

a. Suchen und unterstreichen Sie die folgenden Ausdrücke im Text. Versuchen Sie die Bedeutung der Ausdrücke aus dem Kontext zu erschließen.

b. Versuchen Sie dann die Ausdrücke zu paraphrasieren. Wenn nötig, ziehen Sie ein deutsch-deutsches Wörterbuch zu Hilfe.

Beispiel: a. In die Finger bekommen:
In den Achtzigern, als die ersten von uns eigene Computer in die Finger bekamen, . . .
     b. Als die ersten von uns endlich unsere eigenen Computer hatten

1. keine Ahnung von etwas haben
2. sich mit etwas auskennen
3. nach wie vor
4. sich berauschen an etwas
5. mit etwas umgehen können
6. in etwas geraten
7. etwas in die Finger bekommen
8. viel von etwas verstehen
9. sich in etwas einig sein

Fragen zum Text

1. Was hat Jörn Möller gegen die Bezeichnung *Computerfreak*?
2. Wen spricht Möller in diesem Artikel an?
3. Was haben die Computer- und Musikwelt gemeinsam?
4. Worin liegt für Jörn Möller die Magie von Cyberspace?
5. Auf welche Weise haben das Modem und das Internet den Umgang mit Computern verändert?
6. Was kritisiert Möller an dem Denken von Medienmanagern, Kommunikationswissenschaftlern und Zukunftsforschern über Computer und das Internet?

Zur Diskussion

Aufgabe 1: Jörn Möller betont, dass das Internet die ganze Gesellschaft schon verändert hat. Bilden Sie fünf Kleingruppen für die folgenden Themenbereiche: Erziehung, Wirtschaft, Medien, Wissenschaft und Demokratie. Diskutieren Sie in Kleingruppen jeweils die positiven und negativen Auswirkungen des Internet auf diese Bereiche. Fassen Sie Ihre Kleingruppendiskussion für die anderen Gruppen zusammen.

Aufgabe 2: Der Autor beklagt sich über das negative Bild von vereinsamten Computerfreaks und betont dagegen die Vorteile des Ideenaustauschs im Internet. Bringt die Computertechnologie eher eine Art Isolierung bzw. Ausgrenzung oder neue Verbindungsmöglichkeiten mit sich? Geben Sie Beispiele.

Aufgabe 3: Jörn Möller verteidigt die Freiheit im Netz und behauptet, dass wir keine Verlage mehr bräuchten, weil jeder seine Ideen im Netz selber verbreiten könne. Stimmen Sie damit überein? Warum oder warum nicht?

WEITERFÜHRUNG DES THEMAS

Bericht: Waren Sie schon einmal bei einem Rockkonzert? Wie alt waren Sie? Wie sind Sie dort hingekommen? Sind Sie mit Freunden hingegangen? Wie war die Stimmung da? Schreiben Sie einen Bericht über Ihr Erlebnis.

Brief: Wissen Sie von sozialen Ungerechtigkeiten in Ihrer engeren oder weiteren Umgebung? Schreiben Sie einen Brief an jemanden in einer führenden Position (Präsidentin/Präsident Ihrer Universität; Bürgermeisterin/Bürgermeister Ihrer Stadt, usw.), in dem Sie eine Situation beschreiben, die Sie ungerecht finden. Machen Sie konkrete Vorschläge, wie die Situation verbessert werden könnte.

Forschung und Stellungnahme (Debatte oder Aufsatz): Suchen Sie Information über einen oder mehrere Aspekte des deutschen und des amerikanischen Sozialsystems (z.B. Krankenversicherung, Altersversorgung, Adoption, Arbeitslosenversicherung, usw.). Vergleichen Sie so weit wie möglich beide Systeme und nehmen Sie Stellung. Was sind die Vor- und Nachteile beider Systeme?

Aufsatz: „Computer: on. Modem: on. Telefonanschluss: free. Wir starten die Software, und hören zu, wie das Modem die Nummer wählt. Es tutet, dann knirscht und pfeift es. Und wir sind da. Im wilden weiten Reich des Internet." So beginnt eine Nacht im Cyberspace für die Leute, die bei der schweizerischen elektronischen Zeitschrift *Ernst* arbeiten. Schreiben Sie einen kurzen Aufsatz über Ihre eigenen Surferlebnisse auf der Datenautobahn. Verwenden Sie einige neue Internetbegriffe, die Sie in diesem Kapitel gelernt haben. (Weitere Begriffe: der elektronische Briefkasten, der Server.)

KAPITEL 8

Was ist europäisch?

„In Europa zwischen Atlantik und Ural leben heute ca. 500 Mio. Menschen in zur Zeit über 40 Staaten mit über 50 Nationen. Die aktuelle Frage lautet: Wie können die 500 Mio. Menschen in Europa—statt gegen- oder nebeneinander— friedlich miteinander leben?"*

Kapitel 8 knüpft mit verschiedenen Texten an die Themen der vorigen Kapitel an, wie zum Beispiel persönliche und nationale Identität, das Leben in einer Umbruchszeit und die Meinung von Jugendlichen zu politischen und sozialen Problemen.

- *Zauberwürfel—Europäische Union*
- *Der Kleine aus Brüssel*
- *Rotation*
- *„Mumsie, mach' doch einfach"*
- *Rede von Bundespräsident Roman Herzog*
- Eva Christensen, *Eine große Frage*

---

*Hartwig Haubrich, „Europa-Visionen. Gegen-, Neben- oder Miteinander?" *Geographie heute*, September 1994.

Dieses Kapitel erweitert die thematische Frage *Was ist deutsch?* um die Frage *Was ist europäisch?*

Seit über fünfzig Jahren befindet sich Europa im Prozess der Einigung. Wie die Zeittafel zeigt, war es seit dem Ende des zweiten Weltkrieges erklärtes Ziel, in Europa die nationalstaatlichen Grenzen zu überwinden und ein politisch und wirtschaftlich geeintes Europa zu schaffen. Was sind die Folgen dieser Einigung? Wie hat sich das Leben in Europa dadurch verändert? Vor welchen Herausforderungen steht Europa? Welche Rolle spielt Deutschland im heutigen Europa?

Mit diesen Fragen zum Thema *Europa* beschäftigt sich unser letztes Kapitel. Eine Auswahl von Texten, ein Gedicht, eine Reportage, zwei kurze Artikel und eine politische Rede präsentieren aktuelle Fragen und informieren über Gegenwart und Zukunft Europas. Zunächst lesen Sie über die Europäische Union und deren konkreten Einfluss auf den europäischen Alltag. Dann lernen Sie die Gründerin des Europäischen Jugendparlaments kennen. Zuletzt hören Sie Roman Herzog, den siebten deutschen Bundespräsidenten, der Deutschlands Rolle im neuen Europa sowie der Welt erläutert.

Zeittafel der Europäischen Integration*

1949	Winston Churchill, Premierminister von Großbritannien (1940–1945 und 1951–1955), fordert in Zürich die Gründung der „Vereinigten Staaten von Europa".
1951	Unterzeichnung des Vertrages in Paris zur Gründung der Europäischen Gemeinschaft für Kohle und Stahl (EGKS).° Unterzeichner sind Belgien, die Bundesrepublik Deutschland, Frankreich, Italien, Luxemburg und die Niederlande („die Sechs"). Die EGKS ist der erste Grundstein für die wirtschaftliche Gemeinschaft europäischer Völker und Nationen.
1957	Unterzeichnung der Verträge in Rom zur Gründung der Europäischen Wirtschaftsgemeinschaft (EWG)° und der Europäischen Atomgemeinschaft (EAG).° Ausdehnung der wirtschaftlichen Kooperation auf weitere Bereiche (z.B. Landwirtschaft, Verkehrswesen). Erster Schritt auf dem Weg zum Binnenmarkt,° einem gemeinsamen Wirtschaftsraum.

°*European Coal and Steel Community*

°*European Economic Community (EEC)*
°*European Atomic Energy Community (Euratom)*

°*EU internal trade market*

---

*Quelle: „Alles über Europa" *(http://www.europa-bremen.de/europa/eu_geschichte.htm)* und „Zeittafel der europäischen Einigung" *(http://www.europarl.de/union/zeit.htm).*

1967	Gründung der Europäischen Gemeinschaft (EG):° Fusion der Organe von EGKS, EWG und EAG.	°*European Community (EC)*
1968	Vollendung der Zollunion. Import und Export zwischen EWG Staaten sind zollfrei.	
1973	Die Zahl der Mitgliedstaaten steigt auf neun. (Beitritt: Dänemark, Irland, Großbritannien).	
1978	Der Europäische Rat° beschließt in Bremen die Einführung des Europäischen Währungssystems (EWS),° um die Wechselkurse zwischen den Währungen der EG Länder zu stabilisieren.	°*The European Council, seat in Strasbourg, France, is the upper legislative house of the EU; decides basic issues of European policy.* °*European Monetary System (EMS), designed to stabilize exchange rates among the currencies of the member states* °*European Parliament, seat in Strasbourg, France, is the lower legislative house of the EU.*
1979	Erste Direktwahl der Abgeordneten des Europäischen Parlaments.°	
1986	Die Zahl der Mitgliedstaaten steigt auf zwölf. (Beitritt: Griechenland, Portugal und Spanien)	
1990	Der Staatsvertrag zur Vereinigung der zwei deutschen Staaten tritt in Kraft. Die fünf neuen Bundesländer werden als Teil der Bundesrepublik Mitglied der EG.	
1992	Maastrichter° Vertrag. Erweiterung der Bereiche der Kooperation, z.B. Bildung, Kultur, Sicherheitspolitik. Wegen dieser Erweiterung heißt die Europäische Gemeinschaft (EG) von nun an Europäische Union (EU).	°*Maastricht: town in the Netherlands where the treaty that created the European Union was signed*
1993	Der Vertrag der Europäischen Union tritt in Kraft. Gründung der EU und Eröffnung des Binnenmarktes.	
1995	Mit dem Beitritt von Finnland, Österreich und Schweden wird die Zahl der EU Mitgliedstaaten auf fünfzehn erhöht. Inkraftsetzung des Schengener° Abkommens von 1985: An den Grenzen zwischen den EU Mitgliedernationen gibt es keine Personenkontrollen mehr. Dafür aber intensivierte Pass- und Zollkontrollen an den Grenzen zwischen EU und nicht EU Ländern.	°*village in Luxembourg where the agreement to abolish internal borders between EU member countries was signed*
1999–2000	Einführung des Euro° in elf EU Ländern.	°*common currency unit for the EU, replacing national currencies*

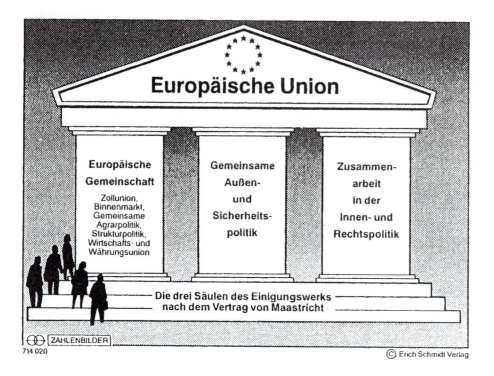

Europäische Union

| Europäische Gemeinschaft | Gemeinsame Außen- und Sicherheits- politik | Zusammen- arbeit in der Innen- und Rechtspolitik |

Zollunion, Binnenmarkt, Gemeinsame Agrarpolitik, Strukturpolitik, Wirtschafts- und Währungsunion

Die drei Säulen des Einigungswerks nach dem Vertrag von Maastricht

ZAHLENBILDER
714 020

© Erich Schmidt Verlag

Zum Überlegen

Aufgabe 1: In Anlehnung an das Modell der Vereinigten Staaten von Amerika forderte Winston Churchill nur wenige Monate nach der Gründung der Bundesrepublik (Mai 1949) die Gründung der „Vereinigten Staaten von Europa".

   Bilden Sie Kleingruppen.

a. Beschreiben Sie zuerst die Vereinigten Staaten von Amerika (Einwohnerzahl, Bevölkerungsgruppen, Sprachen, Grenzen, Bundesstaaten, politisches System, usw.).

b. Tragen Sie dann in den Kleingruppen das gemeinsame Wissen über Europa zusammen (Länder, Grenzen, Einwohnerzahl, Bevölkerungsgruppen, Sprachen, politische Systeme, europäische Organisationen, usw.).

c. Vergleichen Sie im Plenum die Vereinigten Staaten von Amerika mit den noch utopischen „Vereinigten Staaten von Europa". Wie unterscheiden sich die „Vereinigten Staaten von Europa" von den USA? Was haben sie gemeinsam? Welche Herausforderungen sehen Sie für die Schaffung der „Vereinigten Staaten von Europa"? Inwieweit hat sich Churchills Forderung erfüllt bzw. nicht erfüllt?

Aufgabe 1—Zur Hilfe: Einwohnerzahlen—USA: 263 Millionen; Europa: 728 Millionen (inklusive Türkei und Russland); Europagrenzen—im Norden grenzt Europa an das Nördliche Eismeer, im Süden an das Mittelmeer, im Osten an das Uralgebirge, im Westen an den Atlantischen Ozean.

Aufgabe 2: Bestimmen Sie anhand der Zeittafel die Chronologie der wachsenden Zusammenarbeit zwischen den EU Mitgliedstaaten. Tragen Sie die passenden Daten ein.

___1951___	die Errichtung einer wirtschaftlichen Gemeinschaft
___1957___	die Unterzeichnung eines Vertrags zur Führung einer gemeinsamen Politik im Bereich Kohle und Stahl
___1993___	die Eröffnung eines europäischen Binnenmarktes
___1968___	die Vollendung der Zollunion zwischen den EU Staaten
___1979___	die Gründung eines direktgewählten Europäischen Parlaments
___1999–2000___	die Einführung einer einheitlichen Währung
___1992___	die Unterzeichnung eines Vertrages zur Führung einer gemeinsamen Politik im Bereich Bildung, Umwelt und Sicherheit *Education*

Aufgabe 3: Die Befürworter der Europäischen Integration meinen, dass eine übernationale Organisation wie die Europäische Union das Ziel des Miteinanderlebens am besten erfüllen kann. Skeptiker haben andererseits Angst, dass die Rolle des Nationalstaates dadurch an Bedeutung verlieren könnte. Arbeiten Sie in Kleingruppen. Jede Gruppe wählt jeweils drei der unten aufgeführten Diskussionsthemen und formuliert Antworten auf die folgenden Fragen:

a. Was kann der Nationalstaat in diesem Bereich tun?

b. Was kann eine übernationale Organisation in diesem Bereich schaffen?

c. Welche Probleme könnte die EU in diesen Bereichen haben? Tragen Sie die Ergebnisse der Gruppendiskussion im Plenum vor.

- Schutz der Umwelt
- Förderung des technischen Fortschritts
- Bekämpfung der Arbeitslosigkeit
- Verteidigung des Lebensraumes
- Bekämpfung der Kriminalität
- Kontrolle des Drogenhandels
- Schaffung neuer Arbeitsplätze
- Bildung

- Bewahrung der Sprache und Kultur
- regionale Politik
- Gesundheit der Bürger
- Kontrolle der Einwanderung

Zum Nachdenken: Nebeneinander oder Miteinander?

Die europäische Integration geschieht nicht nur auf wirtschaftlicher Ebene. Sie beeinflusst auch unser Verständnis vom Nationalstaat. Ein Blick auf die Landkarte von Europa zeigt die unterschiedliche Größe der einzelnen Länder. Europa ist auch durch seine kulturelle und historische Vielfalt geprägt. Das neue Europa verlangt eine persönliche wie auch eine öffentliche Auseinandersetzung in vielen Bereichen. Man fragt sich jetzt:

1. Wie kann ich meine nationale Identität innerhalb eines integrierten Europa bewahren?

2. Wer vertritt meine nationalen Interessen, wenn sich mein souveräner Nationalstaat immer mehr auflöst?

3. Was bringt mir die EU mit der Umschaltung von „Nebeneinander leben" auf „Miteinander leben"?

4. Wie schützen wir uns vor dem wachsenden Nationalismus in Europa?

TEXT 1: Zauberwürfel—Europäische Union

Vor dem Lesen

Aufgabe 1

a. Was verbinden Sie mit dem Begriff *Europäische Union*? Schreiben Sie Ihre Assoziationen auf.

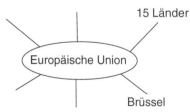

15 Länder

Europäische Union

Brüssel

b. Sehen Sie sich die Landkarte von Europa an. Listen Sie die Mitgliedstaaten der Europäischen Union auf. Welche Staaten sind zur Zeit nicht Mitglied der EU? Wo liegen diese Länder? Einige Länder haben den Antrag gestellt, Mitglied der EU zu werden. Warum wohl sind diese Länder noch nicht voll in die EU integriert? Spekulieren Sie.

Aufgabe 2: Ein umstrittenes Thema der EU Reformen ist die Währungsunion. Alle qualifizierten Länder können eine gemeinsame Währung, den Euro, adoptieren. Schüler der Friedrich-List-Schule in Bonn-Bad Godesberg führten im Oktober 1997 eine Umfrage zum Thema *Euro* durch. Sie fragten 100 Personen, u.a. welche persönlichen Auswirkungen (positiv oder negativ) die

Währungsunion für sie haben könnte. Sehen Sie sich die Ergebnisse der Umfrage an und stellen Sie jeweils eine Liste mit positiven und negativen Auswirkungen auf.

- Reisekosten geringer
- Lohnverlust
- geringere Renten
- Waren werden günstiger
- Bauzinsen und andere Zinsen werden steigen
- Nationalgefühl geht verloren
- lästige Umrechnung bei Reisen fällt weg
- schöne Scheine weg
- Wertverlust des gesparten Geldes
- schnellerer und einfacherer Vergleich zwischen den Löhnen und Waren der EU Staaten
- Verbesserungen für den Arbeitsmarkt

POSITIVE AUSWIRKUNGEN   NEGATIVE AUSWIRKUNGEN

An den Text heran

Betrachten Sie zuerst die Bilder im folgenden Text. Beschreiben Sie jedes Bild. Was wird gezeigt? Lesen Sie dann die Überschriften. Was bedeuten sie? Analysieren Sie die Verbindung zwischen den Bildern und Überschriften.

Information zum Text

Die Landeszentrale für politische Bildung Baden-Württemberg hat zur Aufgabe „die politische Bildung in Baden-Württemberg auf überparteilicher Grundlage zu fördern und zu vertiefen". Eines ihrer Projekte heißt *Zauberwürfel*. Der Zauberwürfel ist ein aufblasbarer Kunststoffwürfel mit transparenten Seitentaschen. In jeder Seitentasche steckt ein Bild mit Textkommentar. Schülerinnen/Schüler können mit Hilfe der Bilder wichtige Themen wie z.B. die *Europäische Union* auf spielerische Weise erarbeiten. Bilder und Textkommentare sind hier reproduziert.

Zauberwürfel— Europäische Union

Wer an die Europäische Union denkt, denkt oft an umfangreiche Vertragswerke und langwierige politische Debatten. Darüber wird häufig vergessen, daß wir alle Bewohner und Bewohnerinnen des sogenannten „Europäischen Hauses" sind und uns deshalb die Europäische Union in vielen Lebenslagen direkt betrifft. . . .

H 1 Unionsbürgerschaft
Auf unserem Reisepaß sehen wir es Gold auf Rot, daß wir Bürgerinnen und Bürger der Europäischen Union sind. Die Unionsbürgerschaft wurde eingeführt, um den Schutz der Rechte und Interessen der EU-Bürgerinnen und -Bürger zu stärken. Ihre

Rechte und Pflichten sind in Art.° 8 des Maastrichter Vertrags verankert. Geregelt sind darin unter anderem das Aufenthaltsrecht, das Wahlrecht und das Petitionsrecht.

°Artikel

H 2 Wegfall von Grenzkontrollen

Das Bild zeigt den deutsch-polnischen Grenzübergang zwischen Frankfurt/Oder und Slubice.

Hier, wie an allen anderen europäischen Übergängen, gibt es seit dem Inkrafttreten des Schengener Abkommens, am 26. März 1995, getrennte Fahrspuren für Bürger und Bürgerinnen der EU und anderer Staaten. Die Vollendung des Binnenmarktes 1993 war der erste Schritt für den freien Verkehr von Waren, Dienstleistungen, Kapital und Personen. Für Unternehmen führt dies beispielsweise zu unmittelbaren Kosteneinsparungen. Dennoch birgt die Grenzöffnung auch Probleme. So gibt es auf die damit verbundenen Fragen der Terrorismusbekämpfung, des Drogenhandels, der Kriminalität sowie der Einwanderungs- und Asylpolitik noch keine befriedigenden Antworten.

H 3 Grenzenlose Freundschaft

Das Bild zeigt eine Städtepartnerschaftstafel, wie sie an vielen Stadt- und Ortsgrenzen zu sehen ist.

Neben den wirtschaftlichen Aspekten will die Europäische Union auch einen Beitrag zum kulturellen Austausch und zur Verstärkung der Bildungspolitik zwischen den Staaten leisten (EG-Vertrag, Art. 128). So wird unter anderem die Zusammenarbeit zwischen Bildungseinrichtungen, der Informations- und Erfahrungsaustausch und der Jugendaustausch gefördert. Hierfür stehen zahlreiche Aktionsprogramme zur Verfügung, die finanzielle Unterstützung leisten, wie zum Beispiel PETRA (Partnership in Education und Training) oder ERASMUS (European Action Scheme for the Mobility of University Students).

H 4 Deutsches Reinheitsgebot

Prost! Cheers! A votre santé! Salud! Mit dem Inkrafttreten des europäischen Binnenmarktes haben Biertrinkerinnen und Biertrinker nun die Wahl zwischen in- und ausländischem Bier.

Aber was des einen Freud ist des anderen Leid, denn mit dem Wegfall von Zöllen sind nicht alle Handelsprobleme aus der Welt, bzw. aus Europa geschaffen. Dies haben unter anderem die deutschen Bierbrauer erfahren. Zum einen stellte das Reinheitsgebot eine nationale Tradition dar, zum anderen war es ein Mittel, die ausländische Konkurrenz vom deutschen Markt fernzuhalten. Der europäische Gerichtshof urteilte: „Ein Erzeugnis darf grundsätzlich überall in der Gemeinschaft ungehindert verkauft werden, wenn es in einem Mitgliedsstaat rechtmäßig hergestellt und in den Verkehr gebracht worden ist.“

H 5 Währungsunion

Auf dem Bild sind die europäischen Währungen zu sehen. In der Mitte prangt der ECU.° Spätestens 1999 sollen die D-Mark und die anderen nationalen Währungen der EU-Mitgliedstaaten

°*former designation for the European currency unit now called the Euro* zugunsten einer einheitlichen europäischen Währung, dem ECU, eingetauscht werden. Einerseits wird die deutsche Mark von vielen als Symbol für den erreichten Wohlstand gesehen und somit ungern darauf verzichtet. Andererseits verursacht die europäische Währungsvielfalt hohe Kosten, die durch die Währungsunion eingespart werden können. Um die Stabilität des ECU zu sichern, wurden in Maastricht strenge Zulassungskriterien für die beteiligten Währungen festgelegt und die Gründung einer unabhängigen Europäischen Zentralbank beschlossen.

H 6 Gemeinsame Sicherheits- und Außenpolitik (GASP)
Die deutsch-französische Brigade in Müllheim, die auf diesem Bild zu sehen ist, gehört neben dem deutsch-französischen Verteidigungsrat zu den bilateralen Vereinbarungen in der europäischen Sicherheitspolitik. Der Vertrag über die Gemeinsame Außen- und Sicherheitspolitik stellt ein weltweit einzigartiges System der Zusammenarbeit der EU-Mitglieder in Fragen der internationalen Politik dar. Die Verträge sind Zielvorgaben für die Koordination der nationalen EU-Außenpolitik. Ein europäisches Korps soll beispielsweise als Modellversuch die Verstärkung und Ausweitung der militärischen Zusammenarbeit zwischen Frankreich und Deutschland verbessern.

Meine neuen Vokabeln

Hier können Sie alle Vokabeln auflisten, die Sie lernen wollen.

_____   _____
_____   _____
_____   _____
_____   _____
_____   _____
_____   _____
_____   _____
_____   _____
_____   _____
_____   _____
_____   _____

Zum Verständnis und zur Diskussion

Zum Wortschatz

Aufgabe: Mit der Europäischen Union verbinden sich eine Vielfalt von Verträgen und Rechten. Die besonderen Bezeichnungen dafür sind unten aufgelistet.

Arbeiten Sie zu zweit. Suchen Sie im Text die Bezeichnungen in Spalte 1 und unterstreichen Sie sie. Dann suchen Sie die passende Bedeutung dazu in Spalte 2.

SPALTE 1

1. ERASMUS
2. das Schengener Abkommen
3. der Binnenmarkt
4. das Aufenthaltsrecht
5. das Wahlrecht
6. das Petitionsrecht
7. die Städtepartnerschaft
8. die Währungsunion
9. das Reinheitsgebot
10. der Vertrag von Maastricht

SPALTE 2

a. Diese Organisation (European Community Action Scheme for the Mobility of University Students) fördert den Austausch von Studentinnen/Studenten und Dozentinnen/Dozenten und die Zusammenarbeit europäischer Hochschulen.

b. Alle EU Bürgerinnen/Bürger können in einem anderen EU Land studieren, wohnen, arbeiten und in den Ruhestand treten.

c. Ein Gebiet, wo es keine internen Grenzen gibt; Menschen, Waren, Kapital und Dienstleistungen können hier problemlos von einem Ort zum anderen transportiert werden.

d. Eine einheitliche Währung (Geld), der Euro, wird in allen EU Mitgliedstaaten benutzt.

e. Seit 1516 gilt dieses Gesetz in Deutschland: Bei Bierherstellung dürfen nur natürliche Rohstoffe und keine Zusatzstoffe verwendet werden.

f. Jeder/Jede EU Bürgerin/Bürger kann sich mit Bitten oder Klagen über Sachen, die in den Arbeitsbereich der EU fallen, an das Europäische Parlament wenden.

g. Dieser Vertrag bestimmt den schrittweisen Abbau von Grenzkontrollen an Binnengrenzen der EU Mitglieder. Er wurde 1985 in Schengen, Luxemburg abgeschlossen.

h. Alle EU Bürgerinnen/Bürger haben Mitspracherecht in der Kommunalpolitik (z.B. beim Straßenbau oder dem Plan einer neuen Schule) und bei Europawahlen (zum Europäischen Parlament). Dies gilt unabhängig von ihrem Wohnsitz innerhalb der EU und ihrer Staatsangehörigkeit.

i. Dieser Vertrag wurde 1992 unterzeichnet und machte die EU, die Unionsbürgerschaft, eine gemeinsame Außen- und Sicherheitspolitik (GASP) und eine Wirtschafts- und Währungsunion möglich.

j. Ein Programm, das den freundschaftlichen Kontakt zwischen Städten verschiedener Länder fördert, um besonders der Jugend Gelegenheiten zu bieten, andere Länder kennenzulernen und damit Vorurteile abzubauen.

Fragen zum Text

1. Sehen Sie sich die zwei Pässe (auf Seite 281) an. Vergleichen Sie sie. Wie ähneln sie sich? Wie unterscheiden sie sich voneinander? Sind die beiden Passinhaberinnen Unionsbürgerinnen?

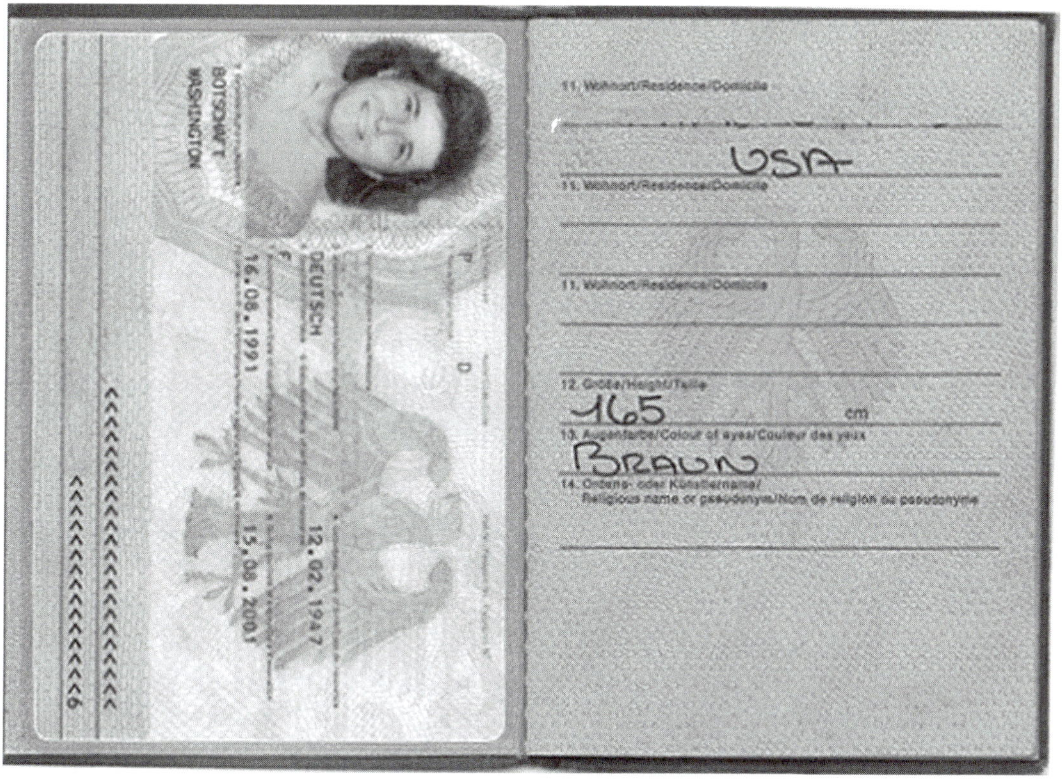

Top document (German passport):

BOTSCHAFT
WASHINGTON

16.08.1991

DEUTSCH

12.02.1947

15.08.2001

<<<<<<<<<<<<<<<<<6

11. Wohnort/Residence/Domicile

USA

11. Wohnort/Residence/Domicile

11. Wohnort/Residence/Domicile

12. Größe/Height/Taille

165   cm

13. Augenfarbe/Colour of eyes/Couleur des yeux

BRAUN

14. Ordens- oder Künstlername/
Religious name or pseudonym/Nom de religion ou pseudonyme

Bottom document (Belgian passport):

BELGISCHE AMBASSADE
BUREAU BERLIJN

19.05.97

20.05.96

16.03.

Belg

V.

11. Woonplaats · Domicile
Résidence · Residence

12. Verlengd tot · La validité de présent passeport est prorogée jusqu'au
Verlängert bis · Extension of the passport

1° (zie blz. 7 - voir p. 7 - siehe S. 7 - see p.7)   19.05.1998

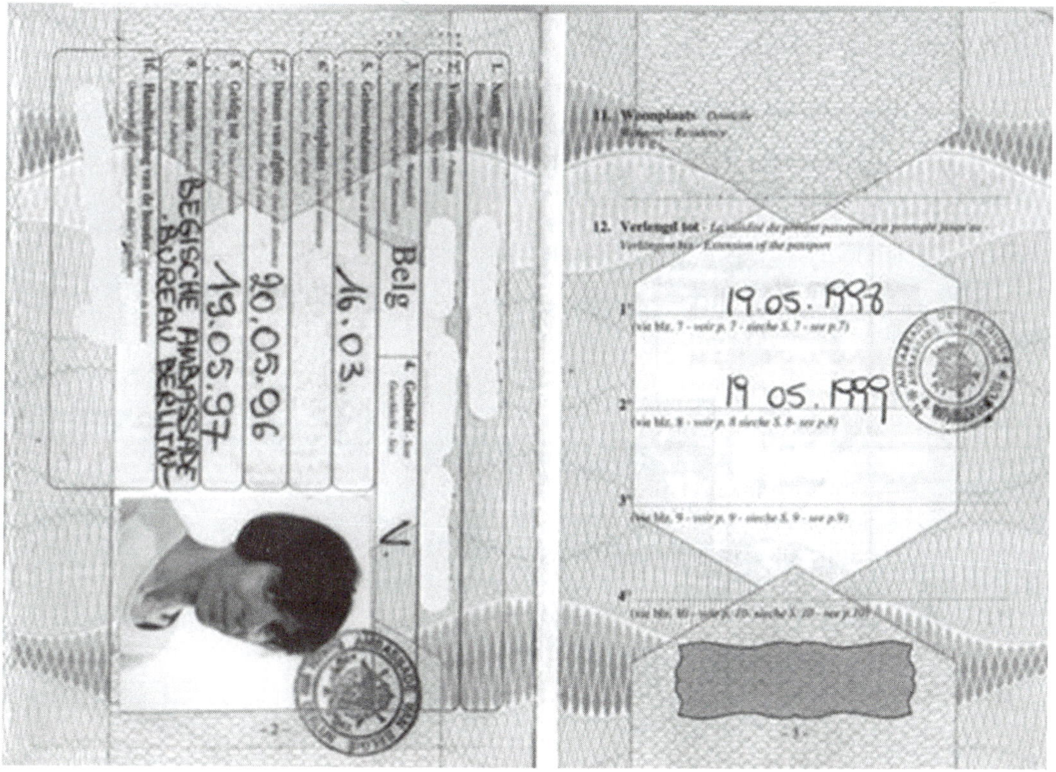

2° (zie blz. 8 - voir p. 8 - siehe S. 8 - see p.8)   19.05.1999

3° (zie blz. 9 - voir p. 9 - siehe S. 9 - see p.9)

4° (zie blz. 10 - voir p. 10 - siehe S. 10 - see p.10)

2. Was für einen Reisepass haben die Deutschen heute?

3. Welche drei Rechte hat man als Unionsbürgerin/Unionsbürger? Geben Sie ein Beispiel für jedes Recht.

4. Was waren die Auswirkungen des Schengener Abkommens und der Vollendung des Binnenmarktes?

5. Welchen Vorteil haben Konsumenten durch den Wegfall von Zöllen? Welche Probleme kann der Wegfall von Zöllen für deutsche Warenproduzenten schaffen?

6. Warum wollen einige Länder die neue Währung nicht? Warum begrüßen sie andere?

7. Was will die gemeinsame Sicherheits- und Außenpolitik erreichen?

Zur Diskussion

Aufgabe 1: Neben dem EU Reisepass gibt es auch einen Euro-Führerschein. Lesen Sie den folgenden Artikel und beantworten Sie die Fragen.

a. Warum nennt man den neuen Führerschein „Der Kleine aus Brüssel"?

b. Was ist neu an dem Euro-Führerschein?

Der Kleine aus Brüssel°

Noch nie war er so bequem wegzustecken: Der neue Euro-Führerschein hat Scheckkarten-Format! Er soll ab 1997 peu à peu° unsere 48 Millionen „grauen Lappen"° ersetzen. Mit dem neuen Outfit kommen auch neue Führerscheinklassen—von A bis E (plus Unterklassen) und ein zentrales Führerscheinregister° beim Kraftfahrtbundesamt° in Flensburg (bisher noch auf rund 700 örtliche Straßenverkehrsbehörden verstreut), teilt das Bundesverkehrsministerium mit. Der neue Führerschein gilt unbegrenzt in ganz Europa.

°capital of Belgium and seat of the European Commission, the executive organ of the European Union, independent of national governments, which ensures that treaties are applied and which drafts proposals for the further development of common policy   °(French) little by little °the old driver's license out of gray oil cloth („gray rag") °centralized files of all drivers' licenses   °Federal department of motor vehicles

Aufgabe 2: Arbeitslosigkeit ist ein großes Problem nicht nur in Deutschland sondern auch in vielen anderen EU Ländern. Innerhalb der EU gibt es neue Initiativen, die dieses Problem zu lösen versuchen. Lesen Sie in Kleingruppen den Artikel „Rotation" und beantworten Sie die folgenden Fragen.

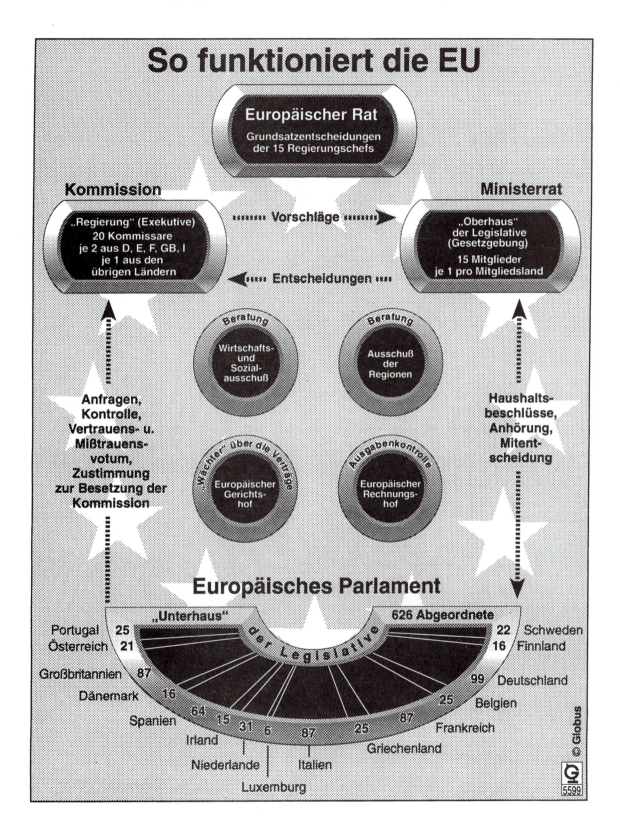

So funktioniert die EU

Europäischer Rat
Grundsatzentscheidungen
der 15 Regierungschefs

Kommission

"Regierung" (Exekutive)
20 Kommissare
je 2 aus D, E, F, GB, I
je 1 aus den
übrigen Ländern

Vorschläge →

Entscheidungen

Ministerrat

"Oberhaus"
der Legislative
(Gesetzgebung)
15 Mitglieder
je 1 pro Mitgliedsland

Beratung
Wirtschafts-
und Sozial-
ausschuß

Beratung
Ausschuß
der
Regionen

Anfragen,
Kontrolle,
Vertrauens- u.
Mißtrauens-
votum,
Zustimmung
zur Besetzung der
Kommission

Haushalts-
beschlüsse,
Anhörung,
Mitent-
scheidung

"Wächter" über die Verträge
Europäischer
Gerichts-
hof

Ausgabenkontrolle
Europäischer
Rechnungs-
hof

Europäisches Parlament

"Unterhaus"   der Legislative   626 Abgeordnete

Portugal 25
Österreich 21
Großbritannien 87
Dänemark 16
Spanien 64
15
31
6
87
25
87
25
99
Schweden 22
Finnland 16
Deutschland
Belgien
Frankreich
Griechenland
Irland
Niederlande
Italien
Luxemburg

© Globus

5599

Rotation

Dänemark und Schweden haben schon gute Erfahrungen damit gemacht. Jetzt gibt es „Jobrotation" auch in Deutschland. **Ein neues Modell auf dem Arbeitsmarkt. Die Idee ist ebenso einfach wie überzeugend, denn alle profitieren davon: Arbeitnehmer, Firmen und—Arbeitslose!** So funktioniert's: A wird freigestellt, kann sich weiterbilden, qualifizieren (Gehalt läuft weiter). A steigert damit die eigenen Chancen, stärkt aber auch B, den Betrieb. Denn nur mit Top-Leuten bleibt B überlebens-, wettbewerbsfähig. So weit, so gut—aber: A kann nicht weg, weil B die Lücke gar nicht verkraftet. Wer soll As Arbeit in der Zwischenzeit erledigen? Jetzt trifft „Jobrotation" auf C, ganz einfach! C wird vorübergehend As Stellvertreter/in. C sind Arbeitslose, die speziell für diesen Job fit gemacht und u.a. mit Mitteln der Bundesanstalt für Arbeit bezahlt werden. „Jobrotation" wurde von der europäischen Gemein-schaftsinitiative ADAPT entwickelt, soll bis 1999 in 14 EU-Ländern aufgebaut werden. . . .

a.   Was halten Sie von Jobrotation? Könnte so eine Initiative in den USA Erfolg haben?

b.   Die EU ist einer der größten Arbeitsmärkte der Welt. Diskutieren Sie im Plenum, welche Vor- und Nachteile damit verbunden sind, vor allem für die Länder, die nicht zur Währungsunion oder die überhaupt nicht zur EU gehören.

TEXT 2:   „Mumsie, mach' doch einfach"

Vor dem Lesen

Aufgabe 1: Die folgende Reportage, „Mumsie, mach' doch einfach" beschreibt ein Geschwisterpaar, das mehrsprachig aufwächst. Diskutieren Sie in der Kleingruppe, welche Vor- oder auch Nachteile Kinder haben, die zwei- oder mehrsprachig aufwachsen.

Aufgabe 2: Im Mittelpunkt der Reportage steht Bettina Carr-Allinson. Die 50-jährige Diplomatin ist für die Gründung des Europäischen Jugendparlaments verantwortlich. Dafür bekam sie das Bundesverdienstkreuz, eine der höchsten Ehrungen der deutschen Bundesregierung.

Diskutieren Sie in der Kleingruppe: Was stellen Sie sich unter einem Jugendparlament vor? Was gehört zu einem Parlament? Wer ist Mitglied? Welche Funktion hat dieses Jugendparlament wohl?

An den Text heran

Aufgabe 1: Überfliegen Sie die Abschnitte 2–5 der Reportage beginnend mit „Wir blättern im Fotoalbum".

a. Listen Sie Sprachen, Länder und Städte auf, die in diesen vier Abschnitten vorkommen.

b. Analysieren und diskutieren Sie die Listen. Was für ein Europabild vermitteln sie?

SPRACHEN	LÄNDER	STÄDTE

Aufgabe 2: Sammeln Sie Stichworte zum Europäischen Parlament (s. Abschnitte beginnend mit *März 1988* und *1996*).

Beispiel: März 1988—*erstes Jugendparlament, 144 jugendliche „Abgeordnete"*

Information zum Text

Journal für Deutschland ist ein Magazin des Presse- und Informationsamtes der deutschen Bundesregierung. Im Mittelpunkt der August/September 1996 Publikation steht Europa. Der Artikel, „Mumsie, mach' doch einfach" beschreibt die Anfangsjahre des Europäischen Jugendparlaments. Diese politische Initiative soll den Austausch und das Sich-Kennenlernen von jungen Europäerinnen/Europäern ermöglichen und ihr politisches Engagement frühzeitig fördern.

Das Europäische Jugendparlament ist eine unabhängige und nicht gewinnbringende Organisation und tagt zweimal im Jahr in verschiedenen europäischen Städten. Die fünfzehn Mitgliedstaaten der Europäischen Union entsenden jeweils eine Schülerdelegation von zehn Mitgliedern, andere europäische Staaten schicken eine Gastdelegation. Eine Sitzungsperiode dauert acht bis neun Tage. Die Parlamentssprachen sind gleichberechtigt Englisch und Französisch.

Mumsie, mach' doch einfach

Straßburg. Ein helles Büro. „Guten Morgen", sagt der Mann hinter seinem Schreibtisch. „Warum sind Sie hier?"

Bettina Carr-Allinson erinnert sich: „Ich rede und rede. Mein Gegenüber sieht mich an, gibt keine Antwort. Sagt eine Stunde lang kein einziges Wort. Ich weiß nicht mehr, was ich noch anbringen kann, um ihn von meiner Idee zu überzeugen." So schweigen sie beide. Und dann steht der Präsident des Europäischen Parlaments plötzlich auf, reicht ihr die Hand und strahlt sie an: **„Madame, das ist eine wunderbare Idee—ich werde sie unterstützen. Das einzig Ärgerliche daran ist nur . . . es tut mir leid, daß wir nicht selbst auf diesen Gedanken gekommen sind!"** Die „Audienz" bei Pierre Pflimlin 1987 markiert ihren Lebensweg. Ab jetzt gibt es im Leben der Bettina Carr-Allinson eine neue Zeitrechnung: die Jahre vor EYP° und die Jahre nach EYP . . .

Wir blättern im Fotoalbum. Die Kinder haben es ihr im letzten Jahr zum 50. Geburtstag geschenkt. Das Elternhaus in Den Haag.° Abitur mit 17. Sie studiert Französisch an der Sorbonne° in Paris, Englisch in Cambridge, Deutsch in Düsseldorf, will Diplomatin werden. Arbeitet im Auswärtigen Amt° ihres Heimatlandes als Assistentin für europäische Zusammenarbeit, soll mit 23 nach London—und sagt nein. Weil London längst in ihrem Herzen ist.

Mister Carr-Allinson. Computer-Fachmann. Hat sich gerade wg.° Liebe von London nach Den Haag versetzen lassen. „Er rief mich jeden Tag an, schrieb sieben Briefe die Woche, das war ein Bombardement, da kam ich nicht mehr raus." Der Hochzeit folgen ein Jahr Holland, drei Jahre Deutschland, drei Jahre Belgien. Vorläufige Endstation: Fontainebleau. „Da war ich wieder in der Nähe von meinem Traum-Paris gelandet", sagt sie zufrieden.

Fontainebleau. 18 800 Einwohner. 17 000 Hektar Wald. Ein Europäisches Institut für Unternehmensführung, ein Militärmuseum. Ein Schloß (1528), von der UNESCO zum Weltkulturerbe erklärt. Ein großes Haus, in dem die Carr-Allinsons mit ihren zwei Kindern wohnen. Und das französische

°*European Youth Parliament*

°*The Hague, capital of Holland, seat of the World Court of Justice*   °*the Sorbonne, oldest part of the University of Paris system*
°*State Department or Foreign Office*

°*wegen*

Gymnasium—einst internationale Schule (bis zum Umzug der NATO 1963 nach Brüssel).

Mit „Mumsie" sprechen Sohn und Tochter holländisch, mit dem Vater englisch. Kommt die Putzfrau, schalten sie um auf französisch. „Spielerisch geht das bei Kindern", sagt Bettina Carr-Allinson, „Ich hab's ja selber erfahren. Kein Kind ist überfordert, im Gegenteil. So jung geht das ohne jede Anstrengung. Die Luxemburger sprechen alle drei Sprachen von Anfang an—das sollten wir überall in Europa so machen."

Für ihre Kinder baut sie die internationale Abteilung der Schule wieder auf. „Erst wollten mir 30 Leute dabei helfen, dann waren's nur noch 5, und ich blieb übrig. Ist ja manchmal so." Die 50jährige lacht. „Ich hab' dann trotzdem angefangen. Das gilt ja auch für Europa. Wenn man nix anfängt, bleibt man irgendwo auf dem Grund sitzen."

Die ersten Probleme mit den Kindern kommen schleichend. Beispiel Fußball. Europameisterschaften. „Da haben sie mich schon mal gefragt, für wen sollen wir denn nun Partei ergreifen? Und dann kam der Sohn immer öfter, was er jetzt eigentlich ist. Er war dort kein Holländer. Er war dort kein Engländer, obwohl das auf seinem Paß steht. Er war dort aber auch kein Franzose. „Mumsies Antwort: „Eben, du bist viel mehr. Du bist ein Europäer." Gegenfrage: „Ja, aber . . . Europäer, was issen das?"

Darauf gibt es nicht e i n e Antwort. Darauf gibt es damals 12 (heute sogar schon 15) Antworten—so viele, wie es Staaten in der Europäischen Union gibt.

Und weil sie das Wie und Warum und Weshalb ihren Kindern vorführen will, kommt sie nach langem Grübeln auf die Idee: „Ich hole Jugendliche aus allen Nationen nach Fontainebleau. Ich möchte ihre Meinung über Europa, ihre besonderen Nöte—und Ideen, Visionen hören."

2. Schritt. Ein Programm muß her! Das genug Zeit läßt für Freundschaften, in dessen Mittelpunkt aber ein Arbeitspensum steht. Ihr fällt dazu ein: „Vielleicht üben wir eine Generalversammlung— so wie im echten Parlament. Dann können sie aufstehen und frei ihre Meinung sagen. Das ist gut für ihr Selbstvertrauen. In England, das wußte ich ja, wird das Debattieren, das Sprechen im Publikum normal unterrichtet. Aber in Frankreich, Deutschland, Italien, Portugal—da findest du gar nichts dergleichen im Unterricht. Das ist sehr schwierig, vor 200 Leuten aufzustehen und zu sagen, was

man zu sagen hat. Da muß man sehr schnell denken lernen, ganz schnell analysieren—und wenn man's geschafft hat, fühlt man sich gut."

3. Schritt. **„Ich frage meinen Sohn, was er von einem Europäischen Jugendparlament hält. Er sagt: Mutti, toll! Meine Ängste wischt er weg: Mach's doch einfach!"**

4. Schritt. Sie macht. Fliegt mit ihrem Dossier nach Straßburg. Schreibt europaweit Schulen an. Und wenn sie einer fragt, ja haben Sie so was denn schon mal organisiert, sagt sie nein. Und es ist eine große Ehre, daß Sie bei diesem ersten Mal dazugehören. Ab jetzt beginnt ihre Zeitrechnung nach EYP.

März 1988. Als die ersten 144 jugendlichen „Abgeordneten", die „Delegierten" aus 12 Nationen nach Hause zurückfahren müssen, weinen die meisten. „Ich auch", sagt Bettina Carr-Allinson. Und dann ging sie auf die Suche nach Sponsoren fürs nächste Treffen ihrer großen europäischen Familie: „Diese Begeisterung in den Augen der jungen Leute, ihre klugen Ideen, ihre Vision vom Haus Europa im nächsten Jahrtausend—das war und ist bis heute mein Motor."

1996. Das Europäische Jugendparlament tagt zweimal im Jahr. In Dublin oder Lissabon, Prag, Thessaloniki, Nikosia, Berlin. Rund 1000 Schüler aus 15 EU-Mitgliedstaaten und Gastländern kommen pro Jahr (eine Sitzungsperiode dauert 8 bis 9 Tage). Weitere 8000 Schüler qualifizieren sich jährlich für die nationalen Auswahlverfahren (die in verkürzter Form den Sitzungen des Europäischen Jugendparlaments entsprechen).

Die Kinder der Madame Le Président von EYP sind längst aus dem Haus. Bettina Carr-Allinson zieht von Fontainebleau nach Oxford—und arbeitet immer noch 15 Stunden am Tag. Sie stellt nach dem Muster von EYP das nächste Mammut-Programm auf die Beine. „Europa 2020" für Studenten. 42 Universitäten wetteifern bereits, die ersten nationalen Fördervereine sind gegründet . . .

Im Kopf hat die Frau mit dem Gardemaß° (1,85 m) schon das nächste Projekt—in Bosnien. Arbeitstitel „Phönix steigt aus der Asche." **Die 50jährige: „Wir haben jetzt 50 Jahre lang Frieden gehabt, das sollten wir nie vergessen und versuchen, so viel wie möglich zusammenzuarbeiten. Wo gibt es noch einen Kontinent, auf dem soviele verschiedene Nationalitäten mit solcher Vielfalt an Kultur, Religion und Natur leben—wenn wir uns alle untereinander verstehen und verständigen können, dann haben wir eigentlich das Paradies."**

°*stature of a guard*

Wissen Sie jetzt, warum es von dieser Frau namens Bettina Carr-Allinson kein Zeitungsinterview, kein Foto in den Archiven gibt? „Ich hab' nie Zeit. Und ich bin ja auch nur ein Mittel, um etwas zu schaffen für die nächste junge Europa-Generation. Ich mach' das nicht für mich . . . "

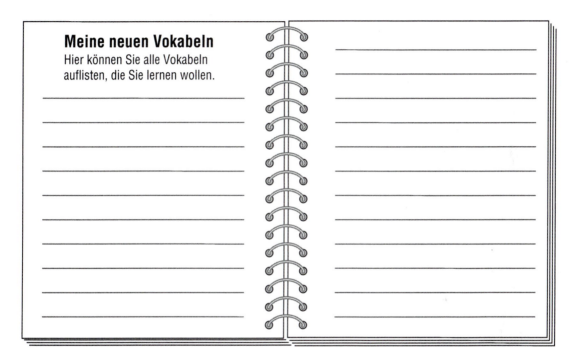

Meine neuen Vokabeln
Hier können Sie alle Vokabeln auflisten, die Sie lernen wollen.

Zum Verständnis und zur Diskussion

Zum Wortschatz

Aufgabe 1

a. Unterstreichen Sie im Text die folgenden Wörter und Ausdrücke.

mein Gegenüber	das Weltkulturerbe	die Ängste wegwischen
von einer Idee überzeugen	spielerisch	jugendlich
jemanden anstrahlen	überfordert	die Sitzungsperiode
unterstützen	die Anstrengung	das nationale Auswahlverfahren
das Ärgerliche	Partei ergreifen	verkürzt
eine neue Zeitrechnung	nach langem Grübeln	nach dem Muster von
das Auswärtige Amt	besondere Nöte	wetteifern
sich versetzen lassen	das Selbstvertrauen	der nationale Förderverein
die Unternehmensführung		

b. Arbeiten Sie zu zweit und ordnen Sie nun dieselben Wörter und Ausdrücke in die folgenden Kategorien ein. Vergleichen Sie die Ergebnisse im Plenum.

Beispiel:

SUBSTANTIVE	VERBEN	VERBALSATZTEILE	NOMINALSATZTEILE	PRÄPOSITIONALSATZTEILE	ADJEKTIVE
mein Gegenüber	*wetteifern*	*jemanden anstrahlen*	*eine neue Zeitrechnung*	*nach langem Grübeln*	*überfordert*

c. Bilden Sie vier Kleingruppen. Gruppe 1: Substantive; Gruppe 2: Verben, Präpositionalsätze und Adjektive; Gruppe 3: Verbalsätze; Gruppe 4: Nominalsätze. Jede Gruppe erarbeitet Definitionen für die Vokabeln in je einer Kategorie und gibt die Information im Plenum weiter.

Fragen zum Text

1. Wer ist Bettina Carr-Allinson? Beschreiben Sie den Bildungsweg, die Karriere und das Familienleben dieser Frau. Glauben Sie, dass Frau Carr-Allinsons Lebenslauf „typisch europäisch" ist?

2. Wer ist Pierre Pflimlin und welche Rolle spielt er in der Reportage?

3. Welche Rolle spielt die Stadt Fontainebleau im Leben der Familie Carr-Allinson? Was gibt es dort alles? Warum ist das Schloss ein Kulturerbe?

4. Wie reagiert Bettina Carr-Allinson auf die Frage ihres Sohns: „Europäer, was issen das"?

5. Frau Carr-Allinson möchte den Jugendlichen in Europa die Möglichkeit geben, das Konzept *Europa* zu verstehen und zu erleben. Wie glaubt sie das ermöglichen zu können?

6. Was hatte die erste Tagung des Jugendparlaments im Jahre 1988 so besonders gemacht?

7. Was sind Bettina Carr-Allinsons Zukunftspläne? Wie will sie weiterhin durch ihre Arbeit Europa in den Mittelpunkt stellen?

8. Was ist für Bettina Carr-Allinson das Besondere an dem Kontinent Europa? Was wünscht sie sich für die Zukunft?

Zur Diskussion

Aufgabe 1: Ziel des Europäischen Jugendparlaments ist, junge Europäerinnen/Europäer zusammenzubringen und ihnen die Möglichkeit zu bieten, ihre besonderen Nöte, Ideen und Visionen zum Ausdruck zu bringen. Stellen Sie sich vor, man hätte Sie als Vertreterin/Vertreter Ihres Landes zu diesem Europäischen Jugendparlament eingeladen. Welche Fragen hätten Sie, und was meinen Sie könnte der Beitrag Ihres Landes zu dem Jugendparlament sein?

Aufgabe 2: Die USA ist ein Land, in dem viele verschiedene Menschen unterschiedlicher Kultur, Religion, Rasse und Sprache leben. Könnten Sie sich vorstellen, dass es so etwas wie ein „Multikulturelles Parlament" gäbe, in dem Vertreterinnen/Vertreter aller Kulturen, Religionen, Rassen und Sprachen vertreten wären? Was wären Ihrer Meinung nach die drei wichtigsten Probleme, die dieses Parlament diskutieren sollte? Fassen Sie Ihre Gedanken in einem Aufsatz zusammen.

Aufgabe 3: Europäische Identität, Europäische Solidarität, Europäische Verantwortung, Europäische Einigung—Machen Sie sich zuerst Notizen und diskutieren Sie dann im Plenum, wie das Europäische Jugendparlament dazu beiträgt, dass diese Begriffe nicht nur Schlagworte bleiben, sondern Wirklichkeit werden.

TEXT 3: Rede von Bundespräsident Roman Herzog

Vor dem Lesen

Aufgabe 1

a. Woher kommt heute das Amerikabild im Ausland? Was für ein Bild ist es? Ist es klischeefrei und realistisch?

b. Stellen Sie sich vor, Sie arbeiten für eine Organisation, die im Ausland amerikanische Kultur verbreitet (z.B. Voice of America, Amerikahaus, usw.). Man bittet Sie um eine Liste mit zehn zeitgenössischen Amerikanerinnen/Amerikanern, die insgesamt etwas über die Eigenheit und Vielfalt der amerikanischen Kultur aussagen. In einer Kleingruppe: Stellen Sie die Liste auf. Im Plenum: Vergleichen Sie die verschiedenen Listen. Jede Gruppe erklärt die Gründe für ihre Auswahl.

Aufgabe 2: Woher kommt das Deutschlandbild in den Vereinigten Staaten? Was gehört zu diesem Bild? Wer oder was verbreitet dieses Bild? Ist es auch Ihr Bild?

Aufgabe 3: Organisationen wie Fulbright, Peace Corps, Rotary, usw. fördern den interkulturellen Dialog. Was wissen Sie über diese Organisationen? Haben Sie selbst vielleicht persönliche Erfahrungen mit einer dieser Organisationen? Wenn ja, teilen Sie Ihre Erfahrungen mit.

Altbundespräsident Roman Herzog mit Forschungsstipendiatinnen/-stipendiaten der Humboldt-Stiftung.

An den Text heran

Aufgabe: Zwei Hauptthemen ziehen sich wie ein roter Faden durch Roman Herzogs Rede: „Auswärtige Kulturpolitik" der Bundesrepublik Deutschland und „interkultureller Dialog". Um diese Themen zu erarbeiten, bilden Sie vier Kleingruppen.

Kleingruppe 1 und 2: Überfliegen Sie den Text und suchen Sie die Stellen in Herzogs Rede, die das Thema *Auswärtige Kulturpolitik* beschreiben.

a. Tragen Sie Ihre Antworten in den Wortigel ein.

b. Schreiben Sie eine kurze Definition von *auswärtiger Kulturpolitik*.

Beispiel:

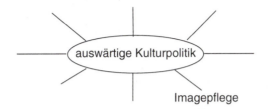

Kleingruppe 3 und 4: Überfliegen Sie den Text und suchen Sie die Stellen in Herzogs Rede, die das Thema *interkultureller Dialog* beschreiben.

a. Tragen Sie Ihre Antworten in den Wortigel ein.

b. Schreiben Sie eine kurze Definition von *interkulturellem Dialog*.

Beispiel:

Information zum Text

Der siebte deutsche Bundespräsident Roman Herzog hielt am 22. März 1998 anlässlich der Verleihung der Goethe-Medaille eine Rede zur auswärtigen Kulturpolitik der Bundesrepublik Deutschland. Die Rede hielt Herzog in Weimar, im Bundesland Thüringen. Weimar* war im achtzehnten Jahrhundert Zentrum der deutschen Literatur und Kulturpolitik und Wirkungsort eines der größten deutschen Dichter, Johann Wolfgang von Goethe. Die nach ihm benannte Goethe-Medaille wird für Verdienste bei der Verbreitung der deutschen Kultur im Ausland verliehen.

Die Veranstaltung am 22. März wurde vom Goethe-Institut organisiert. Das Goethe-Institut, wie auch der DAAD (Deutsche Akademischer Austauschdienst), die Humboldt-Stiftung und Inter Nationes, sind Organisationen, die den interkulturellen Dialog fördern. Auf der ganzen Welt gibt es Goethe-Institute, wo unter anderem auch Deutsch gelehrt wird.

---

*1999 war Weimar Kultur(haupt)stadt Europas. Dieser Titel wird seit 1985 jährlich von den europäischen Kulturministern als Reverenz verliehen, um den Reichtum und die Vielfalt der europäischen Kultur anzuerkennen.

Rede von Bundespräsident Roman Herzog anläßlich der Verleihung der Goethe-Medaillen am 22. März 1998 in Weimar

Meine Damen und Herren, ich freue mich, daß ich heute hier in Weimar zur Verleihung der Goethe-Medaille sprechen kann. Dabei rede ich weder über Weimar, noch über Goethe, noch über Medaillen . . . .

Der Anlaß ist für mich Gelegenheit zu einigen grundsätzlichen Bemerkungen zu einem Thema, das nicht gerade im Zentrum der politischen Debatte steht, aber dennoch große Aufmerksamkeit verdient: die auswärtige Kulturpolitik. . . .

Wenn zu Beginn der deutschen auswärtigen Kulturpolitik die—ich sage es einmal schlicht—Imagepflege und die Verbreitung eines freundlichen und einladenden Deutschlandbildes im Vordergrund gestanden hat, so konnten wir dabei nicht stehen bleiben. Denn Deutschland hat sich in den letzten fünf Jahrzehnten im Inneren wie im Äußeren tiefgreifend verändert—ich erinnere nur an die Integration in die Europäische Union, an die staatliche Teilung und die Wiedervereinigung.

Aber auch die Welt als Ganzes hat mittlerweile ein völlig neues Gesicht. Sie steht vor Fragen und Herausforderungen, die vor

50 Jahren noch gänzlich unbekannt waren. Die Globalisierung von Wirtschaft, Politik, Medien—um nur einige Aspekte zu nennen—verlangt eine neue Standortbestimmung auch der auswärtigen Kulturpolitik. . . .

In diesem Zusammenhang steht die Frage, ob es im Zuge der europäischen Integration überhaupt noch so etwas wie eine eigene „deutsche" auswärtige Kulturpolitik geben kann.

Für mich stellt sich diese Frage weniger dramatisch, als es auf den ersten Blick erscheint. Denn es kann ja nicht darum gehen, die deutsche auswärtige Kulturpolitik künftig durch eine europäische, von Brüssel aus zu führende zu ersetzen. Damit wäre ein endloser Streit darüber programmiert, was unter europäischer Kultur denn zu verstehen sei. . . .

Nein, ich sehe diese Frage deswegen so entspannt, weil in Europa Kultur noch nie auf die Grenzen der Nationalstaaten beschränkt war. Deutsche Architektur, Musik, Malerei, ja sogar die an die Sprache gebundene Literatur waren stets Teile einer europäischen Kultur, von der sie geprägt worden sind, die sie aber auch selber wesentlich mitbeeinflußt haben. . . . Kein Land kann für sich in Anspruch nehmen, einen Künstler oder Wissenschaftler für sich allein zu besitzen: Weder Alexander von Humboldt° noch Thomas Mann,° weder Sergiu Celibidache° noch Ludwig van Beethoven gehören einem Land allein. . . .

Viel wichtiger aber scheint mir die Frage, ob die auswärtige Kulturpolitik nicht eine zentrale Rolle spielen kann, wenn es darum geht, mit den Chancen und Risiken der Globalisierung richtig umzugehen. Die Migration, die Überwindung aller Grenzen für Information jeglicher Art, bringt Menschen verschiedener Kulturen und Wertesysteme ja nicht nur im positiven Sinne zusammen, sondern sie setzt sie auch der Erfahrung der Fremdheit in bislang nicht gekanntem Maße aus. Die Geschichte ist voller Beispiele für konstruktive wie auch für destruktive Begegnungen zwischen Kulturen. Die Fähigkeit, mit Fremdheit umzugehen, ja sie positiv zu nutzen, wird in Zukunft eine der wichtigsten zu vermittelnden Techniken sein. Es geht darum, die Erfahrungen der Fremdheit so zu machen, daß sie nicht als bedrohlich wahrgenommen wird, sondern als Ergänzung, vielleicht sogar als Bereicherung. . . .

Auswärtige Kulturpolitik muß daher als interkultureller Dialog angelegt sein. Sie muß aus Information übereinander Kommunikation miteinander machen. . . .

°natural scientist (1769–1859) who explored many areas of North, Middle, and South America °major German writer (1875–1955) who lived in exile in the United States from 1939 to 1952 °music conductor (1912–), born in Rumania, who lives in Italy

Wie alle großen Dinge beginnt dieser interkulturelle Dialog ganz klein und sehr schlicht. Da sich Kulturen als solche nicht unterhalten können, müssen sich Menschen treffen und versuchen, miteinander ins Gespräch zu kommen. . . .

Wenn also heute interkultureller Dialog das Gebot der Stunde ist, dann ist darauf auch die programmatische Konzeption der auswärtigen Kulturpolitik auszurichten. Natürlich bleibt das Angebot, Deutsch zu lernen, ein zentraler Service der Goethe-Institute. Die Sprache ist noch immer der erste und auch beste Schlüssel zum Verständnis einer anderen Kultur. Und niemand soll sich täuschen: mit jedem einzelnen, der irgendwo in der Welt Deutsch lernt, wächst die Chance, daß der interkulturelle Dialog einen neuen Teilnehmer bekommt. Und jede Bibliothek, die irgendwo in der Welt deutsche Literatur bereithält, gibt vielen Menschen die Möglichkeit, mit den geistigen Strömungen und Traditionen in Deutschland in Kontakt zu kommen. . . .

Auswärtige Kulturpolitik ist aber nicht nur Indikator für gesellschaftliche oder kulturelle Gegebenheiten anderswo, sondern auch ein Indiz dafür, wie wir uns selbst einschätzen. Darum eine letzte These: Auswärtige Kulturpolitik zeigt, was wir von uns selbst halten.

Die Tatsache, daß es sie gibt, ist ein Anzeichen dafür, daß wir unsere Kultur, unsere Sprache und die Arbeit unserer Künstler für wertvoll halten; sie ist ein Zeichen der Selbstachtung und auch der Vergewisserung der eigenen Identität. . . .

Auswärtige Kulturpolitik ist schwer zu formalisieren. Niemand kann sagen, wer denn eine bestimmte Kultur repräsentiert. Die erste Erfahrung, die wir im Dialog mit anderen Kulturen machen, ist doch die, daß unsere eigene Kultur, ja daß eigentlich jede Kultur ein Kaleidoskop aus unterschiedlichsten Facetten bildet. Es ist deswegen schwer vorstellbar, etwa einen Bundesbeauftragten für interkulturellen Dialog° zu bestimmen, der dann in Person auch noch selbst die deutsche Kultur repräsentierte. Wer könnte etwa im Ausland für das Ganze unserer Kultur stehen? Anselm Kiefer° oder Jürgen Habermas,° Pina Bausch° oder Hans Magnus Enzensberger,° die Münchner Philharmoniker oder Guildo Horn,° Sönke Wortmann° oder Kardinal Ratzinger? Ich bin mir sicher, daß jeder der Genannten ein Stück deutscher Kultur repräsentiert—aber die Aufzählung allein zeigt schon, wie unscharf, ja intellektuell unredlich es eigentlich ist, wenn wir Kulturen pauschal als Kollektive begreifen. Denken Sie daran, daß der transatlantische „Westen" oder

°*Federal Commissioner for Multicultural Affairs* °*contemporary German painter (1945–)* °*contemporary social critic (1929–) who stands in the tradition of the Frankfurt School* °*dance theater director* °*poet and social critic (1929–)* °*singer* °*contemporary German film director* °*head of the Catholic Church in Germany*

auch „Europa" zwar als Begriffe durchaus gemeinsame Ideen und Werte verkörpern, aber zugleich Weltteile von höchst spannungsgeladener kultureller Diversität sind. Denken Sie daran, daß Asien nicht mehr ist als eine geographische Bezeichnung, daß der asiatische Kontinent aber, wenn man ihn vom Heiligen Land bis China begreift, Heimat aller großen, weltweit miteinander konkurrierenden Religionen ist. Denken Sie schließlich daran, daß weder das Christentum noch der Islam monolithische Blöcke, sondern von unzähligen kulturellen und dogmatischen Varianten geprägte Glaubensgemeinschaften sind. Es ist deshalb ein Irrweg zu glauben, daß die gesellschaftliche Harmonie umso größer ist, je homogener eine Gesellschaft wird. Interkultureller Dialog beginnt mit dem Wahrnehmen der Differenzen innerhalb der Kulturen selbst.

Indem wir im Ausland die Pluralität unserer Kultur vorstellen, präsentieren wir gleichzeitig—und zwar auf eine wenig aufdringliche Weise—die vielleicht entscheidenste historische und politische Erfahrung, die Deutschland und Europa gemacht haben: daß nämlich menschliches und ziviles Zusammenleben in einem toleranten Miteinander möglich ist. Die indirekte, aber entscheidende Lektion, die durch die Arbeit unserer auswärtigen Kulturpolitik übermittelt werden kann, ist genau diese Lektion der Toleranz, die wir selbst in Europa erst nach langen, oft blutigen Erfahrungen gelernt haben.

Es ist deshalb richtig, wenn das Goethe-Institut in seiner Programmarbeit in seinen Gastländern eine möglichst bunte und unreglementierte Auswahl vorstellt. Nur so kann ein möglichst klischeefreies und realistisches Bild von unserer gegenwärtigen Kultur präsentiert werden. Im übrigen werden die Gesprächspartner und Besucher in den Gastländern schon herausbekommen, was in den unterschiedlichen Erfahrungen, die sie im Goethe-Institut machen können, gewissermaßen das „deutsche Kontinuum" ist.

Auf der anderen Seite werden sich nur in einem solchen, von konkreten, profilierten Individuen geführten Dialog auch die jeweils andere Seite, das andere Land und die andere Kultur in ihrer Vielgestaltigkeit zeigen. Man wird nicht mehr jeden fundamentalistischen Wirrkopf mit dem Islam identifizieren, man wird sehen, daß Amerika mehr ist als Bill Gates und man wird schließlich auch sehen, wie unterschiedlich „asiatische Werte" interpretiert werden können.

Wir dürfen ja auch nicht vergessen: Dialog der Kulturen bedeutet auch Wettbewerb der Kulturen. Es ist hoffentlich ein friedlicher, zivilisierter, von gegenseitiger Achtung und Höflichkeit bestimmter Wettbewerb, aber eben doch auch ein Wettbewerb, bei dem wir uns nicht selbst um die Chancen bringen dürfen, die wir mit unserer inzwischen in vielen Teilen der Welt wieder hoch geachteten Kultur haben. Wenn wir wirklich überzeugend für die Werte werben wollen, die uns wichtig sind, etwa für Menschenrechte und Demokratie, müssen wir auch aktiv diejenige Kultur präsentieren, in der diese Werte wurzeln und immer wieder lebendig werden. Und zu bieten haben wir, denke ich, nicht wenig. . . .

Kein Land, das im Prozeß der werdenden Weltzivilisation eine Rolle spielen will, kann auf einen solchen Dialog verzichten. Ich würde sogar so weit gehen zu sagen: Unsere Rolle in der Welt wird maßgeblich von unserem Beitrag zu diesem Dialog abhängen. Es wäre keine schlechte Werbung für unser Land, wenn man sagen könnte: Deutschland ist ein Zentrum und eine Werkstatt des interkulturellen Dialogs. Deutschland hat nicht wenig in diesen Dialog einzubringen. Deutschland will auch auf diesem Feld seinen Beitrag für eine friedliche Weltgesellschaft leisten. Das könnte ein entscheidender Impuls für ein neues Bild unseres Landes in der Welt sein. Hierfür lohnt es sich zu arbeiten.

Meine neuen Vokabeln

Hier können Sie alle Vokabeln auflisten, die Sie lernen wollen.

_____   _____

_____   _____

_____   _____

_____   _____

_____   _____

_____   _____

_____   _____

_____   _____

Zum Verständnis und zur Diskussion

Zum Wortschatz

Aufgabe 1: Herzog benutzt viele Wortkomposita, die aus zwei Substantiven bestehen. Die folgenden Listen geben einige Beispiele aus der Rede. Bilden Sie drei Gruppen; jede Gruppe bekommt eine Liste.

a. Jede Gruppe zerlegt ihre Komposita und bildet mit den zwei Substantiven je einen Satz.

    Beispiel: *die Imagepflege = das Image + die Pflege*
                Deutschland pflegt sein Image, d.h. Deutschland will anderen
                Ländern ein positives Bild von sich zeigen.

b. Jede Gruppe trägt den anderen ihr Ergebnis vor.

c. Abschließend diskutieren Sie im Plenum, welchen Effekt diese vielen Wortkomposita auf die Leser haben.

das Deutschlandbild	der Bundesbeauftragte	der Gesprächspartner
die Standortbestimmung	der Weltteil	die Weltgesellschaft
das Wertsystem	die Glaubensgemeinschaft	das Menschenrecht
das Jahrzehnt	die Weltzivilisation	das Gastland

Aufgabe 2: Wortfamilie

a. Arbeiten Sie zu zweit. Ergänzen Sie die Spalten in dem Diagramm. (Arbeitstipp: Ein # bedeutet, dass das Wort in der Rede steht.)

Substantiv	Adjektiv/Adverb*	Verb
#die Verleihung		
#	aufmerksam	
#		verbreiten
#die Integration		
#		herausfordern
#		überwinden
#	informativ	
#	fremd	
	unterhaltsam	#

---

*Partizipien von Verben können ebenfalls als Adjektive oder Adverbien fungieren.

Substantiv	Adjektiv/Adverb	Verb
#		anbieten
#	verständlich	
	repräsentativ	#
#		aufzählen
#	bezeichnend	
#die Auswahl		
	#	überzeugen
	#	leben
der Frieden	#	
#	tolerant	

b. Die Rede von Roman Herzog ist mit „Politikerdeutsch" gespickt. Was das bedeutet, können Sie erschließen, wenn Sie die drei Spalten miteinander vergleichen. Welche Spalte enthält die meisten Beispiele aus dem Text? Diskutieren Sie im Plenum, wie Sie als Leserin/Leser auf solche Sprachstrategien reagieren.

c. Arbeiten Sie zu zweit. Wählen Sie vier Vokabeln aus dem Diagramm und bilden Sie Sätze damit. Lesen Sie Ihren Kommilitoninnen/Kommilitonen Ihre Sätze vor.

Fragen zum Text

1. Imagepflege ist seit langem ein zentraler Bestandteil der deutschen auswärtigen Kulturpolitik. Warum wohl war es so wichtig, ein einladendes Deutschlandbild zu verbreiten?

2. Deutschland hat sich in den letzten fünf Jahrzehnten im Inneren wie im Äußeren sehr verändert. Nennen Sie die wichtigsten Veränderungen.

3. Laut Herzog hat die Welt ein anderes Gesicht bekommen. Was meint er damit?

4. Warum ist es keine akzeptable Lösung, die deutsche auswärtige Kulturpolitik durch eine europäische zu ersetzen?

5. Was versteht Herzog unter interkulturellem Dialog? Was soll das Ziel eines solchen Dialogs sein?

6. Warum kann die auswärtige Kulturpolitik nicht nur *eine* deutsche Kultur propagieren?

7. Welche Rolle, hofft Herzog, wird Deutschland in der Weltpolitik spielen können? Wie kann Deutschland dies seiner Meinung nach erreichen und wie kann das Goethe-Institut dazu beitragen?

Zur Diskussion

Aufgabe 1: Laut Herzog ist die Sprache „noch immer der erste und auch beste Schlüssel zum Verständnis einer anderen Kultur".

a. Arbeiten Sie zu zweit. Suchen Sie das Zitat im Text. Worin, meint Herzog, liegt die Bedeutung des Deutschlernens? Was hat Deutschlernen mit den zwei Hauptthemen in Herzogs Rede zu tun?

b. Stellen Sie sich vor, eine Freundin / ein Freund behauptet, dass man die deutsche Kultur ebenso gut in Übersetzung erfahren könne. Was, meinen Sie, würde Roman Herzog darauf antworten? Und was halten Sie davon?

c. Erarbeiten Sie einen Dialog, in dem Sie die Behauptung in Frage 1b widerlegen. Lesen Sie den Dialog im Plenum vor.

Aufgabe 2: Herzog meint, dass auswärtige Kulturpolitik zeigen soll, was ein Land von sich selber hält. Sie soll ein Land von seiner stärksten und besten Seite zeigen. Was können andere Länder seiner Meinung nach von Deutschland und Europa lernen? Und Ihrer Meinung nach?

Aufgabe 3: Roman Herzog weist in seiner Rede darauf hin, dass sich Deutschland „in den letzten fünf Jahrzehnten im Inneren wie im Äußeren tiefgreifend verändert [hat]". Das bedeutet, dass sich auch das Deutschlandbild geändert hat. *Was ist deutsch?* versucht, diesem neuen Deutschlandbild gerecht zu werden. Schreiben Sie einen Aufsatz, in dem Sie darlegen, wie sich Ihr Deutschlandbild nach dem Lesen von *Was ist deutsch?* geändert hat. Diskutieren Sie Ihre Überlegungen dann auch im Plenum.

WEITERFÜHRUNG DES THEMAS

Diskussion: Lesen Sie das Gedicht „Eine große Frage" von der Dänin Eva Christensen und besprechen Sie im Plenum die folgenden Fragen:

1. Was sind Evas Emotionen, wenn sie an die EU denkt? Warum?

2. Dieses Gedicht wurde 1993 geschrieben. Fühlt die Autorin heute wohl anders? Warum (nicht)?

Aufsatz: Wie würden Sie Evas letzte Frage beantworten? Schreiben Sie einen Aufsatz.

Eine große Frage

Eva Christensen

Verwirrung
Es tut mir leid. Ich wollte so gern positiv sein.
Aber in meinem Kopf ist ein großes Chaos—
oder vielleicht nicht.
Vielleicht ist es nur Verwirrung.

Fragen
Wird die Union eine Gemeinschaft?
Eine Hilfe?
Oder wird die Union etwas, wo die kleinen Länder
ihre Selbständigkeit verlieren?
Ich weiß es nicht.
Mein Kopf besteht aus Fragen.

Angst
Geht mein Land in die Union?
Ich habe keinen Einfluß darauf.
Aber es ist doch meine Zukunft.
Ich warte gespannt auf das Ergebnis,
aber ich habe auch Angst davor.

Ich weiß viel zu wenig
und manchmal denke ich:
Wissen die anderen mehr als ich,
oder ist die Union für sie
auch eine große Frage?

Debatte: Das Erlernen von Fremdsprachen gehört zum allgemeinen Lehrplan an europäischen Schulen. Europäische Kinder lernen alle zumindest eine andere Sprache. In den USA ist das Erlernen einer Fremdsprache nicht landesweit geregelt. Sollte das Erlernen einer Fremdsprache kategorisch als Pflichtfach an allen privaten und öffentlichen Schulen eingeführt werden? Diskutieren Sie das Für und Wider.

Bericht: Welche Möglichkeiten für Sprachkurse und Studienaufenthalte gibt es für Sie und die anderen Kursteilnehmerinnen und Kursteilnehmer in Goethe-Instituten, beim DAAD, bei der Humboldtstiftung oder Inter Nationes? Erkundigen Sie sich und stellen Sie einen kurzen Bericht zusammen. Teilen Sie den anderen Kursteilnehmerinnen und –teilnehmern mit, was Sie erfahren haben.

Anhänge

Anhang A

Nützliche Redemittel

Eine Meinung äußern
Ich meine, finde, glaube, denke, behaupte
Ich bin der (Gen.) Meinung / der Ansicht, dass
Meiner Meinung nach
Meines Erachtens

Nach einer Meinung fragen
Was denken Sie / denkst du über/darüber?
Was halten Sie / hältst du davon?
Was ist Ihre / deine Meinung dazu?

Eine Meinung unterstützen
Ich bin ganz Ihrer / deiner Meinung.
Das stimmt; es stimmt, dass
Ich stimme Ihnen / dir zu.
Ich stimme mit Ihnen / dir überein.

Eine Meinung widerlegen
Ich bin anderer Meinung.
Ich stimme damit nicht überein.
Das stimmt nicht; es stimmt nicht, dass

Nach Erklärung fragen
Zum Beispiel (z.B.)?
Ich frage mich,
Können Sie / kannst du das näher erklären?
Mich interessiert zu hören,

Aus eigener Erfahrung sprechen
Ich weiß aus Erfahrung
Ich habe den Eindruck
Mir ist aufgefallen

Gewissheit ausdrücken
Ich bin ganz sicher, dass
Es besteht kein Zweifel, dass
Es steht fest

Zweifel ausdrücken
Ich bin mir nicht so ganz sicher.
Ich bin mir nicht im Klaren darüber.
Schon, aber
Nicht unbedingt.
Das bezweifle ich.

Unwissen ausdrücken
Ich habe keine Ahnung.
Ich weiß nicht.
Das ist mir unbekannt.
Das habe ich mir noch nie überlegt.
Ich habe noch nie davon gehört.

Etwas Wichtiges betonen
Die Hauptsache ist
Ich möchte betonen / unterstreichen
Vor allem

Rat geben
Ich schlage vor
Es wäre keine schlechte Idee
An Ihrer/deiner/eurer Stelle würde ich

Wahrscheinlichkeit ausdrücken
Es scheint / es sieht so aus, als ob
Es ist anzunehmen; ich nehme an
vermutlich; ich vermute
wahrscheinlich

Vergleichen
Auf der einen Seite
Einerseits . . . Andererseits
Im Vergleich zu; verglichen mit
Ganz im Gegenteil! Im Gegenteil dazu
Im Unterschied zu

Kausalität ausdrücken
Deswegen
Aus diesem Grund, aus diesen Gründen
Es folgt daraus, dass

Chronologisch erzählen
Zuerst, als erstes, zunächst, erstens
Dann, nachher, danach, hinzu kommt, zweitens
Gleichzeitig, zur gleichen Zeit
Inzwischen, in der Zwischenzeit
Am Ende, schließlich, zuletzt

Einführen und Vorstellen
In diesem Text handelt es sich um
Der Text handelt von
Der Text / Die Autorin / Der Autor befasst sich mit
In dieser Geschichte geht es um
Die Autorin / Der Autor argumentiert für / gegen

Eine Schlussfolgerung ziehen
Zusammenfassend möchte ich sagen, dass
Zum Schluss / Abschluss
Die Autorin / Der Autor kommt zu der Schlussfolgerung, dass
Wir sind zu dem Ergebnis gekommen, dass
Letztendlich

Anhang B

Useful Addresses and Web Sites for Further Information

Embassy of the Federal Republic of Germany
4645 Reservoir Road NW
Washington DC 20007-1998

German Information Center
871 United Nations Plaza
New York, NY 10017
http://www.germany-info.org/

Presse- und Informationsamt der Bundesregierung
Welckerstr. 11
53113 Bonn
http://www.government.de/

Permanent Mission of Germany to the United Nations
600 Third Avenue, 41st Floor
New York, NY 10016
www.undp.org/missions/germany/

The Austrian Embassy
3524 International Court, NW
Washington, DC 20008-3027

The Austrian Press and Information Service
3524 International Court, NW
Washington, DC 20008-3027
http://www.austria.org/

The Embassy of Switzerland in the United States
2900 Cathedral Ave. NW
Washington DC 20008
http://www.swissemb.org/

AATG (American Association of Teachers of German)
112 Haddontowne Court
Cherry Hill, NJ 08034
http://www.aatg.org/

Goethe-Institut
1014 Fifth Avenue
New York, NY 10028
http://www.goethe.de

Related Web Sites

Multicultural
1. Multikulturelles Zentrum Trier =
   http://www.uni-trier.de/uni/aaa/smthp.htm
   In German. Provides up-to-date information related to migration, racism,
   and human rights. Mailing list, publications and materials, calendar.
2. MUKU TU Chemnitz, Multikulturelle Studentengemeinschaft =
   http://www.tu-chemnitz.de/muku/
   In German. Multicultural support organization for foreign students at the
   Technical University in Chemnitz.
3. Aktion Courage e.V. SOS Rassismus = http://www.aktioncourage.org
   Umbrella group for a variety of projects against racism and violence.
4. Diversity Dance Workshop = http://www.ctr.de/ddw/ddw.htm
   In German. Nonprofit international youth dance group.

Women's Issues
1. Women in German = http://www.bowdoin.edu/dept/german/wig/
   In English and German. Professional organization for women Germanists.
   Mailing list, publications, list of related links.
2. Ceiber-Weiber = http://www.ceiberweiber.com/home.htm
   In German. Women's online magazine.

3. Die Hausfrauenseite = http://www.hausfrauenseite.de/
In German and English. Award-winning "not for housewives only" site for exchange of ideas, tips, recipes, etc.

European Union

1. Europa = http://www.europa.eu.int/
Multi-language source of information on many aspects of the European Union.

2. Euro = http://europa.eu.int/euro/html/entry.html
Multi-language information on the new European currency.

3. European Youth Parliament = http://www.eyp.org/

Religion

1. Zentralrat der Muslime in Deutschland e.V. (ZMD) = http://www.islam.de/

2. Katholische Kirche im Internet = http://katholische-kirche.de

3. Evangelische Kirche in Deutschland (EKD) = http://www.EKD.de/start_leiste.html

4. haGalil Online = http://www.hagalil.com/brd/index.htm
Information about Jewish life and culture in Germany.

5. Deutsches Allgemeines Sonntagsblatt (DS) = http://www.sonntagsblatt.de/
Online version of a newspaper that focuses on society, ethics and religion.

Deaf-Related German Web sites

1. Institut für deutsche Gebärdensprache
http://www.sign-lang.uni-hamburg.de/
Research organization for German deaf sign language.

2. Taubenschlag = http://www.taubenschlag.de
In German and English. Forum for deaf-related issues.

3. http://www.gehoerlos.de
In German.

Black Germans

1. ADEFRA (Black German Women's Initiative) = http://www.woman.de/frauimnetz/adefra.html

2. Black History Month = http://www.bhm.de
Yearly Black History Month program in Berlin.

3. Black International Cinema Berlin = http://members.aol.com/bicdance/bice.html
Web site to promote a yearly intercultural film and performing arts festival in Berlin.

Turkish Germans

EMEK = http://www.comlink.apc.org/nev/emek/deutsch.htm
In German. Daily online newspaper for the Turkish population in Germany.

146 José F. A. Oliver, "Als die Mauer fiel," in José F. A. Oliver, **Weil ich dieses Land liebe.** Verlag Das Arabische Buch, Berlin 1991. *147* Günter Ullmann, "domino," in **Literatur im Widerspruch. Gedichte und Prosa aus 40 Jahren DDR,** hrsg. von Joachim-Rüdiger Groth, Verlag Wissenschaft und Politik, Köln 1993. *151* Rafik Schami, "Das Schwein, das unter die Hühner ging," taken from Rafik Schami, *Der fliegende Baum,* © 1997 Carl Hanser Verlag Munich Vienna. *162* May Ayim, "Das Jahr 1990—Heimat und Einheit aus afro-deutscher Perspektive," in **Entfernte Verbindungen: Rassimus, Anti-semitismus, Klassenunterdrückung,** hrsg. von Ika Hügel, Berlin: Orlanda-Frauenverlag, 1993 und May Ayim: **Grenzlos und unverschämt,** Orlanda Frauenverlag, Berlin 1997. *169* Rafik Schami, **Die Sehnsucht fährt schwarz,** © 1988 Deutscher Taschenbuch Verlag, München. *175* Reto U. Schneider, "Mit sprechenden Händen mehr verstehen?" **Facts,** 19/1995. *183* PUR, "Neue Brücken," © Live Act Music GmbH, Bietigheim-Bissingen. *158 (bottom)* Daniel Cohn-Bendit & Claus Leggewie, "Trends gehen von Minderheiten aus," aus **Zusammenleben mit Ausländern. Aspekte der kulturellen Vielfalt in Deutschland. Porträts und Hintergrundberichte.** Inter Nationes, Bonn 1995. *194* Bundeszentrale fur politische Bildung. *195* "Konfessioneller Religionsunterricht als Nein zur Gleichgültigkeit," **Religion in der Schule: Die Freiheit zu glauben. Das Recht zu wissen.** Bonn: Sekretariat der deutschen Bischofskonferenz. *196* Jürgen Wandel, "Miserable Praxis," aus **!Unexpected End of Formula DS—DAS SONNTAGSBLATT,** Nr. 20 vom 17. 5. 1996. *197* "Schulfach Lebenskunde—die Alternative zum Religionsunterricht der Kirchen," and *199* "Herzlich Willkommen beim HVD-Berlin online!!!" courtesy of eines Mittags-gebetes Humanistischer Verband Deutschlands, Landesverband Berlin. *201* Christine Herold, "Besuch in einer Moschee," **Miteinander und voneinander lernen. Handreichungen für den interkulturellen Unterricht, Band 2.** München: Staatsinstitut für Schulpädagogik und Bildungsforschung München, 1994. *206* Grit Froehlich, "Köpfe und Tücher—Wenn Kulturen sich treffen," in **Juckreiz—Die Jugendumweltzeitung aus Berlin,** Nr. 12, http://www.jugendumwelt.de/juckreiz/jr12/kulturen.htm. *209* Karin Levy, "G"tt der Welt," aus **"Ich bin, was ich bin, ein Jude." Jüdische Kinder in Deutschland erzählen.** © 1995 by Verlag Kiepenheuer & Witsch Köln. *212* Dr. Aaron Knappstein, "To stay or to go," haGalil online—A Jewish Sign from Central Europe: http://www.hagalil.com. *218* Hans-Martin Große-Oetringhaus: "Sarahs Stein," aus Reiner Engelmann (Hrsg.): **Morgen kann es zu spät sein.** © by Arena Verlag GmbH, Würzburg 1993. *229* "Wer ist ihr Vorbild?" in **Deutschland—Zetschrift für Politik, Kultur, Wirtschaft und Wissenschaft,** April 1996. *230* "Welche großen Herausforderungen hält die Zukunft bereit?—Sechs Studenten haben eine Meinung," **UC-Spezial.** Sonderheft 1997. Unicompact—das regionale Hochschulmagazin. *235* "Love Parade '96—We Are One Family," **Prawda**—Die Schülerzeitung des Trave-Gymnasiums Lübeck, Deutschland: Ausgabe Januar 1997; Seite 30, 31; Redakteur: Lasse Walter. *239* Stefan Krempl, "'Cyberspace auf der Straße'—Stefan Krempl über die Love Parade," **Telepolis** © 1997, http://www.heise/de/tp/deutsch/inhalt/te/1248/2.html. *244* **Das geht mir auf'n Sack.** Musik: Thorsten Boerger. Text: Thorsten Boerger / Claudia Wohlfromm / Liane Wiegelmann, © George Glueck Musik GmbH, c/o/ Sony/ATV Music Publishing (Germany) GmbH. *250* Nicole Tabanyi, "Die Jungen beißen zurück," aus **Ernst**—Jugendbeilage des **Tages-Anzeigers,** Zürich, 1995. *260* Jörn Möller, "Ihr habt keine Ahnung von unserer Welt," PZ 86, Dez. 1996. *268* "Die Geschichte der EU—Zeittafel der Europäischen Integration," www.europa-bremen.de, and "Zeittafel der europäischen Einigung," Europäisches Parlament, Informationbüro für Deutschland, http://www.europarl.de. *275* Tina Block, **Zauberwürfel—Bilder für den politischen Unterricht.** Hrsg.: Landeszentrale für politische Bildung Baden-Württemberg (LpB), Stuttgart/Germany, 1996. *282* "Der Kleine aus Brüssel," **Journal für Deutschland. Informationen aus der Politik.** Aug./Sept. 1996. *284* "Rotation," **Journal für Deutschland. Informationen aus der Politik,** Aug./Sept. 1996. *286* "Mumsie, mach doch einfach—Menschen in Europa," **Journal für Deutschland. Informationen aus der Politik.** Aug./Sept. 1996. *302* Eva Christensen, "Eine große Frage," **JUMA** 1/93. *244* Dr. Roman Herzog, "Rede von Bundespräsident Roman Herzog anläßlich der Verleihung der Goethe-Medaillen am 22. März 1998 in Weimar," courtesy of the Press Office of the Bundespräsidialamt, Berlin.

Photo, Art, and Realia Credits

Page 2 Quelle: Projektateliers GmbH, Berlin. *3* Pat Rogondino. *5, 6* Yvonne Poser. *12* © Beryl Goldberg. *13* dpa/Deutsche Presse-Agentur GmbH. *28* © Globus Infografik GmbH. *37* adapted by Lori Heckleman from Helmut M. Müller, *Schlaglichter der deutschen Geschichte,* Bundeszentrale für politische Bildung Bonn 1996. *39* Deutsches Liederbuch, The Thrift Press, Ithaca NY, 1934. *44* Ullstein. *46* from *Lieb Vaterland magst ruhig sein,* by Schedlich & Oberhauser, Munich, Rheinsberg Verlag, 1962. *47 (top)* Deutsches Historisches Museum, Berlin. *47 (bottom)* © Corbis. *54* adapted by Lori Heckleman from *Wortatlas der deutschen Umgangssprachen,* 1. Band, by Jürgen Eichhof. *69* Freimut Wössner, Berlin. *95* courtesy of the authors. *98* Hias Schaschko Postkarten, Munich. *101* from *Deutschland in den Neuen* Grenzen, Klett-Perthes, Gotha und Stuttgart, 1991. *102* © Super Stock. *104* Presse- und Informationsamt der Bundesregierung, Bonn. *106* from *Plötzlich ist alles ganz anders: Kinder schreiben über unser Land,* ed. by Regina Rusch, pub. by Eichhorn Verlag, Frankfurt. *110 (left and right)* © R. Bossu/Sygma. *122* Anthony Suau/Liaison Agency. *134* © Anonymous. *146* Yvonne Poser. *150* illustration by Gustav Sus from *Robinson und Struwelpeter,* reprinted with permission of Bildarchiv Preussische Kulturbesitz. *159* Die Ausländer beauftragte des Senats von Berlin. *160* © Ute Heidebrecht. *161* from *Afro Look,* reprinted with permission of Initiative Schwarze Deutsche & Schwarze in Deutschland, e.v., Oranienstraße 159, 10969 Berlin. *174* courtesy of the authors. *187* Volksbank. *202* © Francis Apesteguy/Gamma Liaison. *207* © Beryl Goldberg. *208* Yvonne Poser. *224* D. Mifflin. *226* © Corbis/James L. Amos. *230–232* from Hochschule Magazin für Berlin, June 1997/UNI Compact. *233* courtesy of the authors. *238* Rick Hackney. *243* Associated Press. *249 (both)* © Beryl Goldberg. *263* from *Uli Steins Notebook,* Lappen Verlag. *270* Zahlenbilder, Erich Schmidt Verlag, Berlin. *273* Pat Rogondino. *274* Deutsche Bank. *275* Keystone Pressedienst. *276 (top)* © Corbis/Reuters. *276 (bottom), 277 (top)* courtesy of the authors. *277 (bottom), 278* Vario Press/Süddeutscher Verlag Bilderdienst. *281* courtesy of the authors. *283* © Globus Infografik GmbH. *292* Presse- und Informationsamt der Bundesregierung, Bonn.